소프트웨어 교육의 첫걸음

엔트리로 시작하는 블록코딩

장효선 지음

www.cyber.co.kr

Foreign Copyright:
Joonwon Lee
Address: 10, Simhaksan-ro, Seopae-dong, Paju-si, Kyunggi-do, Korea
Telephone: 82-2-3142-4151
E-mail: jwlee@cyber.co.kr

소프트웨어 교육의 첫걸음
엔트리로 시작하는 블록코딩

2019. 3. 8. 1판 1쇄 인쇄
2019. 3. 15. 1판 1쇄 발행

저자와의 협의하에 검인생략

지은이 | 장효선 지음
펴낸이 | 이종춘
펴낸곳 | BM (주)도서출판 **성안당**
주소 | 04032 서울시 마포구 양화로 127 첨단빌딩 5층(출판기획 R&D 센터)
10881 경기도 파주시 문발로 112 출판문화정보산업단지(제작 및 물류)
전화 | 02) 3142-0036
031) 950-6300
팩스 | 031) 955-0510
등록 | 1973. 2. 1. 제406-2005-000046호
출판사 홈페이지 | **www.cyber.co.kr**
내용 문의 | **excelmc@naver.com**
ISBN | 978-89-315-5561-5 (13000)
정가 | **16,000원**

이 책을 만든 사람들
책임 | 최옥현
진행 | 최창동, 최재석
본문 디자인 | 앤미디어
표지 디자인 | 박원석
홍보 | 정가현
국제부 | 이선민, 조혜란, 김혜숙
마케팅 | 구본철, 차정욱, 나진호, 이동후, 강호묵
제작 | 김유석

■ 도서 A/S 안내

성안당에서 발행하는 모든 도서는 저자와 출판사, 그리고 독자가 함께 만들어 나갑니다.
좋은 책을 펴내기 위해 많은 노력을 기울이고 있습니다. 혹시라도 내용상의 오류나 오탈자 등이 발견되면 **"좋은 책은 나라의 보배"**로서 우리 모두가 함께 만들어 간다는 마음으로 연락주시기 바랍니다. 수정 보완하여 더 나은 책이 되도록 최선을 다하겠습니다.
성안당은 늘 독자 여러분들의 소중한 의견을 기다리고 있습니다. 좋은 의견을 보내주시는 분께는 성안당 쇼핑몰의 포인트(3,000포인트)를 적립해 드립니다.
잘못 만들어진 책이나 부록 등이 파손된 경우에는 교환해 드립니다.

머리말

소프트웨어는 사회의 전반적인 분야에서 널리 사용되고 있습니다. 이러한 소프트웨어를 만들 수 있는 프로그래밍 또는 코딩이라는 것이 더 이상 IT전문가, 개발자만을 위한 것이 아니라 미래를 주도해야 할 중요한 능력이자 기본 소양으로 인식되고 있습니다. 이에 맞추어 〈엔트리로 시작하는 블록코딩〉은 컴퓨터적 사고력을 향상하여 논리적이고 창의적으로 문제를 해결할 수 있는 소프트웨어 코딩교육의 목적에 부합하도록 만들어졌습니다.
또한 엔트리(https://playentry.org/)라는 한국형 블록 프로그래밍 언어를 사용하여 학생들부터 성인들까지 쉽고 재미있게 프로그래밍을 배울 수 있도록 하였습니다.
엔트리에서 제공하는 오프라인용 엔트리 프로그램(https://playentry.org/#!/offlinEditor)을 통해 원활한 환경에서 프로그래밍할 수 있도록 하였습니다.

〈엔트리로 시작하는 블록코딩〉의 세부 내용은 다음과 같이 구성되었습니다.
생소한 소프트웨어 코딩이라는 분야를 모험이라는 소재를 통해 흥미를 유발하고, 재미있는 만화와 이야기의 전개를 통해 하나씩 문제를 해결해 나가도록 구성하였습니다.

〈설계순서 적어보기〉를 통해 직접적인 코딩을 하기 전, 미션에 대해 생각하고 내 생각을 한 단계 상세하게 적어보도록 하여 효과적인 설계가 가능하도록 하였습니다. 이를 통해 문제를 논리적이고 체계적으로 해결할 수 있도록 하였고, 알고리즘적 사고력을 기를 수 있도록 하였습니다.

〈순서대로 실행해 보기〉를 통해 작성해 본 설계 순서대로 코딩을 하면서 실제의 움직임을 살펴보고, 잘못된 부분에 대한 효과적인 분석과 수정을 할 수 있도록 하였습니다.

〈원리 이해하기〉를 통해 엔트리와 블록형 프로그래밍 언어 그리고 미션에서 사용되는 각 블록과 순서에 대한 원리를 이해하도록 하였고, 코딩에 대한 기본적인 원리를 이해할 수 있도록 하였습니다.

〈생각 넓히기〉를 통해 단계별로 제한된 미션에 창의성과 사고력을 확장할 수 있도록 집필하였습니다.

〈엔트리로 시작하는 블록코딩〉을 통해 여러분들이 재미있게 코딩을 배우고, 그 속에서 창의적으로 문제를 해결할 수 있는 능력이 길러지길 기대합니다.

저자 장효선

자료 다운로드 및 문의&답변

저자가 관리하는 네이버 카페(https://cafe.naver.com/startsw)에서 『엔트리로 시작하는 블록코딩』 도서에 필요한 학습자료와 무료 동영상 강의를 다운로드 받아 학습하실 수 있으며, 학습 중 궁금한 내용이 있으면 언제든지 문의하여 답변을 확인할 수 있습니다.

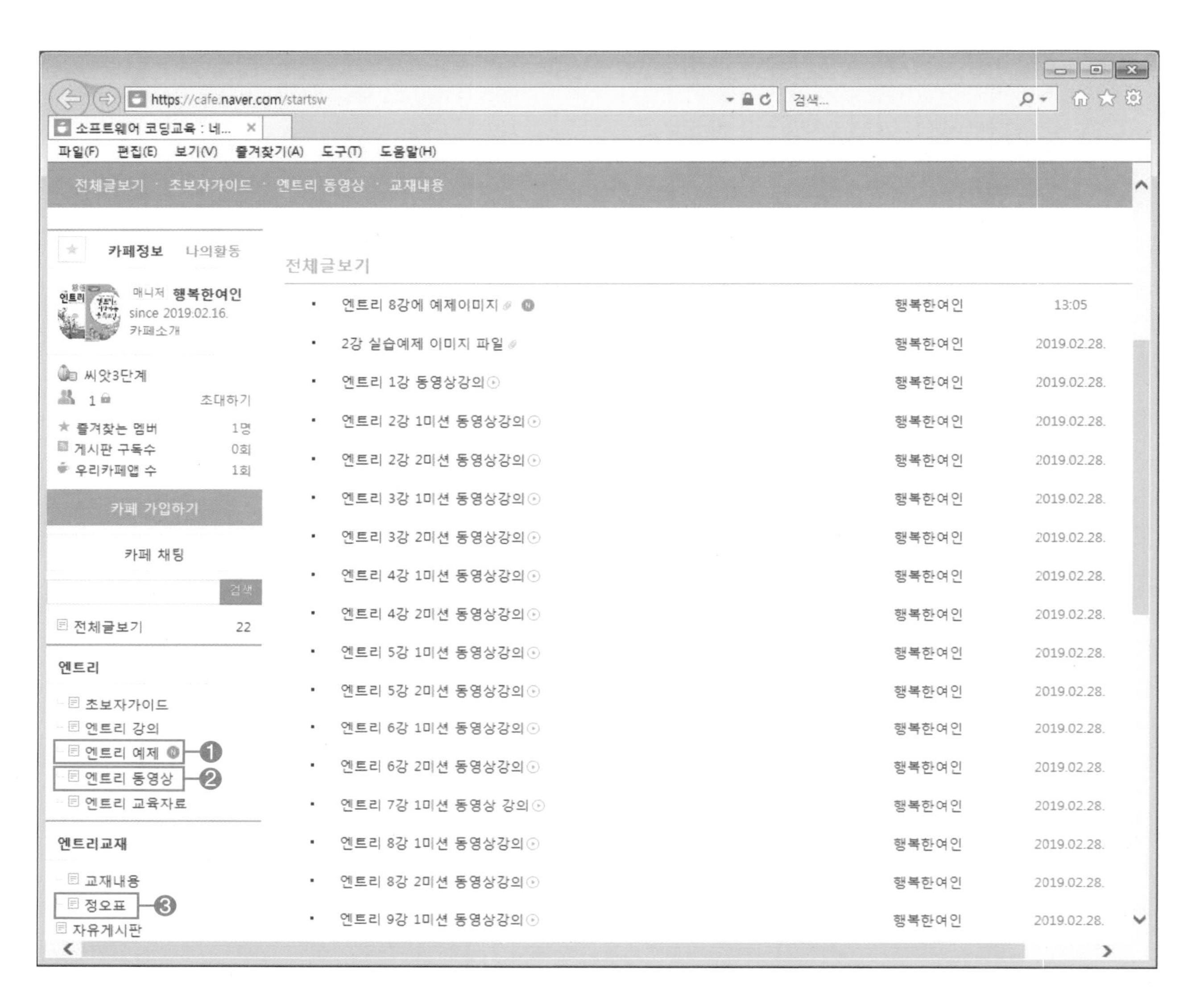

❶ **엔트리 예제** : 교재에서 제공하는 예제 및 완성파일을 제공합니다.

❷ **엔트리 동영상** : 교재의 전체 내용에 무료 동영상 강의를 제공합니다.

❸ **정오표** : 교재의 틀린 부분을 정리하여 제공합니다.

목차

Part 1
보물섬. 엔트리 랜드로 가는 지도를 발견하다.

1단계 • 엔트리 랜드로 가는 비밀의 문 엔트리 사이트!

2단계 • 엔트리 랜드로 함께 떠날 친구를 구하라!

3단계 • 모험에 필요한 준비물을 구해보자.

Part 2
엔트리 랜드로 출발.

4단계 • 엔트리 랜드로 출발할 배로 가보자!

Part 3
위기에 빠진 탐험대.

파트 1 :

보물섬 엔트리 랜드로 가는 지도를 발견하다.

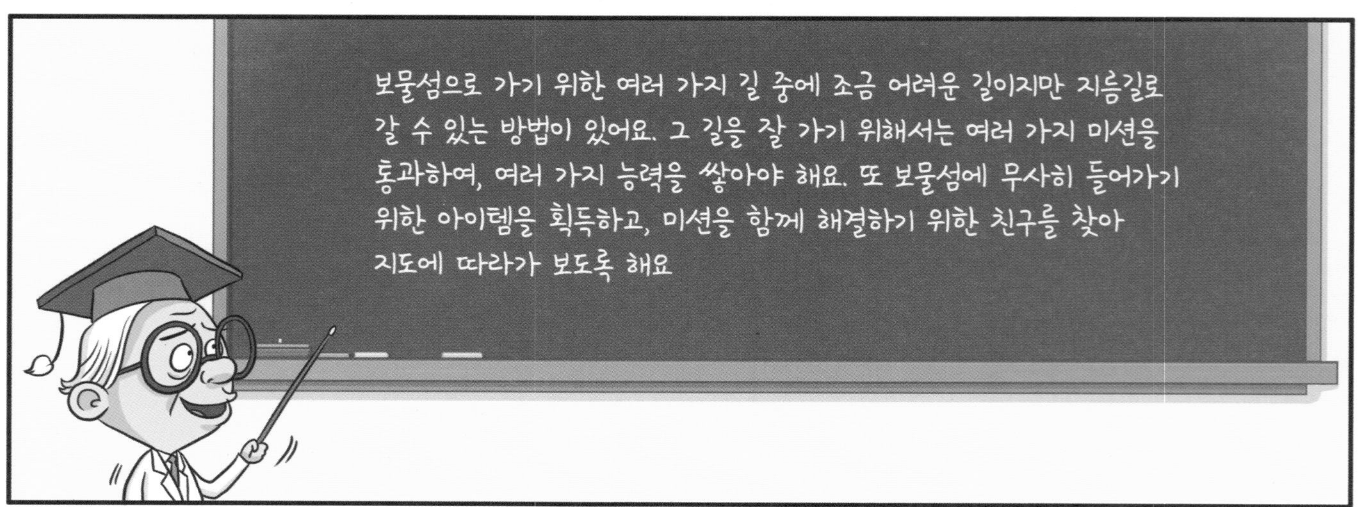

엔트리랜드로 가는 지도의 전반적인 것을 둘러본다.

(지적능력 10%, 체력 20% 상승, 정보력 획득)

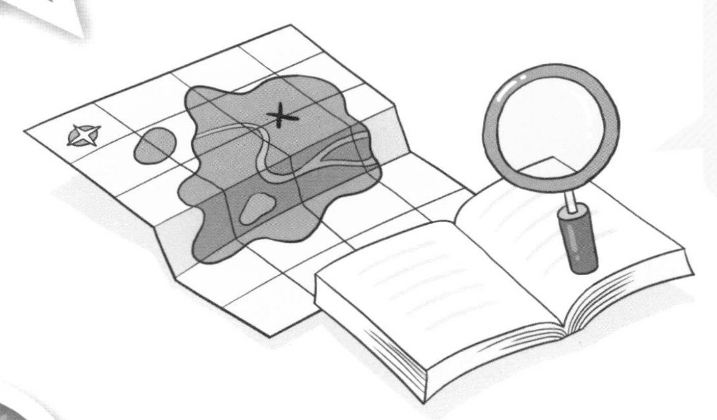

- 엔트리사이트 가입 및 환경, 용어를 알아보아요.
- 화면구성요소를 알아보아요.

엔트리랜드에 함께 갈 친구를 찾아 나서본다.

(지적능력 20%, 체력 5%상승)

- 친구네 집으로 이동하기 위해 시작과 움직임 블록을 활용해요.
- 움직임과 생김새 블록을 이용하여 민수에게 엔트리 랜드를 설명해요.

탐험에 필요한 준비물을 구한다.

(지적능력 15%, 체력 10% 상승)(마법의 양탄자, 아기새 획득)

- 방향키를 이용해 미로안의 보물을 찾아요. 좌표를 이용해 바다 속 상자에서 준비물과 선물을 구해요.
  (지적능력 15%, 체력 15% 상승)

01 엔트리 랜드로 가는 비밀의 문 엔트리 사이트!

내용 설명

우연히 찾게 된 지도를 보니 엔트리 랜드로 가기 위한 비밀의 문은 바로 엔트리 프로그램이라는 것을 알게 되었어요. 엔트리는 누구나 쉽고 재미있게 프로그래밍을 배우고 또 자신만의 멋진 작품을 만들 수 있는 곳이에요. 엔트리 사이트에 회원가입을 하고 비밀의 문을 열어 볼까요?(지적능력 10%, 체력 20% 상승, 정보력 획득)

살펴볼 내용

01 엔트리 사이트에 회원가입하기
02 엔트리 사이트의 화면 구성요소 알기
03 엔트리 프로그램 다운로드하기
04 엔트리 작품만들기 화면 구성 이해하기
05 오브젝트 추가, 삭제하기
06 블록 조립방법, 삭제방법 알아보기

엔트리 사이트에 회원가입하기

01 네이버에서 '엔트리'를 검색하거나, 엔트리 사이트(https://playentry.org)에 접속한 후 엔트리 첫 화면에서 오른쪽 상단의 [회원가입]을 클릭합니다. 엔트리는 익스플로러보다 크롬을 사용하면 더 원활하게 엔트리 사이트를 사용할 수 있어요.

02 [회원가입] 창에서 해당 내용을 확인하고 체크 표시한 후 [다음]을 클릭합니다.

❶ 학생 또는 선생님 중 하나를 선택합니다.

❷ 이용약관을 확인할 수 있습니다.

❸ 개인정보 수집 및 이용에 대한 안내 내용을 확인할 수 있습니다.

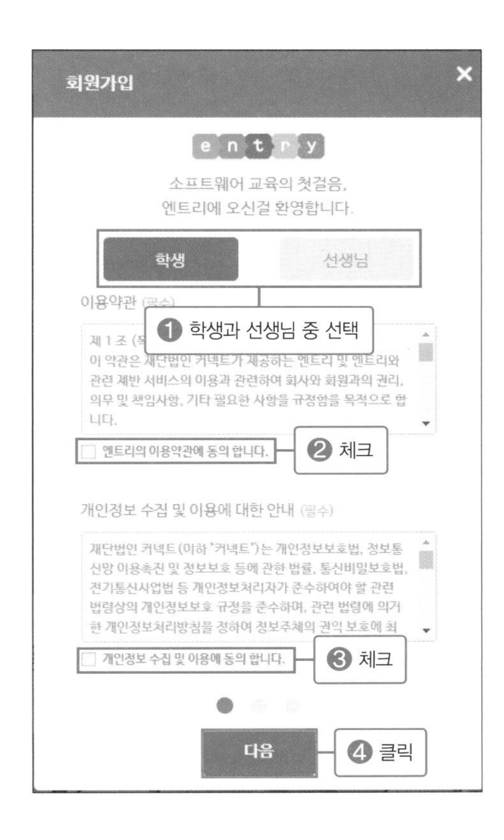

03 아이디와 비밀번호를 입력한 후 [다음]을 클릭합니다.

❶ **아이디** : 영문과 숫자를 조합해서 4~20글자까지 입력할 수 있습니다.

❷ **비밀번호 입력** : 영문과 숫자를 조합해서 5자 이상으로 만들어 입력합니다.

❸ **비밀번호 확인** : 비밀번호 입력란에 넣었던 비밀번호를 다시 입력합니다.

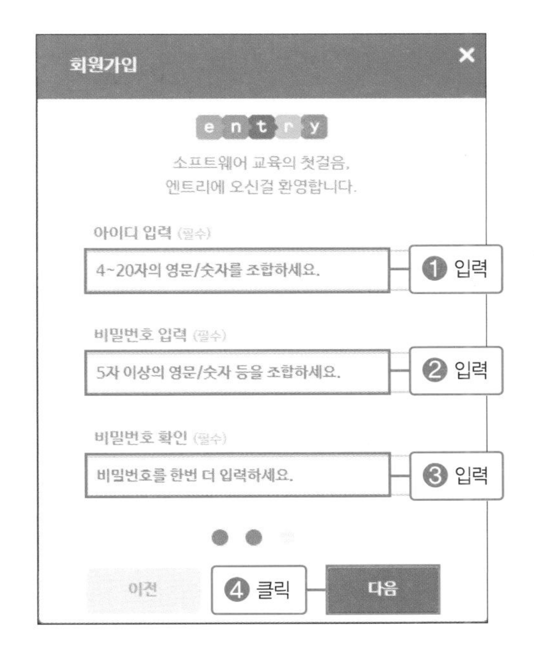

04 해당 내용을 모두 입력하고 [다음]을 클릭합니다.

❶ **작품을 공유하고 싶은 그룹을 선택해 주세요.** : '초등 1~6학년', '중등 1~3학년', '일반' 중에 선택합니다.

❷ **성별** : '남성' 또는 '여성'을 선택합니다.

❸ **이메일** : 이메일은 아이디나 비밀번호를 잊어버렸을 때 찾을 수 있으니 입력하도록 합니다.

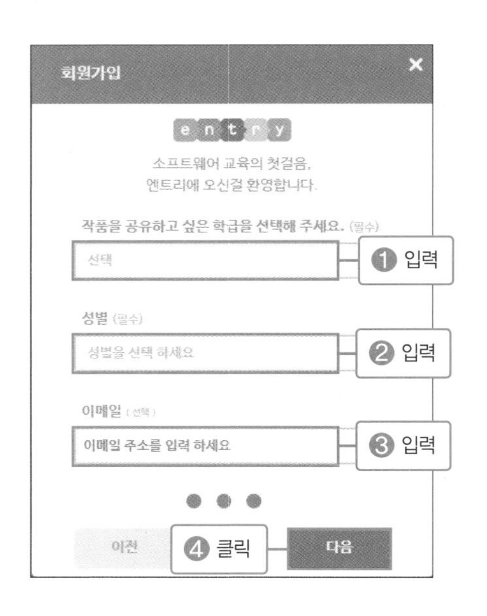

05 모두 입력하였으면 [확인]을 클릭하여 회원가입을 마칩니다.

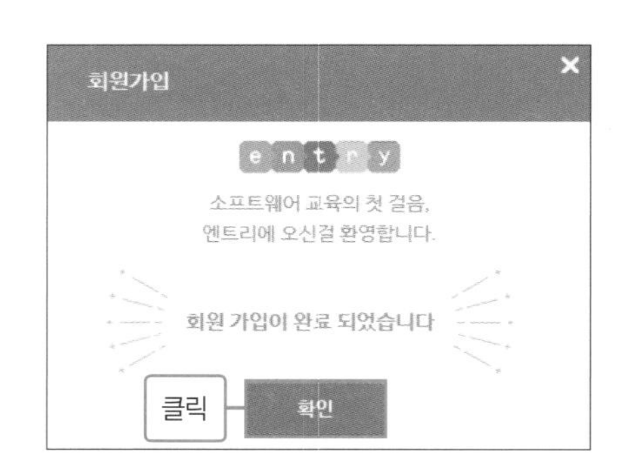

엔트리 사이트의 화면 구성요소 알기

회원가입 후 로그인하면 엔트리의 첫 화면이 표시됩니다. 첫 화면에서 각각의 메뉴에 대해 알아보도록 하겠습니다.

01 entry

[엔트리는?], [자주하는 질문], [다운로드] 메뉴가 있으며, 엔트리에 대해 소개하는 페이지와 자주하는 질문을 나열해 놓은 게시판, 그리고 오프라인용 엔트리를 다운로드 받을 수 있는 페이지로 연결됩니다.

02 학습하기

학습하기를 클릭하면 엔트리에서 제공하는 학습과정을 볼 수 있습니다.

- **엔트리 학습하기** : 처음 시작하는 사람들을 위한 엔트리 첫걸음과 엔트리 추천 미션, 그리고 학년별 학습과정, 주제별 학습과정으로 나뉘어져 있습니다.
- **교육 자료** : 엔트리 교육자료와 엔트리X하드웨어 교육자료, 그리고 교원 연수 및 참고자료가 있습니다.
- **오픈 강의** : 선생님이 직접 만드는 학습 공간으로 여러 가지 예제가 들어 있습니다.

03 만들기

만들기를 클릭하면 블록을 쌓을 수 있는 작품만들기(프로젝트) 창으로 이동하게 됩니다.

- **작품 만들기** : 새로운 프로젝트를 만들 수 있습니다.
- **교과용 만들기(실과)** : [작품 만들기]처럼 새로운 프로젝트를 만들 수 있는 화면으로 이동하게 되는데, 기본형이 아닌 교과형으로 이동하게 됩니다. 기본형과 [블록] 메뉴가 조금 적지만 [로봇] 메뉴가 추가되어 있습니다.

선생님으로 로그인하면 메뉴가 조금 다르답니다. [만들기] 메뉴에 [오픈 강의 만들기]와 [학급 만들기] 메뉴가 더 있어요.

- **오픈 강의 만들기** : 학습목표에 맞춘 단일강의와 학습과정에 맞춘 여러 개의 강의를 하나의 코스로 만들 수 있습니다.
- **학급 만들기** : 나의 학급을 만들 수 있으며 학생들을 추가할 수 있습니다.

04 공유하기

[작품 공유하기]를 누르면 다른 사람들이 만들어 공유해 놓은 작품(프로젝트)들을 볼 수 있습니다.

05 커뮤니티

글 나누기 메뉴 안에는 [묻고답하기], [노하우&팁], [엔트리 이야기], [제안 및 건의], [공지사항] 등의 내용을 볼 수 있습니다.

엔트리는 계속해서 업데이트를 하고 있습니다. 그래서 화면의 구성이 조금씩 변할 수 있으며, 업데이트 된 내용은 공지사항에서 확인할 수 있습니다.

이제 엔트리 사이트의 구성요소를 알아봤으니, 작품을 만들 수 있는 방법과 화면의 구성요소를 알아보도록 합니다. 작품을 만들 수 있는 방법은 엔트리 사이트에서 만드는 방법과 엔트리 프로그램을 다운로드하여 만드는 방법이 있습니다. 엔트리의 안정적인 사용을 위해 프로그램을 컴퓨터에 다운로드하여 사용하도록 합니다.

엔트리 프로그램 다운로드하기

엔트리 프로그램을 다운로드하기 위해서는 엔트리 사이트의 첫 화면으로 이동하도록 합니다.

01 엔트리 첫 화면의 로고를 클릭하여 펼쳐지는 메뉴에서 [다운로드]를 클릭해 주세요.

02 화면이 변경되면 '엔트리 오프라인 다운로드'가 있습니다. 본인의 컴퓨터에 맞게 다운로드 할 수 있으니 컴퓨터 사양을 확인하고 다운로드하도록 합니다.

하나 더 !

엔트리가 자주 업데이트되지만, 업데이트되기 전 버전도 다운로드 할 수 있도록 되어 있어요!

03

컴퓨터 사양에 맞는 다운로드를 선택하면 화면 아래에 실행할 것인지, 저장할 것인지를 묻는 메뉴가 나타납니다. [실행] 단추를 누르면 컴퓨터에 프로그램을 바로 설치하며, [저장] 단추를 누르면 프로그램을 다운로드 한 후 설치를 해야 합니다. 우리는 [실행] 단추를 눌러 바로 설치하도록 합니다.

04

프로그램을 설치했다면 엔트리를 실행해 주세요. 엔트리 만들기 환경을 선택하는 창이 나오면 알맞게 선택하고 [확인] 단추를 클릭하면 됩니다. 우리는 [기본형]을 선택하고 [확인] 단추를 클릭합니다.

엔트리 작품만들기 화면 구성 이해하기

엔트리 프로그램의 화면 구성요소를 자세히 알아보도록 하겠습니다.

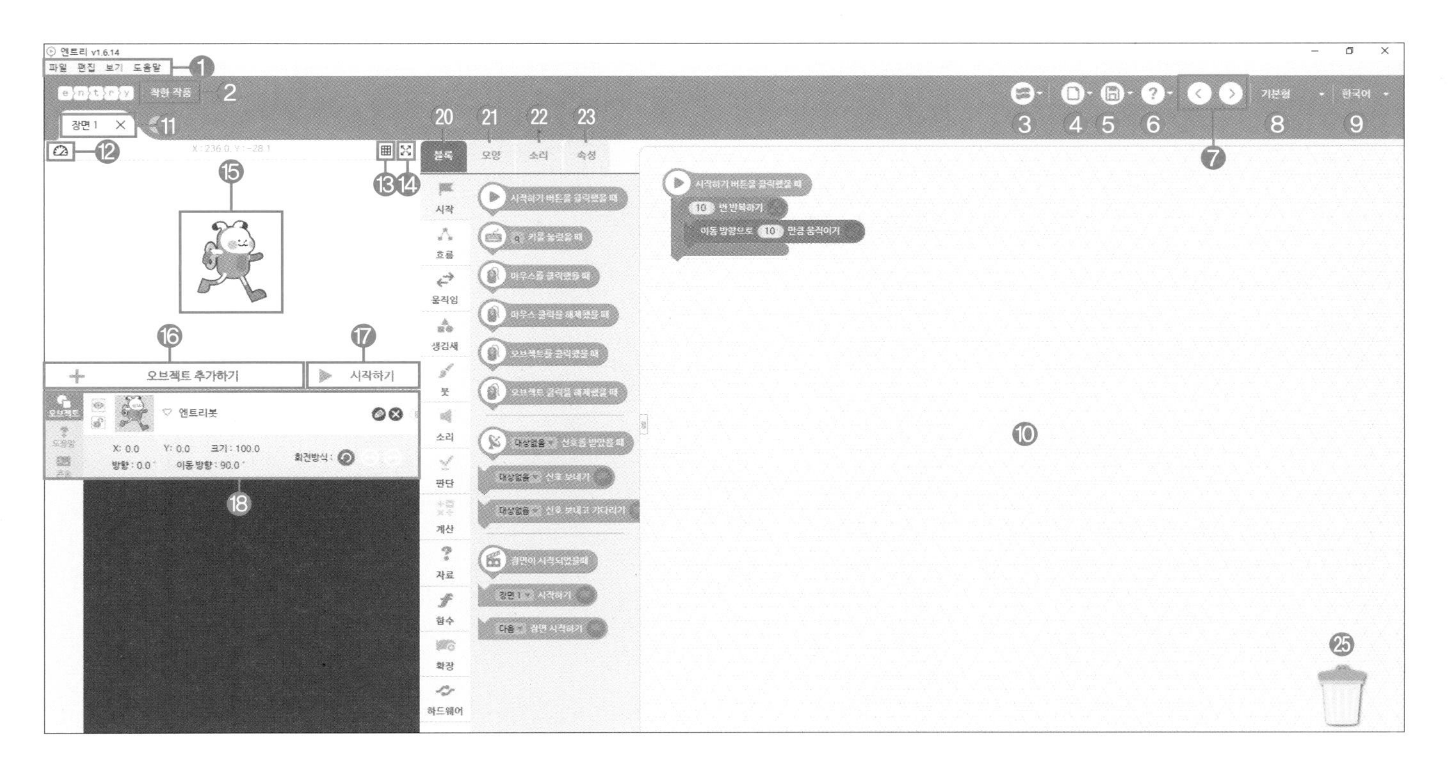

❶ 메뉴(파일 편집 보기 도움말) : [파일] 메뉴는 [새로 만들기]와 [저장하기] 기능이 들어 있습니다. [편집]은 [되돌리기]와 [다시실행]이 들어 있으며, [보기]는 [실제크기]와 [확대], 그리고 [축소] 기능이 들어 있습니다. 엔트리 사이트에서는 단추로 [코딩] 창에 위치해 있습니다. [도움말]에는 엔트리의 버전 정보가 들어 있습니다.

❷ 작품(프로젝트) 제목(착한 작품) : 자동 입력된 제목으로 글자를 클릭하면 수정할 수 있고, 저장하면 파일명이 되어 저장됩니다.

❸ 코딩 언어() : [블록코딩]과 [엔트리파이선] 두 가지 코딩 언어를 지원합니다.

❹ 새로 만들기() : [새로 만들기], [오프라인 작품 불러오기]를 할 수 있습니다. 엔트리 사이트에서는 [새로 만들기], [온라인 작품 불러오기], [오프라인 작품 불러오기]를 할 수 있습니다.

❺ 저장하기() : [저장하기], [복사본으로 저장하기]를 할 수 있습니다. 엔트리 사이트에서는 [저장하기], [복사본으로 저장하기], [내 컴퓨터에 저장하기]를 할 수 있습니다.

❻ 도움말() : [블록 도움말]과 [하드웨어 연결 안내], [엔트리 파이선 이용안내]가 있습니다. [블록 도움말]을 클릭하면 [코딩창]에서 선택한 블록의 설명을 [오브젝트 목록] 부분에서 확인할 수 있으며, [하드웨어 연결 안내]와 [엔트리 파이선 이용 안내]는 클릭하여 매뉴얼을 다운로드 할 수 있습니다.

❼ 되돌리기, 다시 실행() : [되돌리기] 및 [다시 실행]을 할 수 있습니다.

❽ 만들기 유형 선택(기본형) : [기본형]과 [교과형(실과형)]이 있습니다. [교과형]은 학교 수업시간에 조금 더 쉽게 배울 수 있도록 학교 수업 맞춤형 기능입니다.

❾ 언어 선택(한국어) : [한국어], [English], [베트남어]가 가능합니다. 엔트리 사이트에서는 [일본어]도 지원합니다.

❿ 코딩창 : 블록을 쌓아 코딩하는 창으로, 이곳에 코딩해 놓은 블록에 따라 오브젝트들이 실행됩니다. [만들기]를 선택하여 들어오면 기본 블록이 설정되어 있습니다.

⓫ [장면] 탭(장면 1) : 장면의 이름으로 클릭 시 이름을 수정할 수 있고 장면을 삭제 또는 추가가 가능합니다.

⓬ 속도 조절() : 실행하기를 눌렀을 때 오브젝트가 움직이는 속도를 조절할 수 있습니다. 클릭하여 슬라이드를 오른쪽으로 옮길수록 속도가 빨라집니다.

⓭ 좌표() : 화면에 좌표를 표시합니다.

⓮ 전체화면() : 화면의 크기를 변경할 수 있습니다.

⓯ 오브젝트 : 화면에 보여지는 오브젝트로, 오브젝트 목록에서 현재 선택 오브젝트입니다.

⓰ 오브젝트 추가하기(오브젝트 추가하기) : 새로운 오브젝트를 추가할 수 있습니다.

⓱ 시작하기(시작하기) : 만들어 놓은 블록을 실행시키거나 정지할 수 있는 버튼입니다. 정지하기를 누르면 오브젝트가 처음에 있던 위치와 모양으로 변경됩니다.

⑱ **[오브젝트 속성] 창** : 오브젝트의 이름, 오브젝트의 위치, 크기, 방향, 이동 방향, 회전방식 등의 정보를 알 수 있고, [연필] 모양을 클릭하여 수정도 할 수 있는 창입니다. [눈] 모양을 클릭하여 화면에서 오브젝트를 안 보이게 설정할 수 있고, [자물쇠]를 클릭해 오브젝트가 움직이지 않도록 할 수 있습니다. [X]를 누르면 오브젝트가 삭제됩니다.

엔트리 사이트의 [오브젝트 속성]에서는 [회전방식] 위치가 방향의 아래로 변경되었습니다.

⑲ **[오브젝트 목록]** : 추가한 오브젝트들이 나열되는 곳으로 각각 선택하여 속성을 변경할 수 있습니다.

⑳ **[블록] 탭**(블록 모양 소리 속성) : 실제 오브젝트에 적용할 다양한 블록들이 들어 있는 곳으로 시작, 흐름, 움직임, 생김새, 붓, 소리, 판단, 계산, 자료, 함수, 확장, 하드웨어가 있습니다.

㉑ **[모양] 탭**(모양) : 오브젝트의 다른 모양을 추가, 삭제가 가능하며 새롭게 편집하거나 만들 수 있는 탭입니다.

㉒ **[소리] 탭**(소리) : 오브젝트에 소리를 추가 및 변경할 수 있는 탭입니다.

㉓ **[속성] 탭**(속성) : 변수, 신호, 리스트, 함수를 추가할 수 있는 탭입니다.

㉔ **블록** : 블록 메뉴에서 선택한 블록으로 실제 오브젝트들에게 적용할 명령입니다.

㉕ **휴지통** : 만들어 놓은 블록을 삭제할 때 휴지통으로 끌어다 놓으면 삭제됩니다.

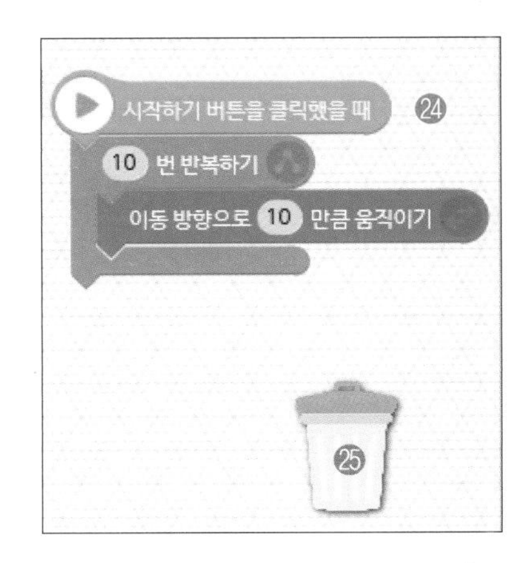

오브젝트 추가, 삭제하기

1 오브젝트 추가하기

엔트리에서 제공하는 오브젝트를 추가하는 방법은 + 오브젝트 추가하기 버튼을 클릭하여 [오브젝트 추가하기] 창이 화면에 나오면, [라이브러리] 탭의 왼쪽 목록에서 추가할 오브젝트를 클릭하여 [적용하기]를 클릭하면 추가됩니다.

가지고 있는 파일을 업로드 할 경우에도 + 오브젝트 추가하기 단추를 클릭하여 [오브젝트 추가하기] 창이 열리면, [파일 업로드] 탭을 클릭합니다.

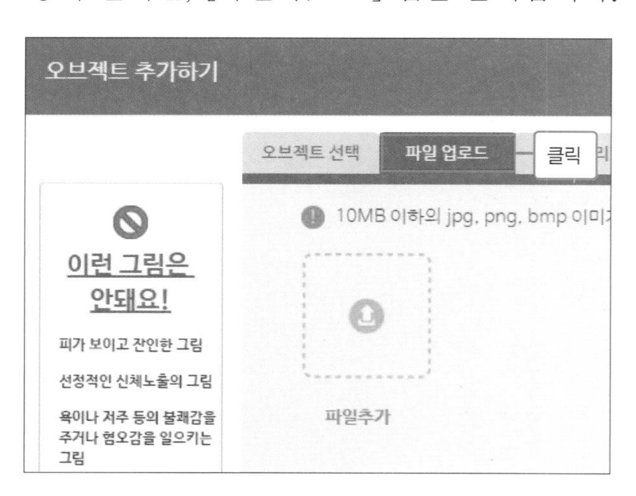

[파일추가]를 클릭하면 업로드 할 파일 선택 창이 열리게 됩니다. 추가된 오브젝트의 기본 크기는 100.0으로 되어 있으니 크기를 조절하여 사용합니다.

엔트리의 그리기를 이용하여 그림을 그릴 경우는 위의 [오브젝트 추가하기] 창에서 [새로 그리기] 탭-[이동하기]를 클릭하면, [코딩] 창이 있던 곳에 그리기 화면이 나옵니다.

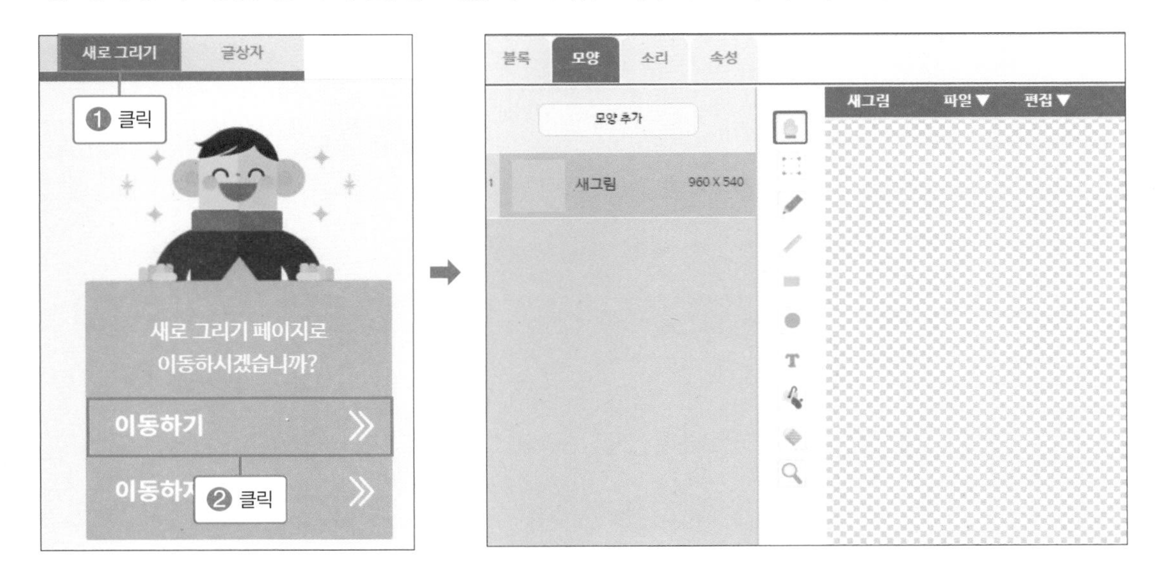

글상자를 추가할 경우에도 동일하게 [오브젝트 추가하기] 창에서 [글상자] 탭을 클릭합니다. '글상자의 내용을 입력해 주세요.' 부분에 추가할 글자를 넣고 [적용하기]를 클릭합니다.

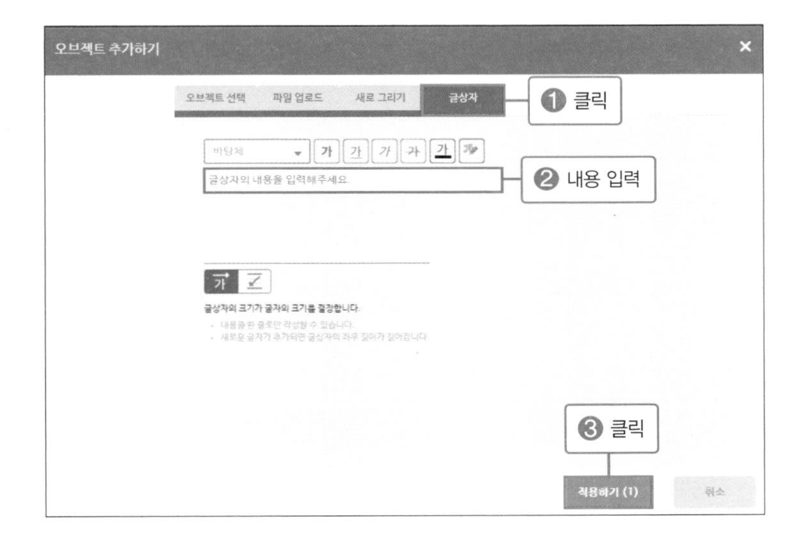

2 오브젝트 삭제하기

오브젝트를 삭제할 때는 삭제할 오브젝트의 [오브젝트 속성] 창에서 할 수 있습니다. [오브젝트 속성] 창의 오른쪽 끝에 있는 X 단추를 누르면 바로 삭제됩니다.

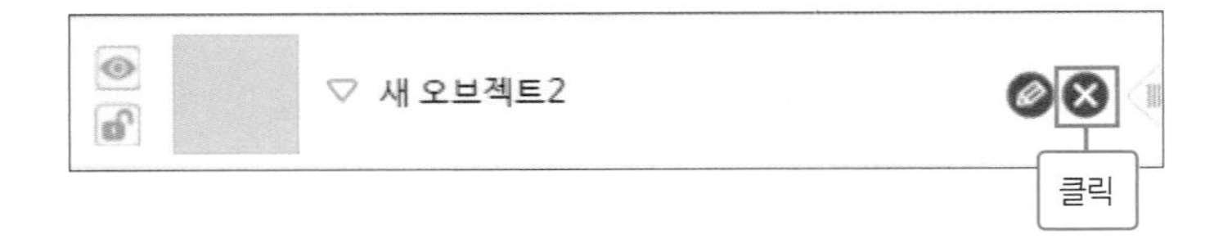

블록 조립방법, 삭제방법 알아보기

1 블록 조립방법 알아보기

엔트리에서 블록은 오브젝트에게 실행하도록 하는 명령어입니다. 블록을 조립할 때는 실제 블록 장난감을 꽂아서 조립하는 것과 비슷하게 블록을 연결해서 사용합니다. 한 번 썼던 블록이라도 계속해서 사용할 수도 있습니다. [코딩] 창에 새로운 시작하기 버튼을 클릭했을 때 블록과 이동 방향으로 10 만큼 움직이기 블록을 연결해 보도록 하겠습니다.

[블록] 탭–[시작]에 있는 시작하기 버튼을 클릭했을 때 블록을 마우스로 드래그하여 [코딩] 창으로 끌어오도록 합니다.

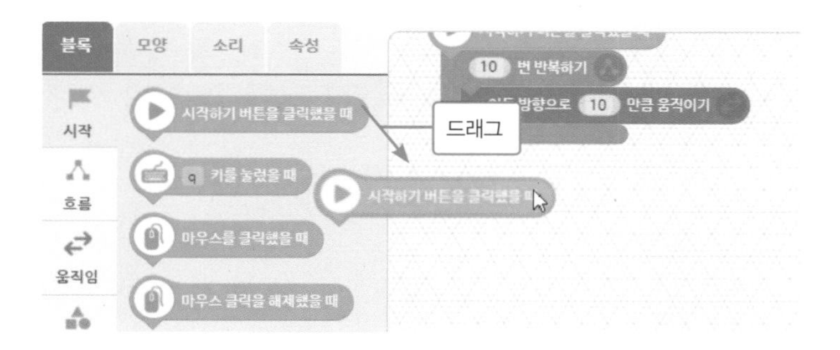

같은 방법으로 [블록] 탭–[움직임]에 있는 이동 방향으로 10 만큼 움직이기 블록을 드래그하여  블록 밑에 연결합니다. 이때,  그림처럼 연결할 블록에 가까이 가져가면 연결된 형태가 미리보기되며, '딸깍' 소리와 함께 자석처럼 탁! 붙는 느낌을 받을 수 있습니다. 이렇게 블록을 조립하면 하나의 명령이 완성되는 것입니다.

2 블록 삭제방법 알아보기

블록을 조립하는 방법을 알아봤으면 블록을 삭제하는 방법을 알아야겠지요?
블록을 삭제하는 방법은 2가지로, 첫 번째 방법은 마우스 오른쪽 단추를 이용하는 것입니다. 삭제할 블록에서 마우스 오른쪽 단추를 누르면 아래의 그림처럼 메뉴가 나타납니다.

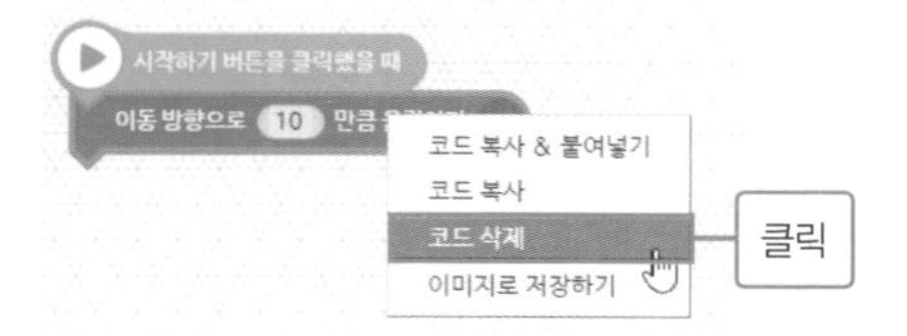

이때 코드 삭제를 누르면 선택했던 블록만 삭제되고, 시작하기 버튼을 클릭했을 때 블록은 남게 됩니다.

두 번째 방법은, 휴지통입니다. 삭제할 블록을 마우스로 클릭하여 휴지통으로 드래그하면 휴지통이 열린 모양으로 바뀌면서 블록이 삭제됩니다.

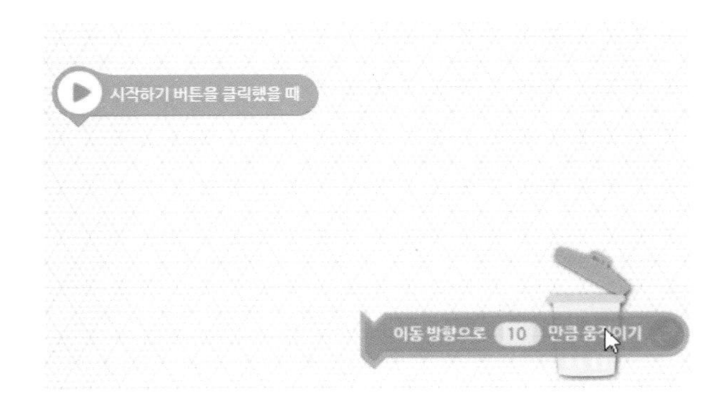

이제 엔트리의 화면구성과 블록에 대해 알게 되었으니 본격적으로 미션을 해결해 보도록 할까요?

02 엔트리 랜드로 함께 떠날 친구를 구하라!

첫 번째 미션 동네를 산책하며 과일가게를 들렀다 집으로 가보세요. (지적능력 10%, 체력 5% 상승)

● **완성파일** : 2강1미션.ent

미션 성공 화면

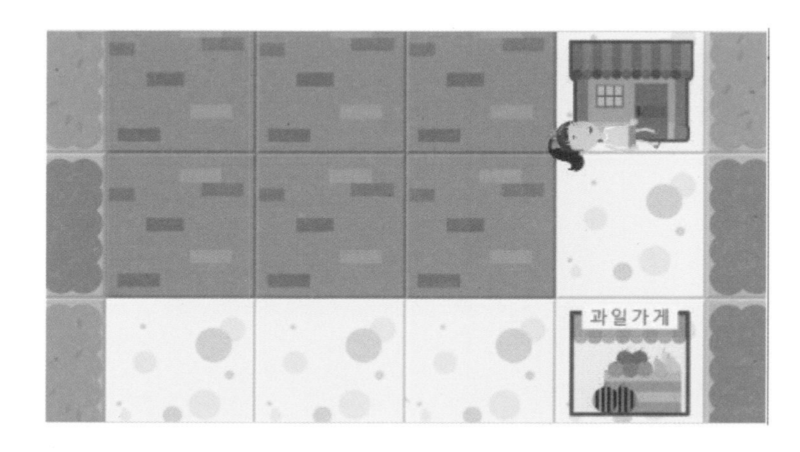

친구 집에 가기 위해 이동 방향으로 이동하는 방법과 회전해서 다시 이동 방향으로 이동하는 방법을 이해해 보세요.

핵심 블록 힌트

블록	블록설명
시작하기 버튼을 클릭했을 때	[블록]탭-[시작]에 있는 블록, 아래에 연결되는 블록은 [시작하기] 버튼을 클릭하면 실행됩니다.
이동 방향으로 10 만큼 움직이기	[블록]탭-[움직임]에 있는 블록, 오브젝트가 이동 방향으로 설정한 숫자만큼 움직이게 됩니다.(이동 방향은 기본 90도로 설정되어 있으며, 오브젝트를 클릭했을 때 나오는 주황색 화살표 방향입니다.)
방향을 90° 만큼 회전하기	[블록]탭-[움직임]에 있는 블록, 오브젝트의 방향이 각도만큼 회전합니다.(오브젝트의 방향은 기본 0도로 설정되어 있습니다.)
2 초 기다리기	[블록]탭-[흐름]에 있는 블록, 설정한 시간(초)만큼 기다렸다가 실행됩니다.

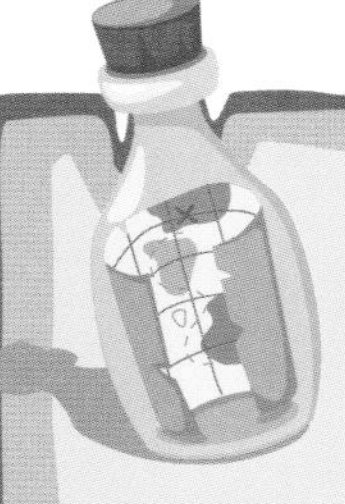

장면 & 오브젝트 목록 보기

설계순서 생각해 보기

'엔트리 봇' 오브젝트 삭제 → [오브젝트 추가하기]의 [배경]에서 '엔트리 마을'과, [사람]에서 '걷고있는 사람(1)' 추가 → 오브젝트 크기, 위치 변경 → '걷고있는 사람(1)'이 과일가게까지 이동 → 과일가게에서 친구 집을 향해 방향을 OO만큼 회전 → '걷고있는 사람(1)'이 친구 집까지 이동

설계 순서 생각해 보기는?

블록 쌓는 순서를 상세히 적어보는 것입니다. 하나하나 순서를 적어보면 불필요하거나, 반복되는 블록의 수도 줄일 수 있고, 오류가 발생해도 쉽게 찾을 수 있기 때문에 상세히 적는 습관을 갖는 것이 좋습니다. 설계순서를 상세히 적다 보면 순서도(flow chart)와도 쉽게 연결할 수 있게 됩니다.

설계 순서대로 실행하기

순서를 적어 봤다면 설계 순서대로 실제 코딩을 해보도록 하겠습니다.

1 사용할 오브젝트 추가 및 크기와 위치 설정하기

01 엔트리 봇은 사용하지 않으니 그림에서 보이는 [X]를 클릭하여 삭제해 주세요.

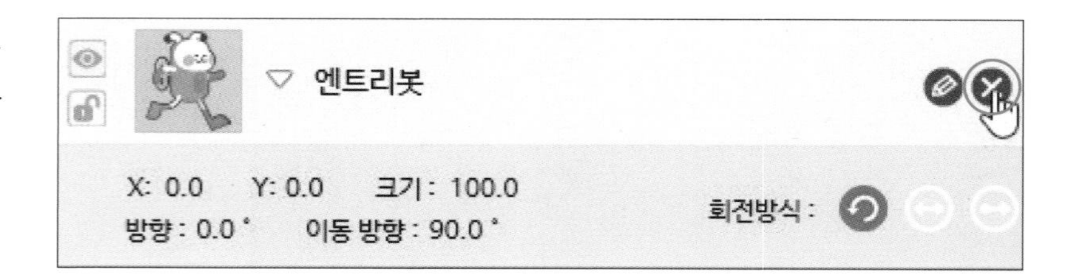

02 왼쪽 장면 아래에 있는 + 오브젝트 추가하기 버튼을 클릭해 [배경]에서 '엔트리 마을', [사람]에서 '걷고있는 사람(1)'를 선택하고, [적용하기]를 클릭해 주세요.

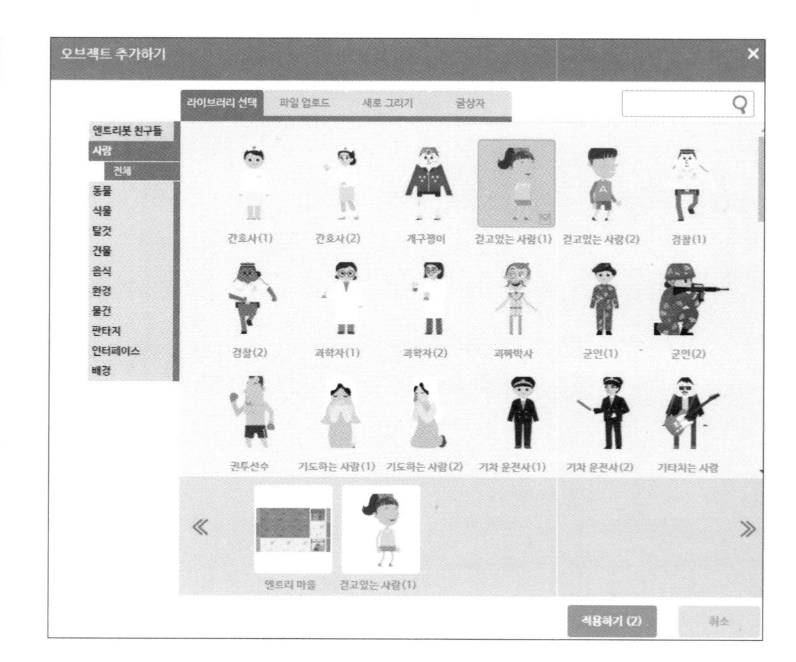

03 선택한 오브젝트들이 추가된 후 보여지는 [오브젝트 목록]이에요.

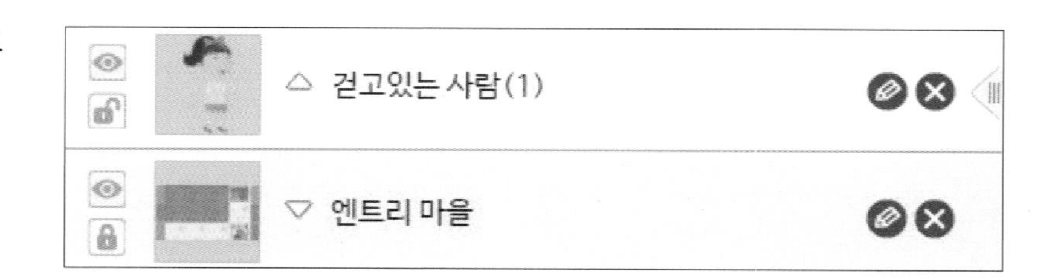

04 '걷고있는 사람(1)'의 크기와 위치를 변경하기 위해 [오브젝트 속성] 창에 오른쪽 끝에 있는 ◎ 모양을 눌러 크기를 50으로, 위치를 x :-215, y:-95 정도로 변경해 주세요. 그리고 ◎ 버튼을 눌러주세요.

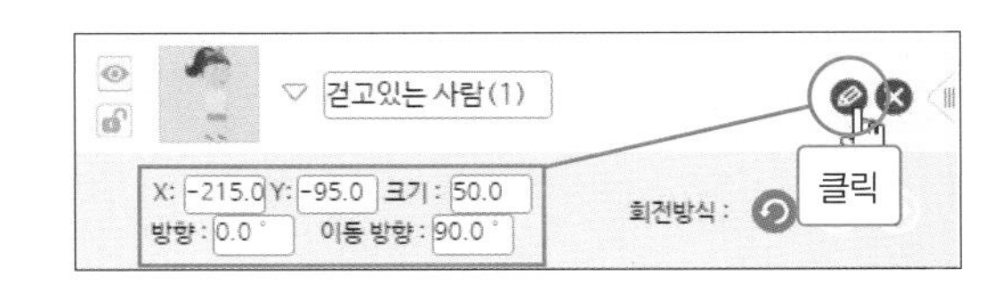

2 '걷고있는 사람(1)' 블록 쌓기

01 [오브젝트 목록]의 '걷고있는 사람(1)'을 선택하고, [블록]탭-[시작]에 있는 [시작하기 버튼을 클릭했을 때] 블록을 [코딩]창에 드래그 앤 드롭(끌어다 놓기) 해 주세요.

02 '걷고있는 사람(1)'은 이동 방향이 90도(오른쪽 방향)이므로, [블록]탭-[움직임]에 있는 [이동 방향으로 10 만큼 움직이기] 블록을 [시작하기 버튼을 클릭했을 때] 블록 밑에 연결한 후 기본 값 10만큼 부분을 300~400 사이 값으로 변경하고, [시작하기]버튼을 클릭하면 과일가게에 도착하게 돼요.

원리 이해하기

이동 방향을 10만큼 움직이는 것은 오브젝트에 정해져 있는 이동 방향으로 좌표값이 변경되는 것이에요. '걷고있는 사람(1)'에 적용했을 때 [오브젝트 속성] 창에서 X좌표의 값이 10만큼 변경되는 것을 확인할 수 있으며, 만약 이동 방향으로 350만큼 움직이면 X좌표의 값이 350만큼 변경돼요.

03 과일 가게에서 친구 집이 있는 위쪽을 보기 위해 [블록]탭-[움직임]에 있는 [방향을 90° 만큼 회전하기] 블록을 연결하여 방향을 270도 또는 -90도로 설정해 주세요. 이때 숫자를 직접 입력해도 되고, 각도를 조절해도 됩니다.

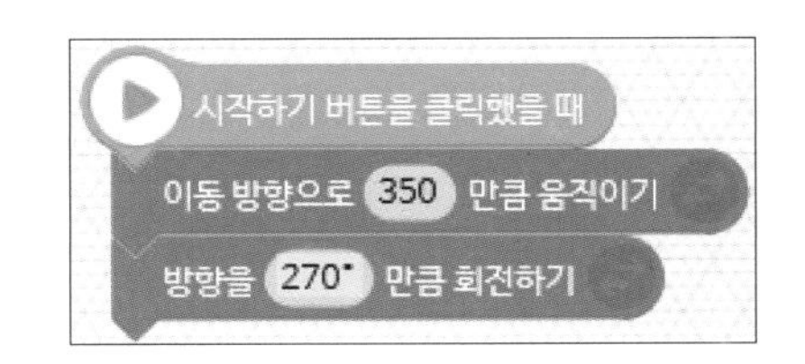

04 방향 회전 후 친구 집으로 가기 위해 [블록]탭–[움직임]에 있는 이동 방향으로 10 만큼 움직이기 블록을 추가하여 100~200만큼 움직이면 집 앞에 도착할 수 있어요.

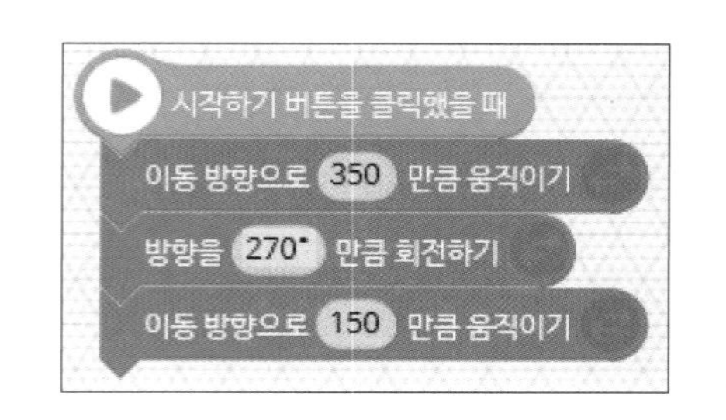

05 블록을 다 쌓았다면 화면의 ▶ 시작하기 버튼을 눌러 실행하거나, 단축키 Ctrl+R을 눌러 실행해 보세요.

06 실행하자마자 '걷고있는 사람(1)'이 친구 집 앞에 있을 거예요. 컴퓨터의 실행속도가 빨라, 블록이 순식간에 실행되기 때문으로, 천천히 실행하기 위해서는 각 블록에 시간 간격을 둬야 합니다. [블록]탭–[흐름]에 있는 2 초 기다리기 블록을 동작마다 삽입해 주세요. 그리고 쌓아 놓은 블록 사이에 [블록]탭–[흐름]에 있는 2 초 기다리기 블록을 가져오면 삽입할 수 있어요.

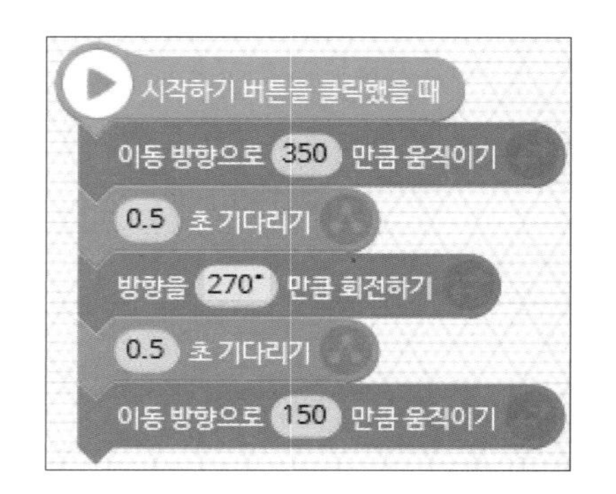

07 2초는 너무 느리므로, 0.5초 정도로 변경하고, 다시 한번 [블록]탭–[흐름]에 있는 2 초 기다리기 블록을 삽입해 주세요

원리 이해하기

오브젝트에는 이동방향과 방향이라는 것이 있어요.

이동방향은 말 그대로 오브젝트가 움직이는 방향이며 기본각도가 90도에요. 엔트리봇을 선택했을 때 나오는 주황색 화살표가 바로 이동 방향을 나타내지요. 이 화살표가 가르키는 방향대로 오브젝트가 움직이게 됩니다. 이때 오브젝트가 바라보는 방향은 변경되지 않고 주황색 화살표만 변경되어 화살표의 방향대로 오브젝트가 움직이니 주의해야 해요

이동 방향 90도(오른쪽으로 움직임)	이동 방향 0도(위로 움직임)

이동 방향 180도(아래로 움직임)	이동 방향 270도(왼쪽으로 움직임)

방향은 오브젝트가 바라보고 있는 방향을 말해요. 기본 방향은 0도에요. 오브젝트가 만약 오른쪽으로 향해 있다면, 오브젝트는 방향을 위쪽을 향하도록 하기 위해서는 270도 또는 -90도로 변경해야 위쪽을 보게 되지요(270도=-90도). 만약, 오브젝트의 방향을 90도로 변경하면 기본방향이 0도이기 때문에 오브젝트는 아래쪽을 향하게 돼요.

오브젝트의 방향이 변경되면 이동 방향도 따라서 바뀌게 되니, 오브젝트 방향과 이동 방향을 다르게 하지 않는다면 따로 조절할 필요는 없어요.

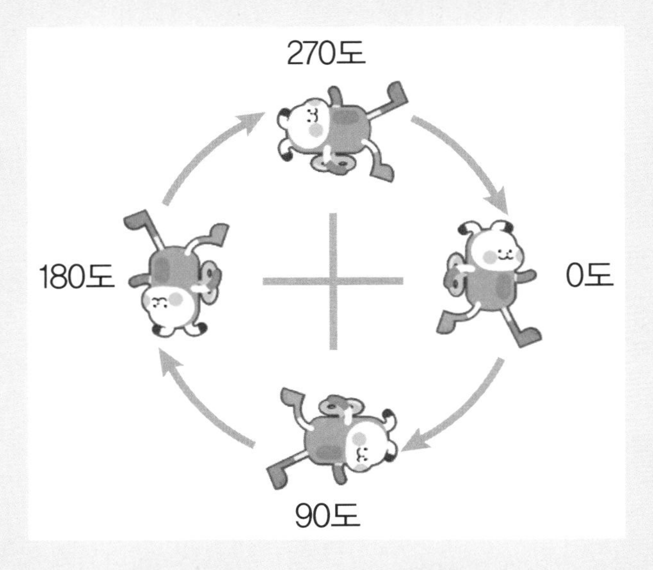

친구를 만나 엔트리 랜드에 대해 이야기하고 같이 가자고 해요. 모험을 할 때 친구와 함께하면 큰 도움이 될 것이에요. (지적능력 10%, 체력 15% 상승)

● **실습예제파일 :** 도로.jpg ● **완성파일 :** 2강2미션.ent

미션 성공 화면

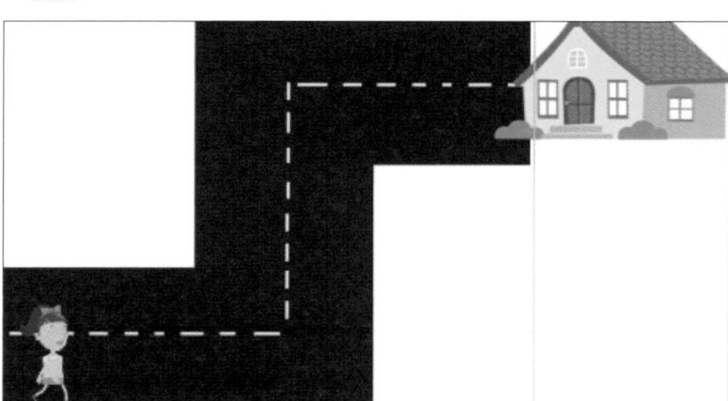

도로장면

친구 방 장면

친구 집에 찾아가 지도를 찾은 이야기와 엔트리 랜드에 대해 이야기하고 함께 가자고 해요. 친구와 이야기를 주고받을 때 기다렸다가 서로의 이야기가 끝나면 말하도록 해 봅시다.

핵심 블록 힌트

블록	블록설명
장면이 시작 되었을 때	[블록]탭-[시작] 있는 블록, 장면이 여러 개일 경우 장면이 시작되면 연결되어 있는 블록들이 실행되도록 하는 블록입니다.
안녕! 을(를) 4 초 동안 말하기	[블록]탭-[생김새]에 있는 블록, 대화상자를 표시할 수 있습니다. "안녕!"이라고 쓰인 곳에 다른 글을 입력할 수 있고, 입력한 글을 정해놓은 시간(초) 동안 표시합니다.
소리 노크 소리 1 초 재생하기	[블록]탭-[소리]에 있는 블록, [소리]탭에서 추가한 소리 이름이 블록 안에 표시됩니다. 추가한 소리가 정해 놓은 시간(초) 동안 재생됩니다.
친구방 시작하기	[블록]탭-[시작]에 있는 블록, 장면이 여러 개일 경우 특정한 장면을 시작할 수 있도록 하는 블록입니다.

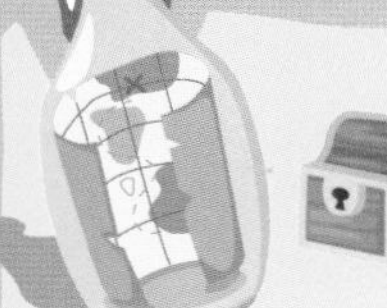

장면 & 오브젝트목록 보기

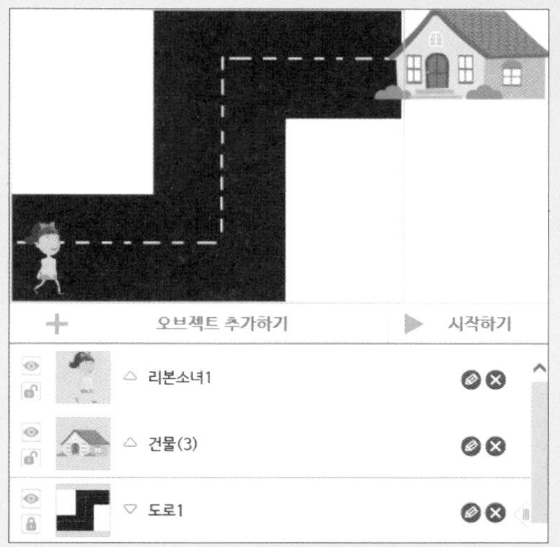

도로장면

친구 방 장면

설계순서 생각해 보기

장면 추가 → 장면1을 "도로", 장면2를 "친구방"으로 이름 변경 → 도로 장면에 [오브젝트 추가하기]–[파일업로드]에서 '도로' 파일 업로드 → 도로의 크기 변경, 자물쇠를 잠금모양으로 변경 → [오브젝트 추가하기]의 [사람]에서 '걷고있는 사람(1)', [건물]에서 '건물3'을 추가 → 오브젝트의 크기 변경 → '걷고있는 사람(1)'에 "노크소리"추가 → 친구방 장면에 [오브젝트 추가하기]의 [사람]에서 '걷고있는 사람(1)', '만세하는 사람(1)', [배경]에서 '파란방' 배경 추가 → 위치 조정 → "도로"장면의 '걷고있는 사람(1)'을 도로의 코너까지 이동 → 도로의 코너에서 위 방향으로 회전하여 이동 → 친구 집 방향으로 회전하여 이동 → 노크소리 재생 후 1초 기다림 → 친구방 장면 시작 → '만세하는 사람(1)'이 "어서 와! 근데 무슨 일이야?"라고 말하기를 시작으로 대화 시작 → 대화가 겹치지 않도록 조절

설계 순서대로 실행하기

순서를 적어 봤다면 설계 순서대로 실제 코딩을 해보도록 하겠습니다.

1 사용할 장면과 오브젝트 추가 및 크기와 위치 설정하기

01 장면을 추가하기 위해 [장면 1 x ⊕] 장면1 옆에 ⊕를 클릭하면 [장면 1 x 장면 2 x ⊕] 장면 2를 추가할 수 있어요.

02 장면1 글자를 클릭하여 이름을 [도로 x 장면 2 x] "도로"로 변경하고, 장면 2도 장면 1처럼 "친구방"으로 바꿔주세요.

원리 이해하기

장면을 추가하면 새롭게 모든 것이 시작된다고 생각하면 됩니다. 그렇기 때문에 배경 및 이전 장면에서 사용하던 모든 오브젝트를 다시 추가하고, 크기 등을 조절해야 그대로 사용할 수 있어요.

03 "도로" 장면에서 화면을 도로 모양으로 디자인하기 위해 [+ 오브젝트 추가하기]를 클릭하여 창이 열리면 [파일 업로드]탭을 클릭해 주세요.

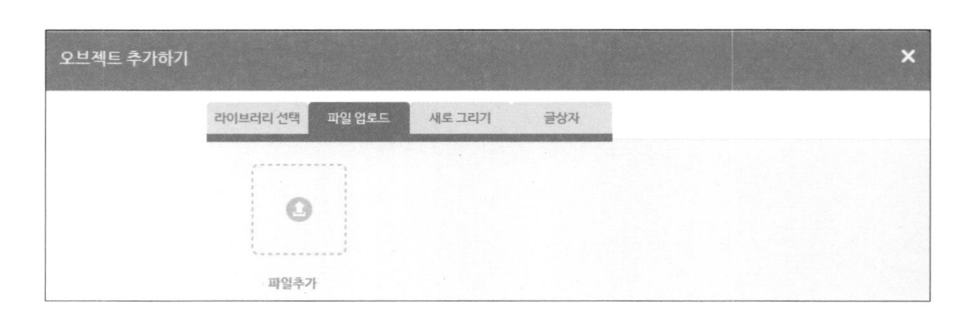

04 [파일 업로드]탭 안에 [파일추가]를 클릭하여 실습예제 파일이 저장되어 있는 곳에서 "도로" 파일을 선택해 주세요.

05 "도로" 파일이 추가되면 마우스로 클릭하여 선택하고, 아래쪽에 표시되면 [적용하기] 버튼을 클릭하여 화면에 표시해 주세요.

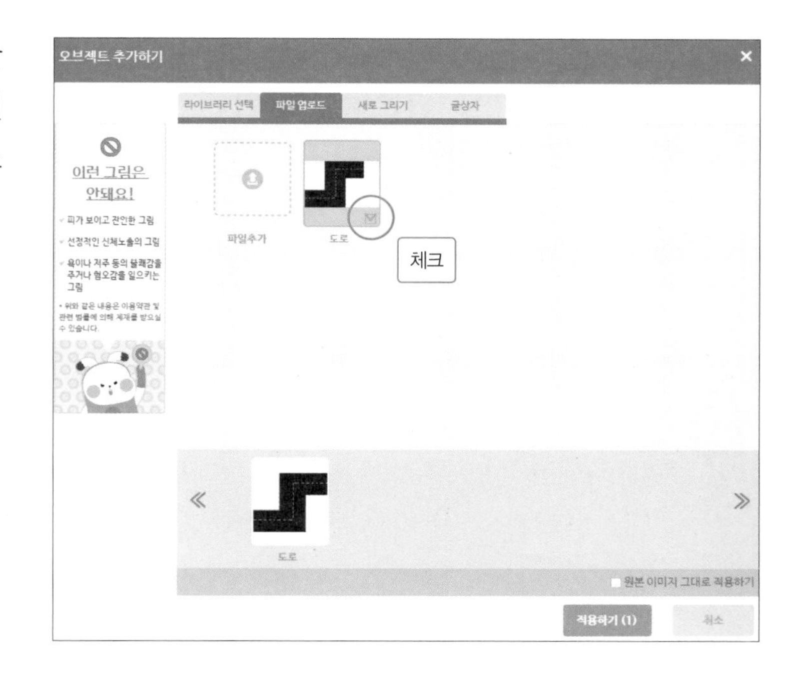

06 "도로"가 추가되면 기본 크기가 100이기 때문에 화면의 왼쪽 맨 위 가장자리로 이동하고 그림처럼 조절점에 마우스를 위치시켜 양방향 화살표가 나오면, 아래로 드래그하여 크기를 변경하면 됩니다. 〈장면 & 오브젝트 목록 보기〉의 〈도로장면〉과 같이 도로의 크기를 변경해 주세요.

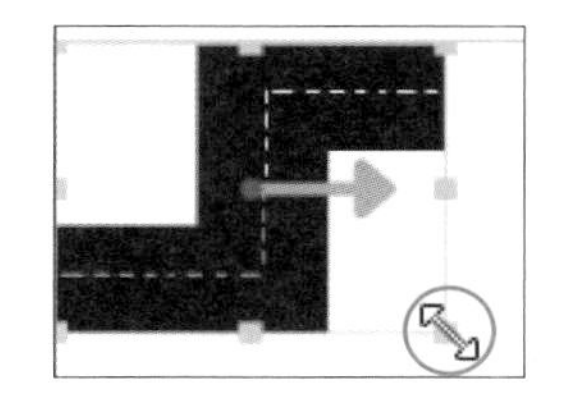

07 "도로" 오브젝트는 배경이므로 움직이지 않게 하기 위해 "도로"의 [오브젝트 속성] 창에서 열린 자물쇠 모양을 클릭하여 잠긴 자물쇠 모양으로 변경해 주세요.

08 엔트리 봇을 삭제하고, [오브젝트 추가하기]의 [사람]에서 '걷고있는 사람(1)', [건물]에서 '건물(3)'을 선택하고, [적용하기]를 눌러 주세요.

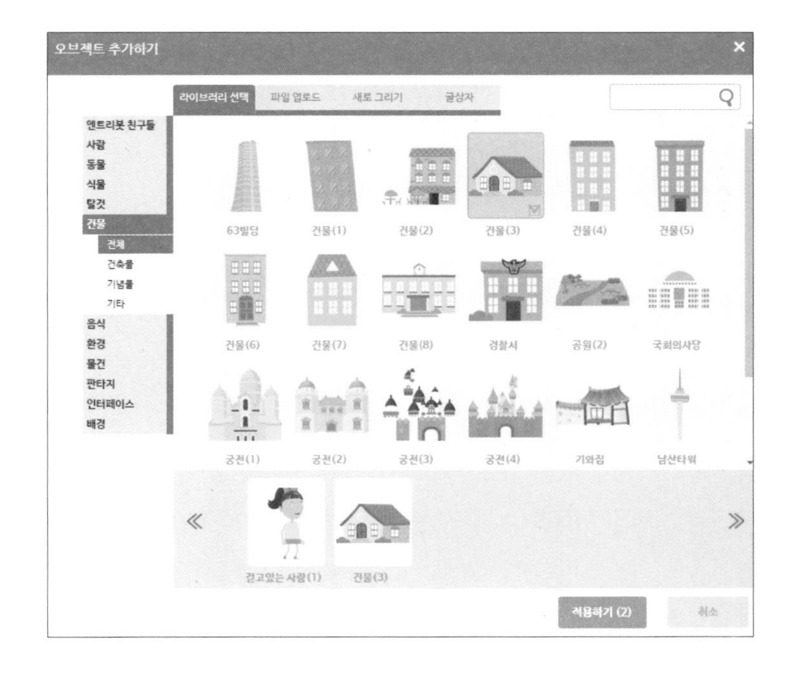

09 '걷고있는 사람(1)'의 크기는 '50', 건물의 크기는 '120'으로 변경하고, 〈장면 & 오브젝트목록 보기〉의 〈도로장면〉처럼 각각 위치를 정해 주세요.

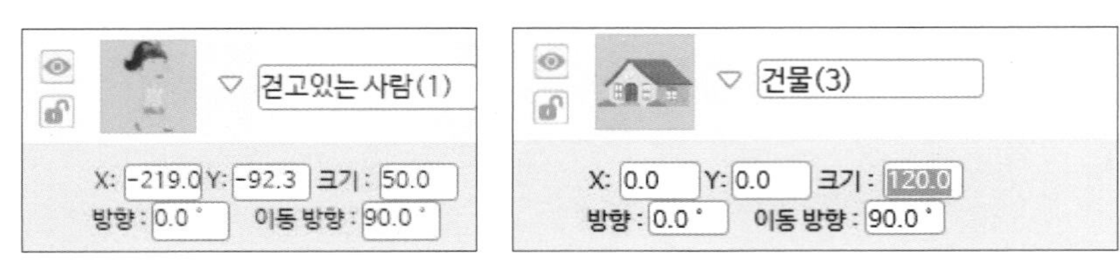

10 '걷고있는 사람(1)'이 친구 집에 도착하면 노크를 하기 위해 소리 추가하기를 하도록 하는데, [오브젝트 목록]에서 '걷고있는 사람(1)'을 클릭하고 [소리]탭에서 [소리 추가]를 클릭해 주세요.

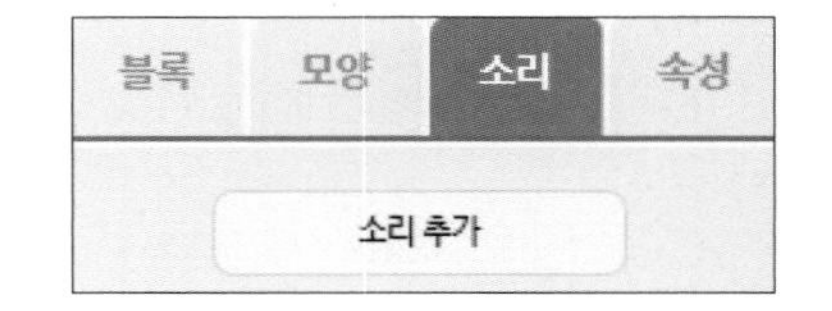

11 [소리] 창이 열리면 [사람]에 '노크 소리'를 선택하여 [적용하기]를 클릭해 주세요.

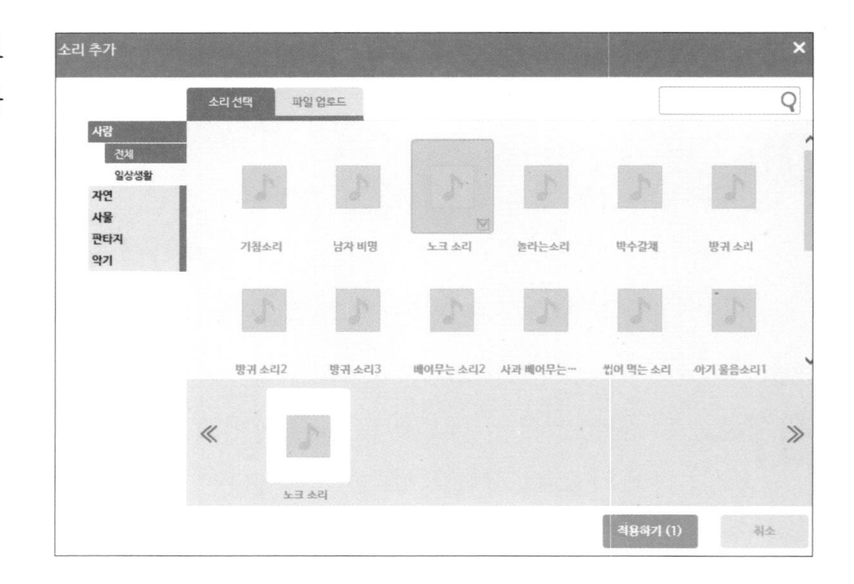

12 정상적으로 추가되면 [소리]탭의 목록에 '노크소리'가 추가된 것을 확인할 수 있어요.

원리 이해하기

리본소녀가 친구 집에 도착했을 때 '노크소리'를 낼 것이므로 '걷고있는 사람(1)'에 소리를 직접 추가해야 해요. 다른 방법으로는 앞으로 배우게 될 '신호보내기' 또는 '조건블록' 등을 활용할 수 있어요.

2 친구방 장면 오브젝트 설정하기

01 '친구방' 장면을 클릭하여 [오브젝트 추가하기]-[배경]의 '파란방'을 선택하고, [사람] 안에 '걷고있는 사람(1)'와 '만세하는 사람(1)'을 선택하여 [적용하기]를 눌러주세요.

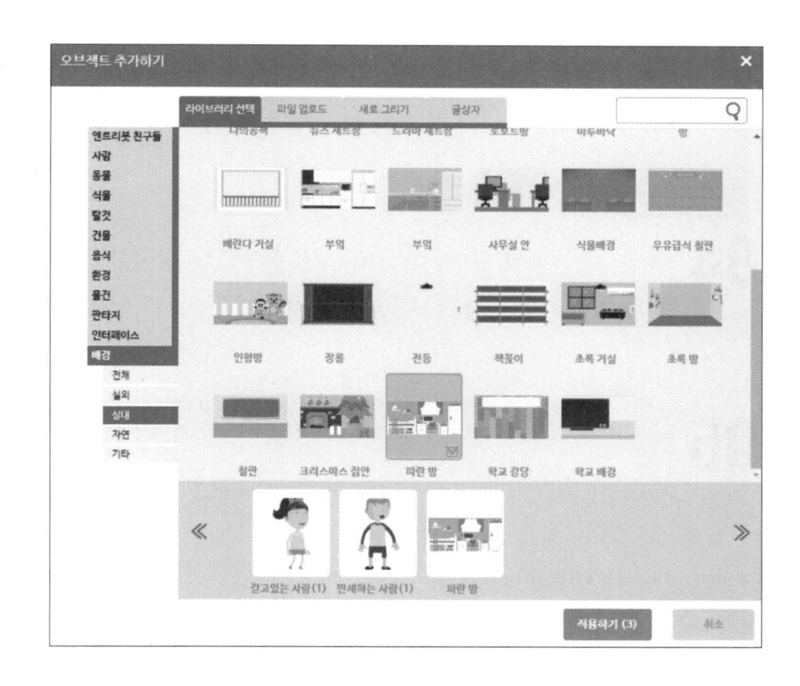

02 〈장면 & 오브젝트목록 보기〉의 〈친구방 장면〉처럼 각 오브젝트의 위치를 정해 주세요.

3 도로장면의 '걷고있는 사람(1)'의 블록 쌓기

01 도로 장면에 와서 [오브젝트 목록]에 있는 '걷고있는 사람(1)'을 선택하고 [블록]탭-[시작]에 있는 [시작하기 버튼을 클릭했을 때] 블록을 [코딩]창에 삽입해 주세요.

02 '걷고있는 사람(1)'이 오른쪽으로 이동할 수 있도록 [블록]탭-[움직임]에 있는 [이동 방향으로 10 만큼 움직이기] 블록을 삽입해 놓은 [시작하기 버튼을 클릭했을 때] 블록에 연결하여 출발위치에 따라 이동 방향으로 100~200만큼 움직이도록 해 주세요.

원리 이해하기

장면에서 실제로 움직일 오브젝트를 클릭하여 [코딩] 창에 블록을 쌓아야 해요. 장면에서 여러 오브젝트가 움직여야 한다면 각각 오브젝트마다 블록을 쌓아야 각각의 오브젝트가 제 역할을 하며 움직이게 되지요.

03 '걷고있는 사람(1)'이 도로의 코너 부분에 오면 회전하도록 [블록]탭-[움직임]에 있는 `방향을 90° 만큼 회전하기` 블록을 [코딩]창의 블록 밑에 연결하여 각도를 조절해 주세요. 방향의 각도를 270도 또는 -90도로 설정하면 위쪽을 향하게 되겠지요? (첫 번째 미션 〈설계 순서대로 실행하기〉의 25쪽 원리 이해하기 참고)

04 회전 후 다시 이동하도록 [블록]탭-[움직임]에 있는 `이동 방향으로 10 만큼 움직이기` 블록을 연결하고, 출발위치에 따라 100~200 만큼 이동해 주세요.

05 이동 후 친구 집 방향으로 회전하기 위해 [블록]탭-[움직임]에 있는 `방향을 90° 만큼 회전하기` 블록을 이용하여 회전하는데, 각도는 90도만큼 회전하여 오브젝트의 방향을 오른쪽으로 변경해 주세요.

원리 이해하기

`방향을 90° 만큼 회전하기` 블록은 방향을 회전하는 블록이므로 기본방향이 0도에요. 그래서 0도만큼 회전하기를 하면 오브젝트의 방향이 변하지 않으므로, 90도만큼 회전하여 오른쪽을 향하도록 설정해야 합니다.

06 친구집으로 이동하기 위해 [블록]탭-[움직임]에 있는 `이동 방향으로 10 만큼 움직이기` 블록을 이용해 친구 집 문에 도착하도록 해 주세요. 출발 지점에 따라 180~230 사이가 적당합니다.

원리 이해하기

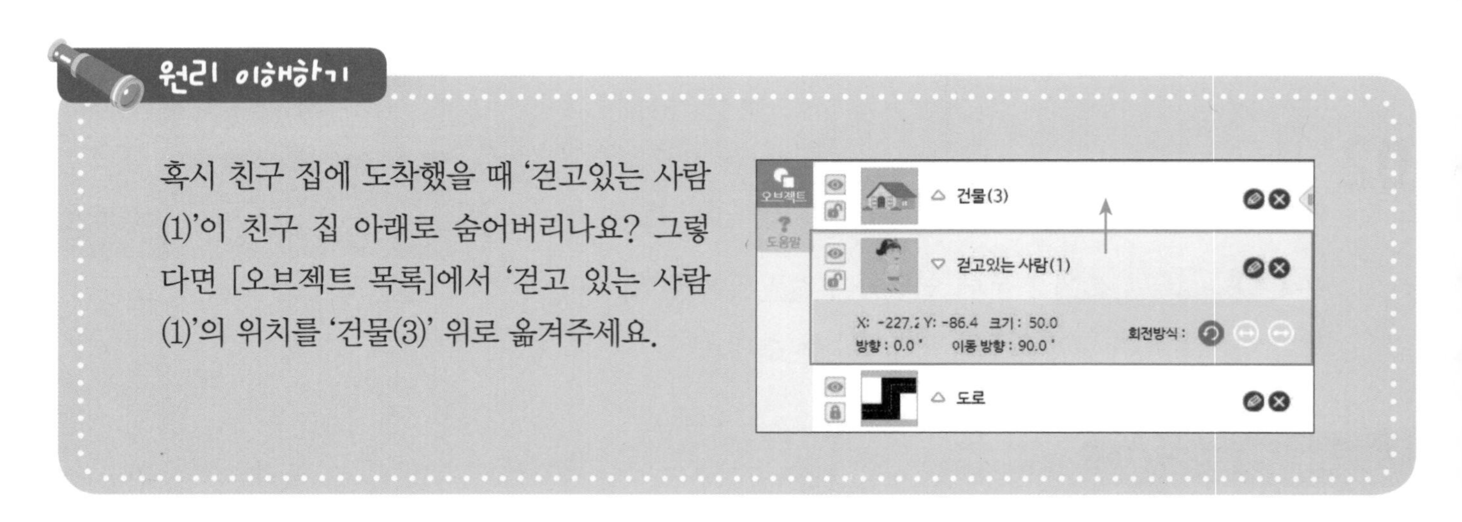

혹시 친구 집에 도착했을 때 '걷고있는 사람(1)'이 친구 집 아래로 숨어버리나요? 그렇다면 [오브젝트 목록]에서 '걷고 있는 사람(1)'의 위치를 '건물(3)' 위로 옮겨주세요.

07 친구 집에 도착하면 [블록]탭-[소리]에 있는 `소리 노크 소리 1 초 재생하기` 블록을 연결하여 노크소리를 재생해 주세요.

08 "친구방"으로 장면을 전환하기 전 약간 여유를 주기 위해 [블록]탭-[흐름]에 있는 [2 초 기다리기] 블록을 각 블록들 사이에 삽입하여 초를 0.5초로 조정해 주세요.

09 "친구방" 장면을 시작하기 위해서는 [블록]탭-[시작]에 있는 [친구방 시작하기] 블록을 마지막에 연결하고, 목록단추를 눌러 "도로"를 "친구방"으로 변경하여 "친구방" 장면으로 이동할 수 있도록 해 주세요.

4 친구방 장면 시작 및 각 오브젝트의 블록 쌓기

01 "친구방"이 시작되면 '만세하는 사람(1)'이 말하도록 "친구방" 장면의 [오브젝트 목록]에 있는 '만세하는 사람(1)'을 선택합니다. 그리고 [블록]탭-[시작]에 있는 [장면이 시작 되었을 때] 블록을 [코딩] 창에 추가하고, [블록]탭-[생김새]에 있는 [안녕! 을(를) 4 초 동안 말하기] 블록을 연결하여 [안녕!] 부분을 "어서와! 근데 무슨일이야?"를 입력해 주세요. 그리고 대화창이 나타나있는 시간을 말하는 [4] 부분을 1.5초 정도로 변경해 대화를 시작합니다.

[어서와! 근데 무슨일이야? 을(를) 1.5 초 동안 말하기]

원리 이해하기

친구방 장면에서 [시작하기 버튼을 클릭했을 때] 블록에 실행할 블록을 연결해 놓으면 [시작하기] 버튼을 클릭했을 때 도로장면과 함께 실행되므로 [장면이 시작 되었을 때] 블록에 실행할 블록을 연결하여 장면이 바뀌면 블록이 실행되도록 설정해야 해요.

02 '만세하는 사람(1)'은 말한 후 '걷고있는 사람(1)'이 말하는 동안 기다려야 하므로 [블록]탭-[흐름]에 있는 [2 초 기다리기] 블록을 추가해 주세요.

03

장면이 바뀐 후 '걷고있는 사람(1)'도 '만세하는 사람(1)'이 이야기를 하는 동안 기다리도록 [오브젝트 목록]에서 '걷고있는 사람(1)'을 선택하여, [블록]탭-[시작]에 있는 [장면이 시작 되었을 때] 블록 추가하고, [블록]탭-[흐름]에 있는 [2 초 기다리기] 블록을 추가해 주세요.

원리 이해하기

다른 오브젝트가 이야기하는 시간 동안 기다리지 않으면 대화상자가 겹치게 되어 대화를 주고받는 형식이 아니라 동시에 이야기하는 것으로 보일 수 있으니 [2 초 기다리기] 블록을 사용하는 것이 좋아요. 실제 말하는 시간보다 0.5초에서 1초 정도 더 기다리면 대화가 급하지 않고 매끄럽게 이어지는 것처럼 보일 수 있어요.

04

대화 내용은 아래와 같습니다. 여러분들이 더 재미있게 꾸며보세요.

만세하는 사람(1) : 어서 와! 근데 무슨 일이야?
걷고있는 사람(1) : 너에게 할 말이 있어서 왔어.
만세하는 사람(1) : 할 말? 그게 뭔데?
걷고있는 사람(1) : 뭐냐 하면~내가 신기한 지도를 발견했어.
만세하는 사람(1) : 신기한 지도? 무슨 지도인데?
걷고있는 사람(1) : 엔트리 랜드라는 보물섬으로 가는 지도야. 신나는 모험이 될 것 같아서 너한테 같이 가자고 하려고 왔어.
만세하는 사람(1) : 보물섬? 그거 재미있겠는데? 그래 같이 가자. 언제 출발할 거니?
걷고있는 사람(1) : 준비되면 바로 출발하려고. 같이 준비하자! 정말 재미있을 것 같아.
만세하는 사람(1) : 그래! 준비물을 적어서 함께 준비하자! 즐거운 모험이 되겠다.^^

05

"친구방"장면에서 시작하기를 클릭했더니 장면이 멈춰있나요? "도로"장면부터 순서대로 진행되도록 해 놓았기 때문에 "도로"장면에서 [시작하기]를 클릭해야 실행이 제대로 됩니다.

장면이 시작 되었을 때
어서와! 근데 무슨일이야? 을(를) 1.5 초 동안 말하기
2 초 기다리기
할말? 그게 뭔데? 을(를) 1.5 초 동안 말하기
2 초 기다리기
신기한 지도? 무슨지도인데? 을(를) 1.5 초 동안 말하기
4.5 초 기다리기
보물섬? 그거 재미있겠는데? 그래 ... 을(를) 4 초 동안 말하기
4 초 기다리기
그래! 준비물을 적어서 함께 준비하... 을(를) 4 초 동안 말하기

만세하는 사람(1)의 블록

장면이 시작 되었을 때
2 초 기다리기
너에게 할 말이 있어서 왔어 을(를) 1.5 초 동안 말하기
2 초 기다리기
뭐냐면~내가 신기한 지도를 발견했어... 을(를) 1.5 초 동안 말하기
2 초 기다리기
엔트리 랜드라는 보물섬으로 가는 지... 을(를) 4 초 동안 말하기
4.5 초 기다리기
준비되면 바로 출발하려고. 같이 준... 을(를) 4 초 동안 말하기

걷고있는 사람(1)의 블록

벽을 기어가는 무당벌레

화살표 방향대로 벽을 타고 '무당벌레'가 이동하도록 하고, 모두 이동하고 나면 "도착했다"라는 대화상자가 나오고 장면2로 전환됩니다. 자, 이제 미로를 통과해 봅시다.

장면 & 오브젝트목록 보기

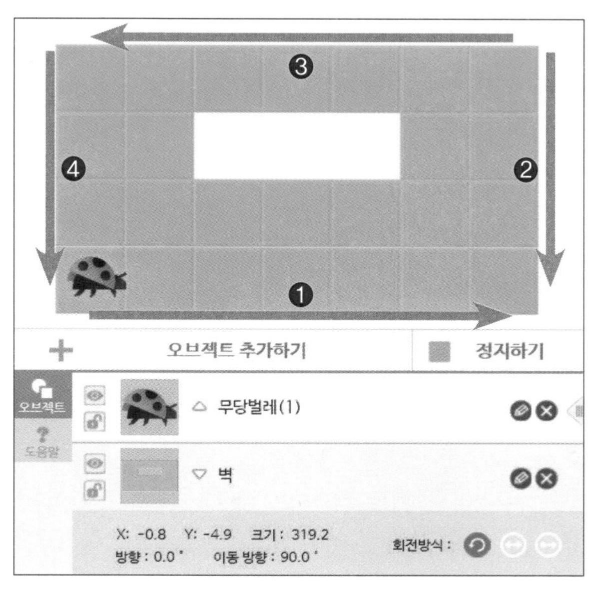

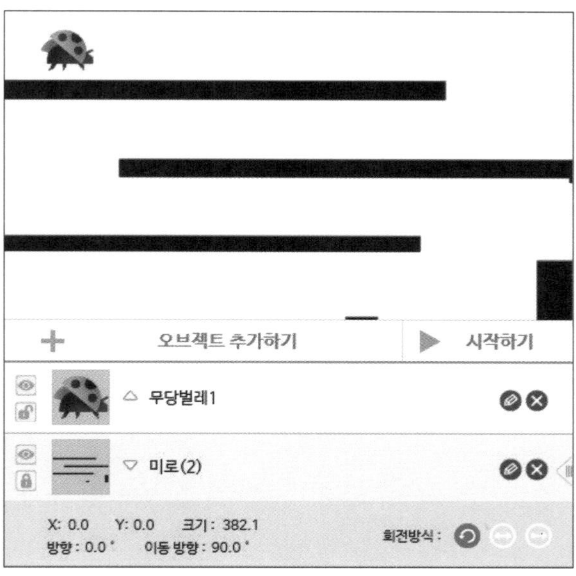

설계 동작 힌트

엔트리 봇 삭제 후 오브젝트 추가 및 모양 변경 → 무당벌레가 기어가기 → 방향을 회전하여 도착지점까지 가기 → 도착지점에서 장면 바꾸기 → 새로운 장면 시작하기 → 무당벌레 이동하기 → 무당벌레 회전하여 도착점까지 기어가기

순서대로 실행하기

- 추가해야 할 오브젝트와 그 오브젝트의 속성을 어떻게 변경해야 할까요?

생각 적기

- 실제 움직일 오브젝트는 무엇이며, 어떻게 움직여야 하나요?

생각 적기

- 오브젝트를 움직이기 위해 어떤 블록을 사용해야 하나요?

생각 적기

- 실행이 잘 되었나요? 실행이 잘못되었다면 설계순서를 확인하여 어디에서 오류인지 수정해보세요. 어떤 부분을 수정했나요?

생각 적기

- 수정해서 더 좋은 프로그램이 되었나요? 다른 블록을 더 사용할 수는 없을까요? 사용할 수 있으면 직접 블록을 추가하고, 잘못할 경우는 생각한 것을 적어보기만 합니다.

생각 적기

이번 미션을 해결하면서 지적능력과 체력이 각각 20% 상승했습니다. 거기에 정보력까지 획득하게 되었네요. 다음 미션은 무엇을 얻을 수 있을지 매우 기대됩니다!!

03 모험에 필요한 준비물을 구해보자.

첫 번째 미션 방향키를 이용해 미로를 탈출해 보세요. 미로 끝에 있는 상자를 열면 필요한 준비물을 구할 수 있어요. (지적능력 15%, 체력 10% 상승)

● **완성파일 :** 3강1미션.ent

미션 성공 화면

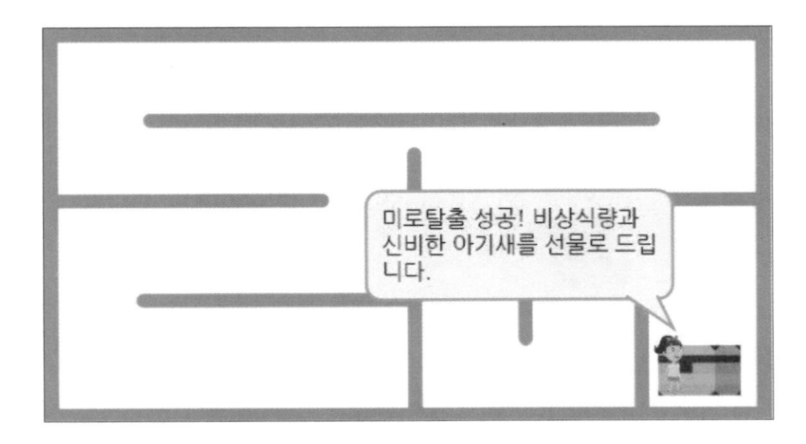

키보드의 방향키를 이용하여 미로 안의 준비물 상자를 찾아 필요한 준비물과 특별한 선물을 구하세요.

핵심 블록 힌트

블록	블록설명
q 키를 눌렀을 때	[블록]탭–[시작]에 있는 블록, 키보드의 q를 눌렀을 때 아래에 연결된 블록들이 실행됩니다. 키는 변경할 수 있습니다.
걷고있는 사람(1)_1 모양으로 바꾸기	[블록]탭–[생김새]에 있는 블록, 오브젝트의 모양이 선택한 모양으로 변경됩니다.
만일 참 이라면	[블록]탭–[흐름]에 있는 조건 블록, 참 안에 값이 참일 때 실행되는 블록입니다.
마우스포인터 에 닿았는가?	[블록]탭–[판단]에 있는 블록, 조건블록의 참과 같이 마름모 모양 안에 들어가는 블록으로 오브젝트나 화면의 벽 등에 닿았는지를 묻는 판단 블록입니다.
계속 반복하기	[블록]탭–[흐름]에 있는 블록, 조건에 상관없이 이 블록 안에 들어있는 블록은 반복 실행됩니다.

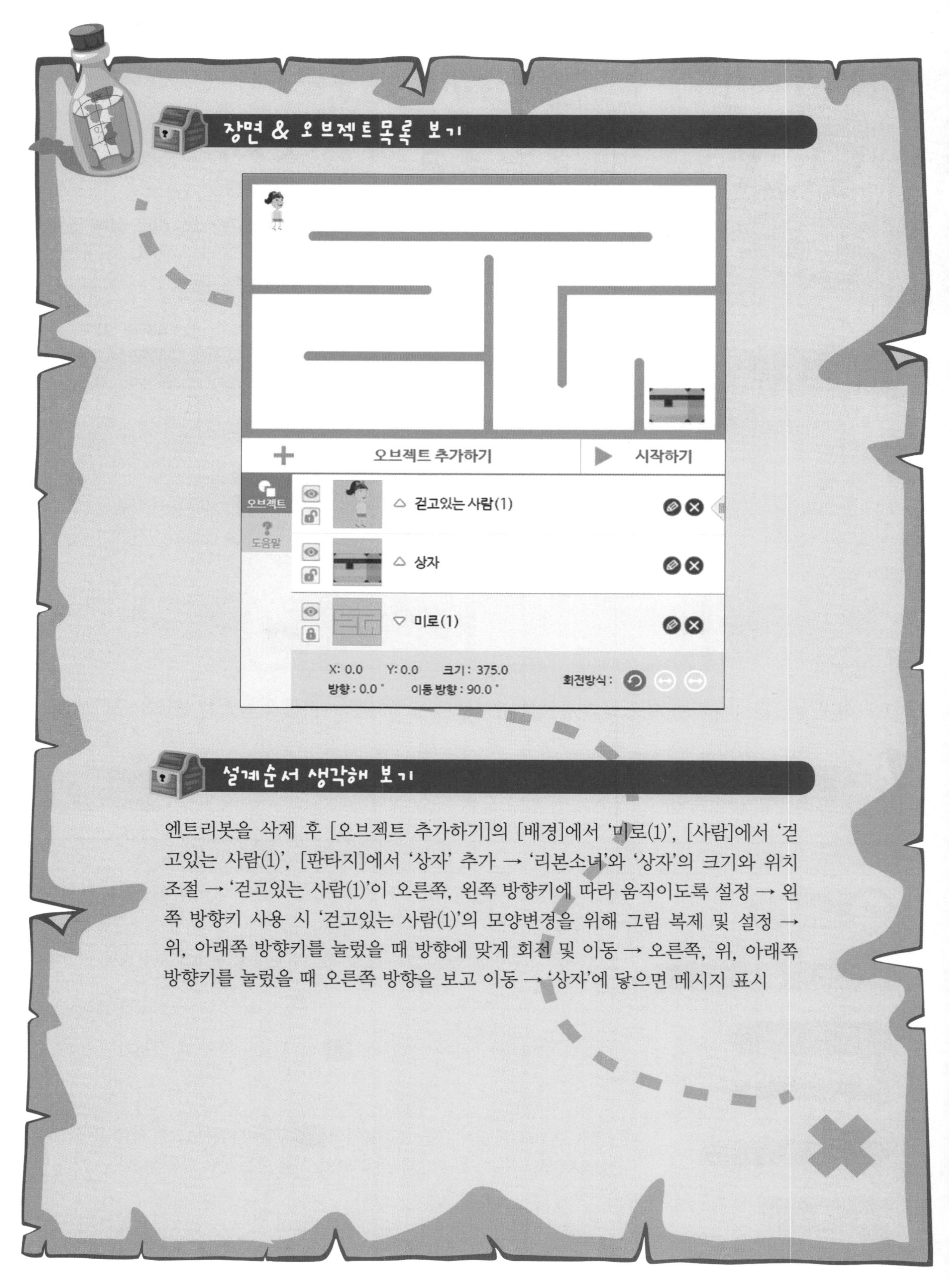

장면 & 오브젝트목록 보기

설계순서 생각해 보기

엔트리봇을 삭제 후 [오브젝트 추가하기]의 [배경]에서 '미로(1)', [사람]에서 '걷고있는 사람(1)', [판타지]에서 '상자' 추가 → '리본소녀'와 '상자'의 크기와 위치 조절 → '걷고있는 사람(1)'이 오른쪽, 왼쪽 방향키에 따라 움직이도록 설정 → 왼쪽 방향키 사용 시 '걷고있는 사람(1)'의 모양변경을 위해 그림 복제 및 설정 → 위, 아래쪽 방향키를 눌렀을 때 방향에 맞게 회전 및 이동 → 오른쪽, 위, 아래쪽 방향키를 눌렀을 때 오른쪽 방향을 보고 이동 → '상자'에 닿으면 메시지 표시

설계 순서대로 실행하기

순서를 적어 봤다면 설계 순서대로 실제 코딩을 해보도록 하겠습니다.

1 사용할 오브젝트 추가 및 크기와 위치 설정하기

01 엔트리봇은 [오브젝트 속성] 창에 있는 [X] 버튼을 클릭하여 삭제하고, [오브젝트 추가하기]의 [배경] 안에서 '미로(1)', [사람]에서 '걷고있는 사람(1)', [판타지]에서 '상자'를 선택하여 [적용하기]를 눌러주세요

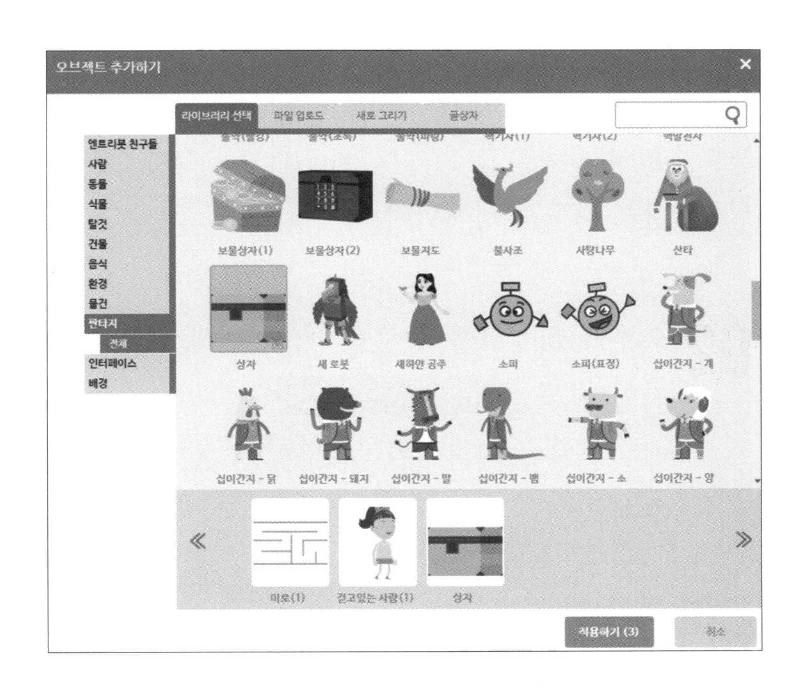

02 오브젝트의 크기는 [오브젝트 속성]이나, 조절점을 이용하여 조절할 수도 있으니 '걷고 있는 사람(1)'과 '상자'의 크기를 알맞게 조절해 주세요. '걷고 있는 사람(1)'은 약 30정도, '상자'는 약 50정도가 적당하며, 위치는 〈장면 & 오브젝트목록 보기〉와 같이 만들어 주세요.

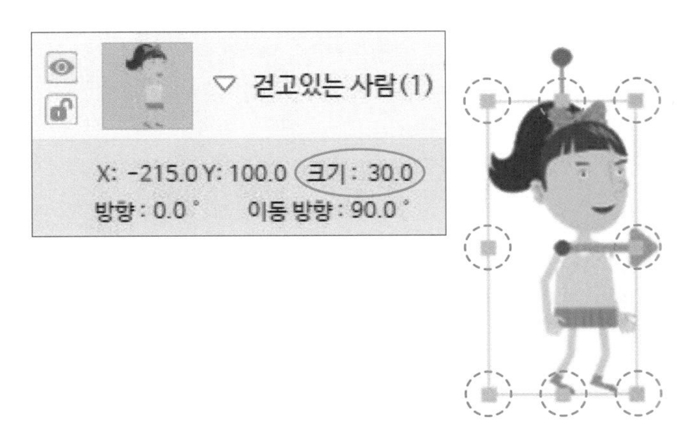

2 '걷고있는 사람(1)의 오른쪽 방향키에 대한 블록 쌓기

01 오른쪽 방향키를 눌렀을 때 '걷고있는 사람(1)'이 움직이도록 하기 위해 [오브젝트 목록]에서 '걷고있는 사람(1)'을 선택하고, [코딩]창에 [블록]탭-[시작]에 있는 q 키를 눌렀을 때 블록을 삽입해 주세요. 'q' 부분을 클릭하면 선택 가능한 키보드의 키들이 나와요. 이때 실제 키보드에 있는 오른쪽 방향키를 눌러주면 자동으로 'q'가 '오른쪽 화살표'키로 변경됩니다.

02 오른쪽 화살표를 눌렀을 때 오브젝트가 오른쪽 방향을 보고 움직일 수 있도록 [블록]탭-[움직임]에서 방향을 90° (으)로 정하기 블록을 추가하여 방향을 0도로 변경해 주세요. 그리고 [블록]탭-[움직임]에서 이동 방향으로 10 만큼 움직이기 블록을 추가하여 이동 방향으로 움직일 수 있도록 해 주세요.

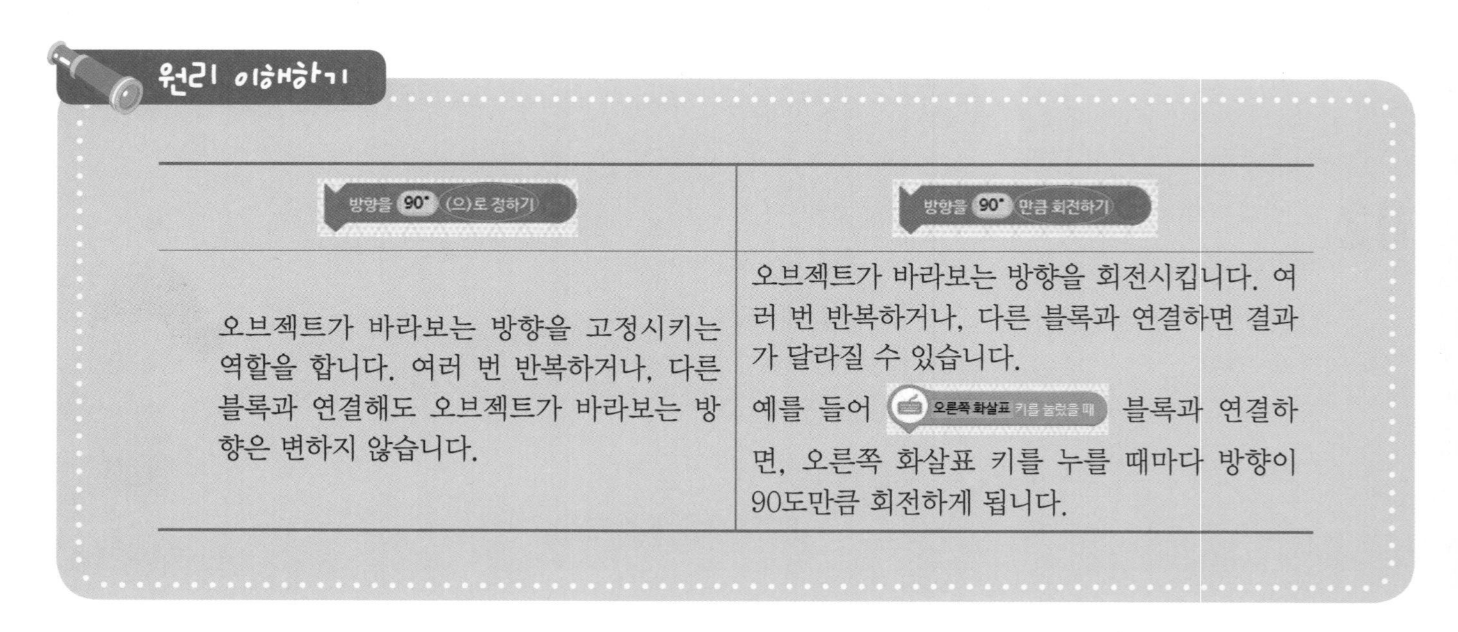

원리 이해하기

방향을 90° (으)로 정하기	방향을 90° 만큼 회전하기
오브젝트가 바라보는 방향을 고정시키는 역할을 합니다. 여러 번 반복하거나, 다른 블록과 연결해도 오브젝트가 바라보는 방향은 변하지 않습니다.	오브젝트가 바라보는 방향을 회전시킵니다. 여러 번 반복하거나, 다른 블록과 연결하면 결과가 달라질 수 있습니다. 예를 들어 오른쪽 화살표 키를 눌렀을 때 블록과 연결하면, 오른쪽 화살표 키를 누를 때마다 방향이 90도만큼 회전하게 됩니다.

3 '걷고있는 사람(1)의 왼쪽 방향키에 대한 블록 쌓기

01 [블록]탭-[시작]에 있는 (q 키를 눌렀을 때) 블록을 삽입하고, 'q' 키를 '왼쪽 화살표' 키로 바꾼 후 오른쪽 화살표처럼 방향을 정해 줍니다. 이때, 오른쪽 화살표(0도)의 반대 방향인 180도로 정하면 '걷고있는 사람(1)'이 바라보는 방향은 왼쪽이 맞지만, 그림처럼 모양이 뒤집히게 돼요. (2강 참조)-16 페이지

02 '걷고있는 사람(1)'의 모양이 뒤집히지 않기 위해서는 '걷고있는 사람(1)'의 모양을 하나 더 만들어야 합니다.

03 [오브젝트 목록]에서 '걷고있는 사람(1)'를 선택하고, [모양]탭을 클릭하면 엔트리에서 제공하는 4가지의 '걷고있는 사람(1)' 모양이 나오는 것을 볼 수 있어요.

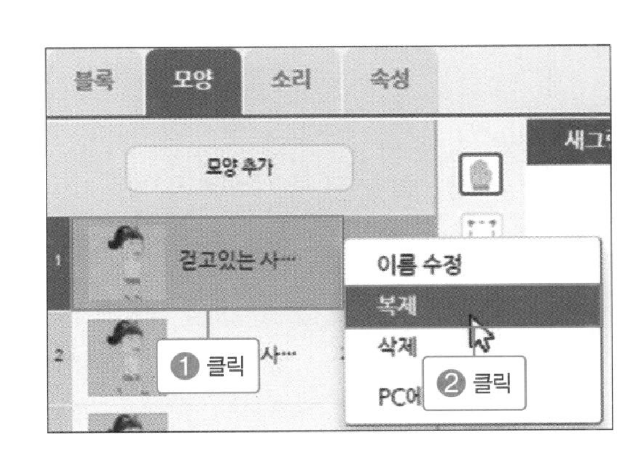

04 이때 '걷고있는 사람(1)_1' 모양에서 마우스 오른쪽 단추를 눌러 복제해 주세요.

05 복제가 되면 [모양]탭 '걷고있는 사람(1)' 모양의 맨 아래 '걷고있는 사람(1)_5'가 추가된 것을 확인할 수 있어요.

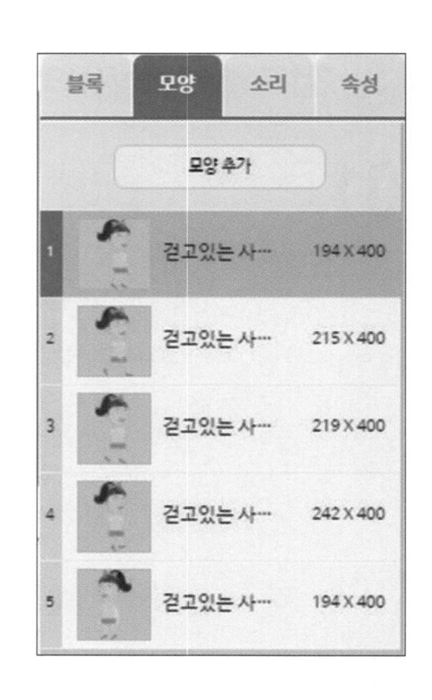

06 '걷고있는 사람(1)_5'를 선택하여 오른쪽 [그리기] 창의 맨 아래에 있는 [좌우뒤집기] 버튼을 클릭해 주세요.

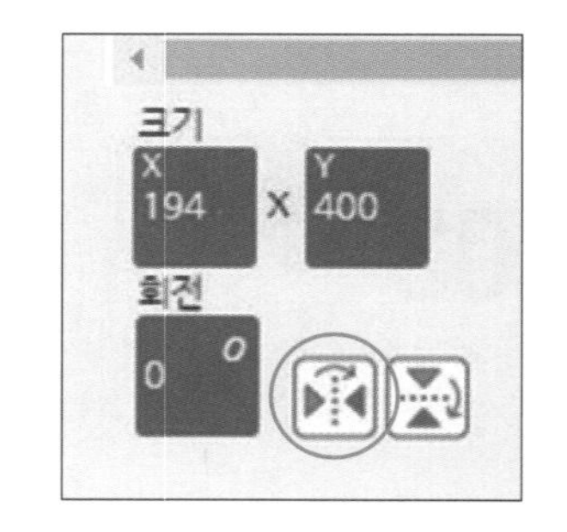

07 '걷고있는 사람(1)_5'의 좌우가 바뀐 것을 볼 수 있는데, 이때 [그리기] 창의 [파일]-[저장하기]를 눌러 저장하면 좌우 뒤집기 한 모양이 적용됩니다. 저장 후 다시 '걷고있는 사람(1)_1'을 선택하고 [블록] 탭을 클릭하세요.

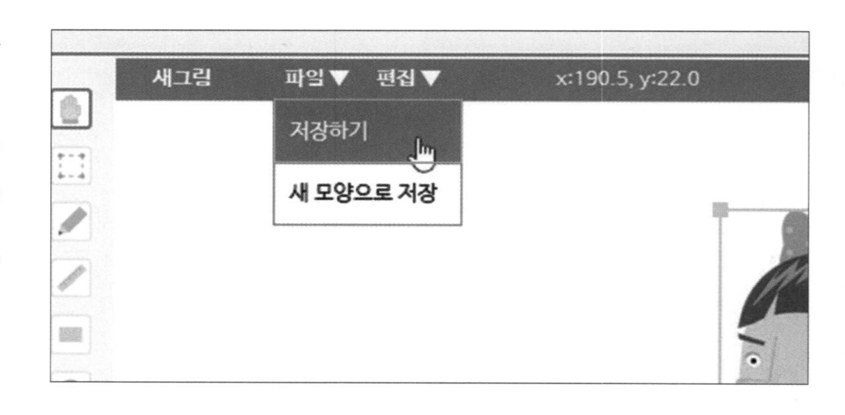

08 왼쪽 화살표를 눌렀을 때 '걷고있는 사람(1)_5'로 모양이 먼저 바뀌어야 하므로, [블록]탭-[생김새]에서 [걷고있는 사람(1)_1 모양으로 바꾸기] 블록을 선택하여 '걷고있는 사람(1)_1'을 '걷고있는 사람(1)_5'로 변경해 주세요.

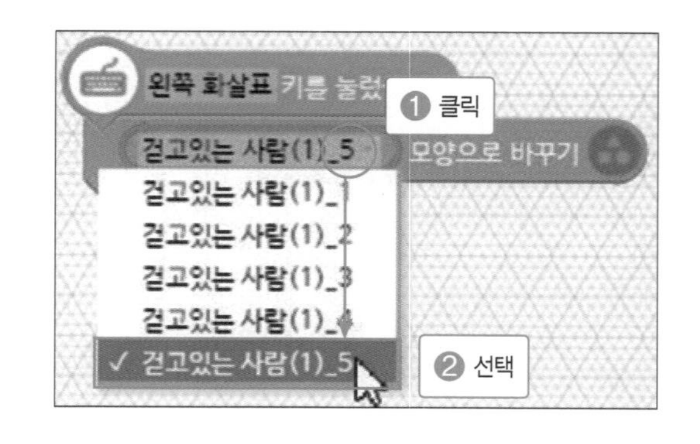

09 [블록]탭-[움직임]에 있는 방향 정하기 블록을 연결하여 방향을 0도로 정합니다.

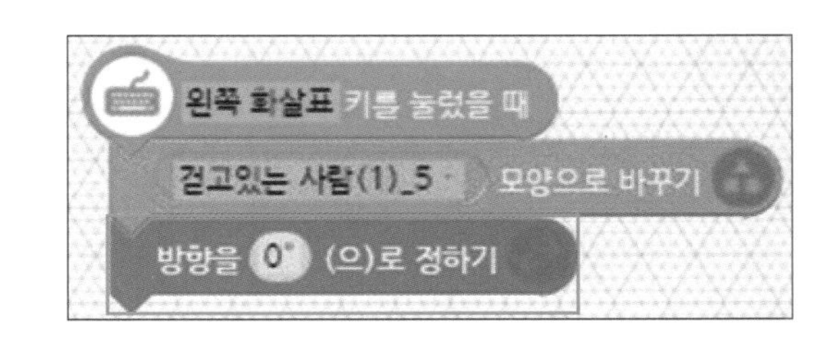

10 '걷고있는 사람(1)'의 모양을 왼쪽으로 향하도록 해도 이동 방향은 여전히 오른쪽(90도)이에요. 그래서 [블록]탭-[움직임]에 있는 움직이기 블록을 연결하여 값을 −10으로 바꿔줘야 해요.

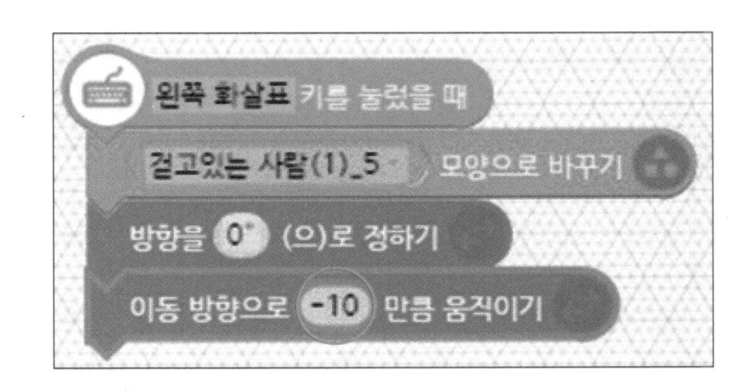

4 '걷고있는 사람(1)의 위쪽과 아래쪽 방향키에 대한 블록 쌓기

01 [블록]탭-[시작]에 있는 q 키를 눌렀을 때 블록을 삽입해 'q' 키를 위쪽 화살표로 변경하고, 위쪽 화살표를 눌렀을 때 '걷고있는 사람(1)'이 위쪽을 봐야 하므로 블록의 각도를 [블록]탭-[움직임]에 있는 방향을 90° (으)로 정하기 블록을 삽입하여, 270도로 정해 주세요. 방향을 바꾸면 이동방향도 위쪽으로 변하므로, 다른 설정없이 [블록]탭-[움직임]에 있는 이동 방향으로 10 만큼 움직이기 블록을 사용하면 돼요.

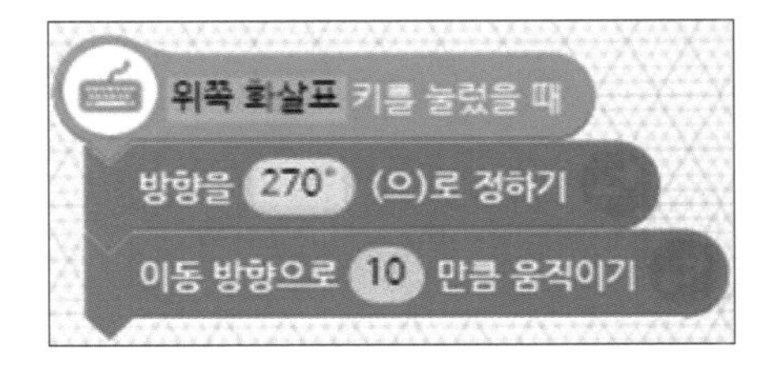

02 아래쪽 화살표 키를 눌렀을 때는 위쪽 화살표 키를 눌렀을 때와 방향의 각도를 제외하고는 모두 같아요. 그래서 '위쪽 화살표 키를 눌렀을 때' 블록에서 마우스 오른쪽 단추를 눌러 [코드 복사 & 붙여넣기]를 이용하면 됩니다.

복사할 블록의 맨 위에 있는 블록에서 [코드 복사 & 붙여넣기]를 하면 연결되어 있는 모든 블록들이 함께 복사되어 붙여넣기 돼요.

03 붙여넣기 된 블록에서 '위쪽 화살표'를 '아래쪽 화살표'로 변경해 주세요. 그리고 '걷고있는 사람(1)'은 오른쪽을 바라보고 있는 오브젝트이므로, 방향을 90도로 정하면, '걷고있는 사람(1)'은 아래쪽을 바라보게 돼요.

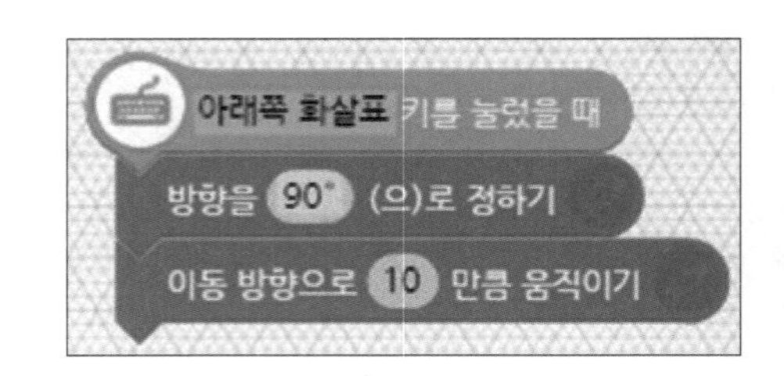

5 '걷고있는 사람(1)'의 화살표 키에 따른 방향 조절 및 '상자' 블록 쌓기

01 왼쪽 화살표 키를 누른 후 다른 키를 누르면 '걷고있는 사람(1)'이 계속 왼쪽을 바라본 상태가 되므로, 각 '~ 화살표 키를 눌렀을 때' 블록에 [블록]탭-[생김새]에 있는 걷고있는 사람(1)_1 모양으로 바꾸기 블록을 삽입하여 왼쪽 화살표 외의 다른 키에는 '걷고있는 사람(1)_1' 모양으로 바뀌도록 만들어야 해요. 오른쪽, 위쪽, 아래쪽 블록에 모두 삽입해 주세요.

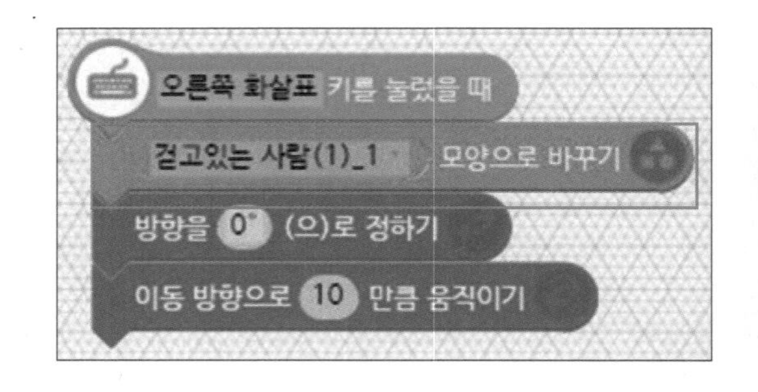

02 '걷고있는 사람(1)'이 '상자'에 닿으면 메시지를 표시하기 위해 [오브젝트 목록]에서 '상자'를 선택하고, [블록]탭-[시작]에 있는 시작하기 버튼을 클릭했을 때 블록을 삽입해 주세요. 그리고 [블록]탭-[흐름]에 있는 '계속 반복하기' 블록을 연결하고, '계속 반복하기' 블록 안에 [흐름]에 있는 '만일 참이라면' 조건블록을 삽입해 주세요.

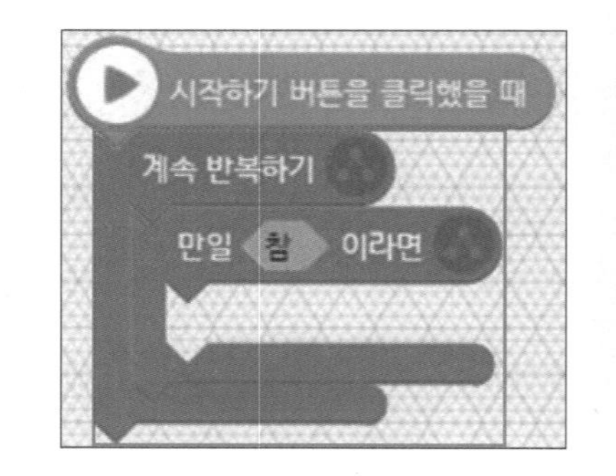

03 이때 ['걷고있는 사람(1)'이 상자에 닿으면]이라는 조건을 주기 위해 [블록]탭-[판단]의 마우스포인터 에 닿았는가? 블록을 참 안에 맞춰 넣어주세요. 참 의 테두리가 하얗게 변하면 맞춰 진 것이에요

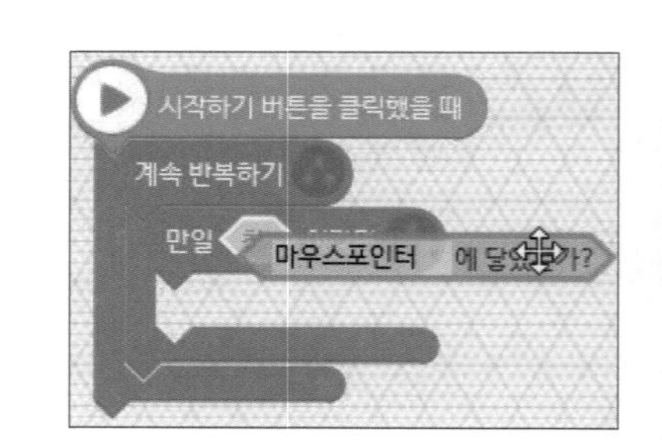

04 블록이 맞춰졌으면, '마우스포인터' 부분을 클릭하여 ['걷고있는 사람(1)'에 닿았는가?]로 변경해 주세요.

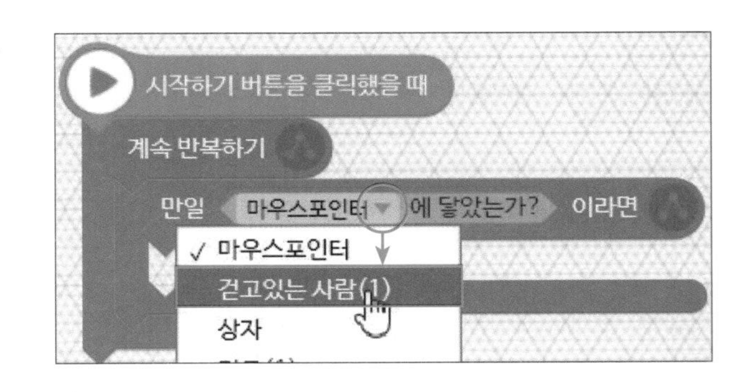

05 '걷고있는 사람(1)'에 닿으면 메시지를 표시하기 위해 [블록]탭-[생김새]에 있는 안녕! 을(를) 4 초 동안 말하기 블록을 삽입하고, "안녕!"을 "미로탈출 성공! 비상식량과 신비한 아기새를 선물로 드립니다."라는 메시지로 바꿔줍니다.

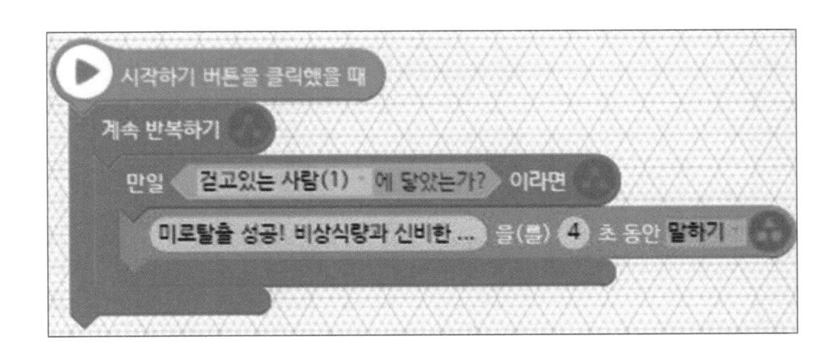

원리 이해하기

조건 블록(조건문 또는 if문)이라는 것을 처음 사용해 보았어요.

참 안에 들어가는 조건식의 값이 참일 때 조건 블록 안에 들어있는 블록들을 실행시킬 수 있는 블록이에요. 위에서 '걷고있는 사람(1)'에 닿았는지 판단하고, 닿았을 경우에만 메시지를 출력하는 것처럼 말이에요

두 번째 미션

좌표를 이해하고 바닷속에 숨겨진 다른 상자를 찾아 여러 가지 준비물을 구해보세요.
(지적능력 15%, 체력 15% 상승)

● **완성파일 :** 3강2미션.ent

미션 성공 화면

좌표 값을 이해하고 바닷속 상자에서 필요한 준비물과 특별한 선물을 구해보도록 하세요.

핵심 블록 힌트

블록	블록설명
y 좌표를 10 만큼 바꾸기	[블록]탭-[움직임]에 있는 블록, 화면의 y좌표를 정해놓은 값만큼 바꾸기 합니다. 화면의 위, 아래로 움직이는 것과 같습니다.
x 좌표를 10 만큼 바꾸기	[블록]탭-[움직임]에 있는 블록, 화면의 x좌표를 정해놓은 값만큼 바꾸기 합니다. 화면의 오른쪽, 왼쪽으로 움직이는 것과 같습니다.
2 초 동안 x: 10 y: 10 위치로 이동하기	[블록]탭-[움직임]에 있는 블록, 화면의 x, y좌표 값으로 정해놓은 시간(초) 동안 이동하도록 하는 블록입니다.

장면 & 오브젝트목록 보기

설계순서 생각해 보기

엔트리 봇 삭제 및 [오브젝트 추가하기]의 [배경]에서 '바닷속(2)', [판타지]에서 상자, [사람]에서 잠수부(1), 바닷속에서 떠다닐 오브젝트들 추가 → 오브젝트들의 크기와 위치 설정 → '잠수부(1)'의 각도 조절 → 바닷속 오브젝트들의 크기 및 위치 설정 → '잠수부(1)'이 키보드의 방향키에 따라 좌표로 이동 → 바닷속 오브젝트들이 계속해서 움직이도록 설정 → '잠수부(1)'이 '상자'에 닿으면 메시지 표시

설계 순서대로 실행하기

순서를 적어 봤다면 설계 순서대로 실제 코딩을 해보도록 하겠습니다.

1 오브젝트를 추가하고 크기 및 위치 설정하기

01 엔트리봇을 삭제 후 [오브젝트 추가하기]의 배경에서 '바닷 속(2)', [판타지]에서 '상자', [사람]에서 '잠수부(1)', 바닷속을 헤엄칠 오브젝트들을 선택하고 [적용하기] 버튼을 클릭해 주세요.

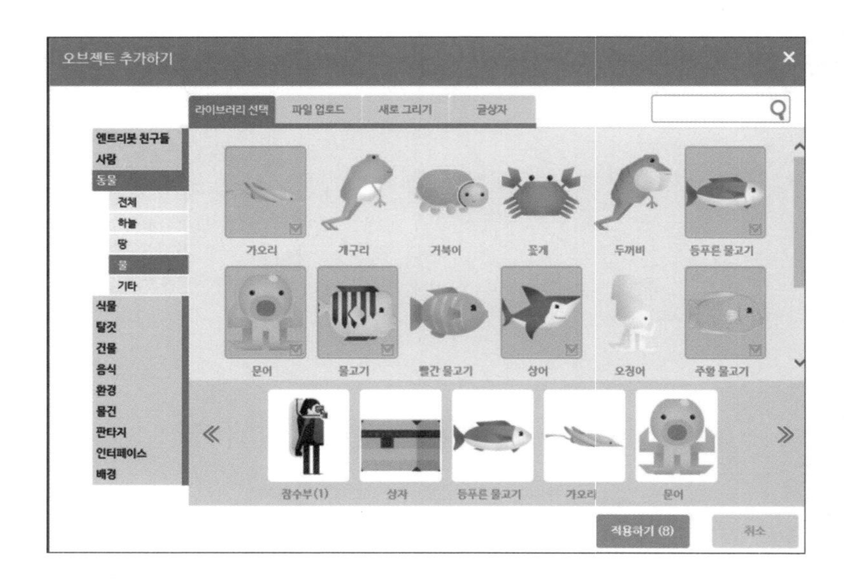

02 조절점을 이용하거나, [오브젝트 속성]에서 크기를 입력하여 '상자'와 '잠수부(1)'의 크기를 적당히 줄이고, '잠수부(1)'이 '상자'가 있는 곳까지 이동할 수 있도록 적당히 거리를 떨어트려 위치를 조절해 주세요.

03 '잠수부(1)'의 방향이 0도로 설정되어 있어 곧게 서 있는 모양이므로 [오브젝트 속성] 창에서 방향의 각도를 입력하여 조절해 주세요.

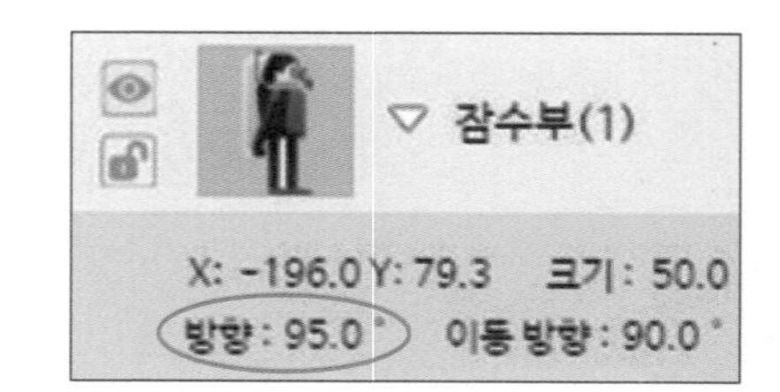

04 방향의 각도도 크기처럼 직접 조절할 수 있어요. '잠수부(1)'을 클릭하면 크기를 조절할 수 있는 사각형 조절점들과 머리 위에 동그란 점이 나타나요. 이 점에 마우스를 대면 마우스 포인터 모양이 +모양으로 바뀌게 되는데 이때 아래로 드래그하면 방향의 각도를 직접 조절할 수 있어요.

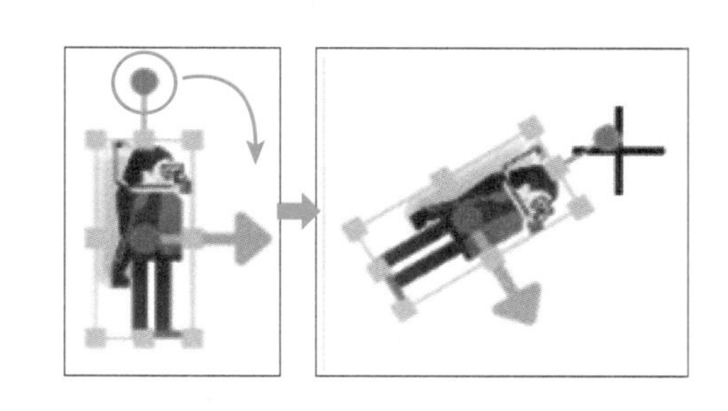

05 바닷속을 떠다닐 오브젝트들의 크기는 적당한 크기로 줄이고, 위치를 띄어서 정해주면 이동시킬 때 조금 더 바닷속 같은 분위기를 낼 수 있어요.

2 잠수부(1) 블록 쌓기 및 좌표 이해하기

01 좌표값을 이용해서도 오브젝트가 이동할 수 있어요. 먼저 '잠수부(1)'을 선택하고 [블록]탭-[시작]에 있는 q 키를 눌렀을 때 블록을 추가해 주세요. 'q'라고 쓰여 있는 부분을 클릭하고, 키보드의 오른쪽 방향키를 눌러주면 오른쪽 화살표 키를 눌렀을 때 블록으로 바뀌게 되죠. 그리고 [블록]탭-[움직임]에 있는 x 좌표를 10 만큼 바꾸기 블록을 연결하면 오른쪽 화살표 키를 누를 때마다 x좌표의 값을 10만큼 바뀌 '잠수부(1)'이 이동하게 돼요.

원리 이해하기

엔트리에는 좌표값이 존재합니다. 좌표는 1강에서도 배웠듯이 화면의 동그라미 부분을 누르면 나타납니다. 좌표는 x와 y가 있으며, x좌표의 범위는 −240부터 240까지입니다. 왼쪽으로 갈수록 '−'값을 가지게 되고, 오른쪽으로 갈수록 '+'값을 갖게 되지요. y좌표의 범위는 −140부터 140까지로 아래로 갈수록 '−'값을, 위로 갈수록 '+'값을 갖게 됩니다. x좌표와 y좌표를 정해진 숫자만큼 바꾸면 오브젝트가 이동이 되는 것입니다.

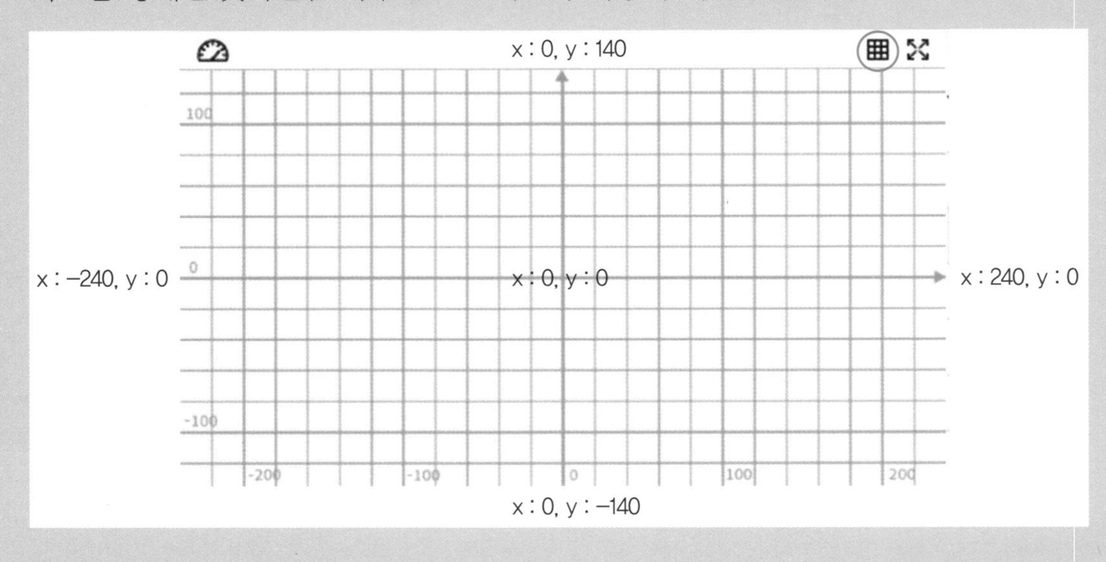

02 '왼쪽 화살표'를 눌렀을 때는 '오른쪽 화살표'를 눌렀을 때와 반대로 이동하면 되므로, 만들어 놓은 '오른쪽 화살표를 눌렀을 때' 블록에서 마우스 오른쪽 단추를 클릭하여 [코드 복사 & 붙여넣기]하여 사용합니다.

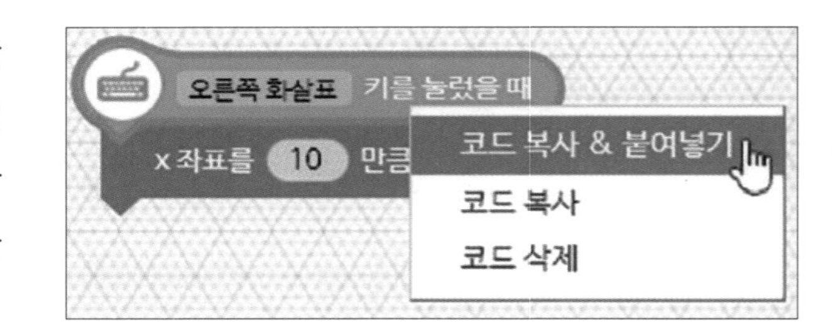

03 붙여넣게 된 블록에서 '오른쪽 화살표'를 '왼쪽 화살표'로 좌표값을 −10만큼 바꾸기로 바꿔 주면 됩니다.

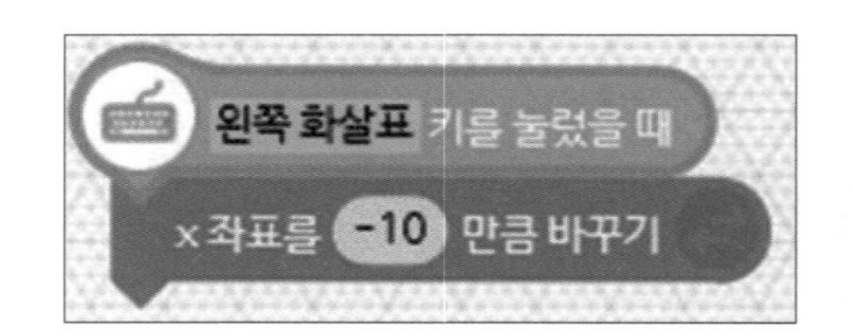

04 위쪽으로 이동을 위해 [블록]탭–[시작]에 있는 [q 키를 눌렀을 때] 블록을 추가하여 'q'를 [위쪽 화살표 키를 눌렀을 때] 블록으로 변경해 준 후, [블록]탭–[움직임]에 있는 [y 좌표를 10 만큼 바꾸기] 블록을 연결해 주세요.

05 아래쪽 화살표를 눌렀을 때도 위쪽 화살표 키를 눌렀을 때처럼 좌표의 '+', 또는 '–'값의 차이만 있으므로, [코드 복사 & 붙여넣기]하여 사용하도록 합니다.

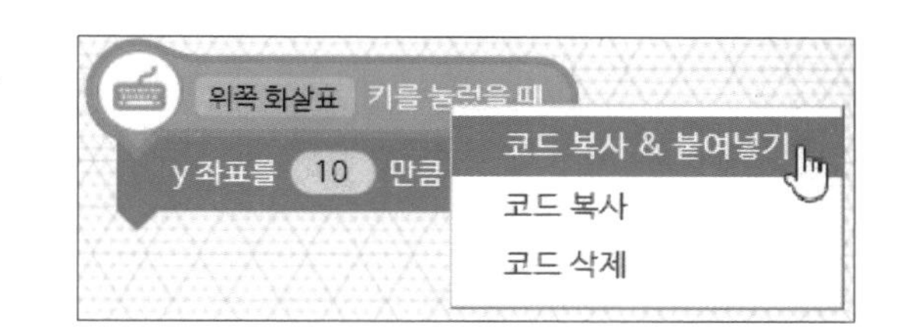

06 붙여넣기 된 블록에서 위쪽 화살표를 아래쪽으로 y좌표 값을 –10만큼 바꾸기로 설정해 주면 됩니다.

3 바닷속을 헤엄칠 오브젝트들의 블록 쌓기

01 [시작하기] 버튼을 클릭하면, 바닷속의 오브젝트들이 함께 실행되도록, [오브젝트 목록]에서 장면의 오른쪽에 위치한 오브젝트 하나를 선택하고, [블록]탭–[시작]에 있는 (시작하기 버튼을 클릭했을 때) 블록을 추가해 주세요.

02 [블록]탭–[흐름]에 있는 '계속 반복하기' 블록을 연결하여 오브젝트가 계속 움직일 수 있도록 합니다.

03 계속 반복하기 블록 안에 [블록]탭–[움직임]에 있는 (2 초 동안 x: 10 y: 10 위치로 이동하기) 블록을 삽입하여 시간(초)과 좌표값을 변경해 주고, 반대로도 이동할 수 있도록 (2 초 동안 x: 10 y: 10 위치로 이동하기) 블록을 한 번 더 추가하여 시간(초)과 반대방향의 좌표값을 그림처럼 입력해 주세요. [시작하기]를 눌렀을 때 계속해서 반복하여 움직이게 됩니다.

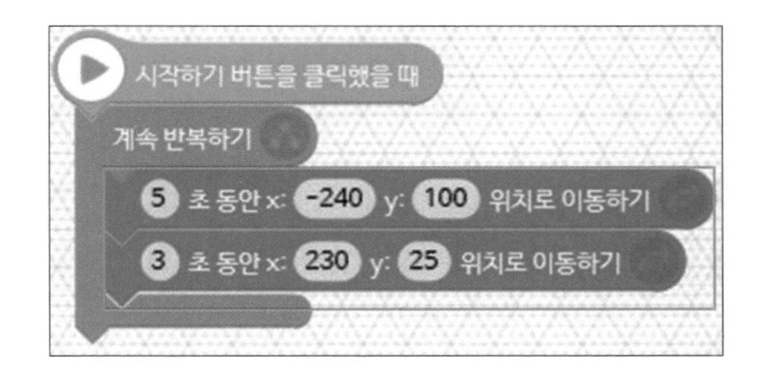

04 바닷속 여러 개의 오브젝트는 위에서 만들어 놓은 블록을 복사하여 사용하면 쉽게 할 수 있어요. 맨 위에 있는 '시작하기 버튼을 클릭했을 때'에서 마우스 오른쪽 단추를 눌러 [코드 복사]를 해줍니다.

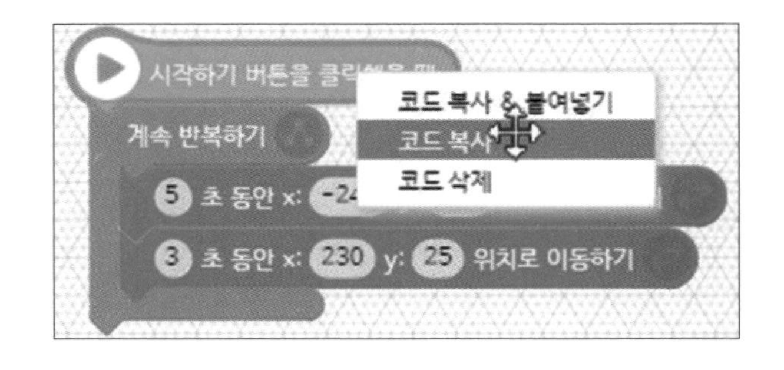

05 바닷속을 헤엄칠 다른 오브젝트를 선택하여 [코딩]창에 [붙여넣기] 합니다.

06 붙여넣기를 한 후 시간(초)과 좌표값만 변경해 주세요.

07 같은 방법으로 바닷속의 다른 오브젝트에도 [코드 복사]하여 [붙여넣기] 한 후 시간(초)과 좌표값만 변경해 주면 물속 오브젝트들이 움직이는 효과를 줄 수 있어요.

4 잠수부(1)이 상자에 닿으면 메시지 표시하기

01 '잠수부(1)'이 상자에 닿으면 메시지를 표시하기 위해 '상자'를 선택 후 [블록]탭–[시작] 안에 있는 (시작하기 버튼을 클릭했을 때) 블록을 삽입하고, [블록]탭–[흐름]에 있는 '계속 반복하기' 블록을 연결해 주세요. 그리고 이 블록 [흐름] 안에 있는 또 다른 조건 블록인 '만일 참이라면' 블록을 그림처럼 삽입해 주세요.

02 '잠수부(1)가 상자에 닿으면'이라는 조건을 주기 위해 [블록]탭–[판단]에 있는 (마우스포인터 에 닿았는가?) 블록을 (참) 안에 맞춰 넣어주세요.

03 블록이 맞춰졌으면, 동그라미 부분을 클릭하여 ['잠수부(1)'에 닿았는가?]로 변경해 주세요.

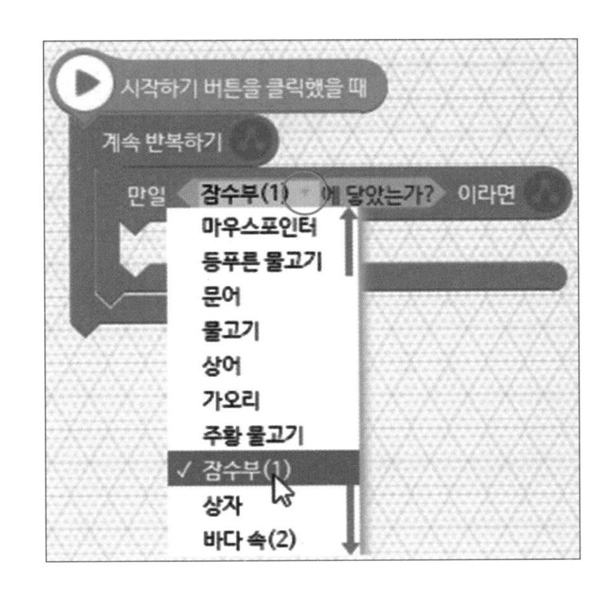

04 조건이 참일 때 메시지를 표시하기 위해 [블록]탭–[생김새]에 있는 안녕! 을(를) 4 초 동안 말하기 블록을 삽입하고, "안녕!"을 "준비물 상자를 찾았군요! 탐험에 필요한 장비와 마법의 양탄자를 선물로 드립니다." 로 메시지를 변경해 주세요.

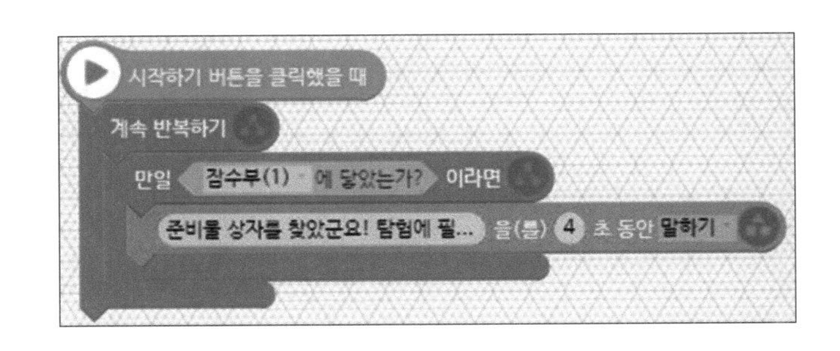

좌표값을 이용해 물속에 있는 물고기를 잡아보세요.

좌표에 있는 물고기에 '잠수부(1)'이 닿았을 때 물고기는 화면에서 숨겨지게 하면 물고기를 잡는 것처럼 보일 수 있어요.

장면 & 오브젝트목록 보기

설계순서 생각해 보기

순서대로 실행하기 생각 적어보기

• 추가해야 할 오브젝트와 그 오브젝트의 속성을 어떻게 변경해야 할까요?

생각 적기

• 실제 움직일 오브젝트는 무엇이며, 어떻게 움직여야 하나요?

생각 적기

• 오브젝트를 움직이기 위해 어떤 블록을 사용해야 하나요?

생각 적기

• 실행이 잘 되었나요? 실행이 잘못되었다면 설계순서를 확인하여 어디에서 오류인지 수정해보세요. 어떤 부분을 수정했나요?

생각 적기

• 수정해서 더 좋은 프로그램이 되었나요? 다른 블록을 더 사용할 수는 없을까요? 사용할 수 있으면 직접 블록을 추가하고, 잘못할 경우는 생각한 것을 적어보기만 합니다.

생각 적기

이번 미션을 해결하면서 지적능력 30% 체력이 25% 상승했습니다.
다음 미션은 무엇을 얻을 수 있을지 매우 기대됩니다!!

파트 2 :
엔트리 랜드로 출발.

4단계 MISSION

할아버지 마법사를 만난 후 엔트리 랜드로 출발하는 선착장까지 가보자.

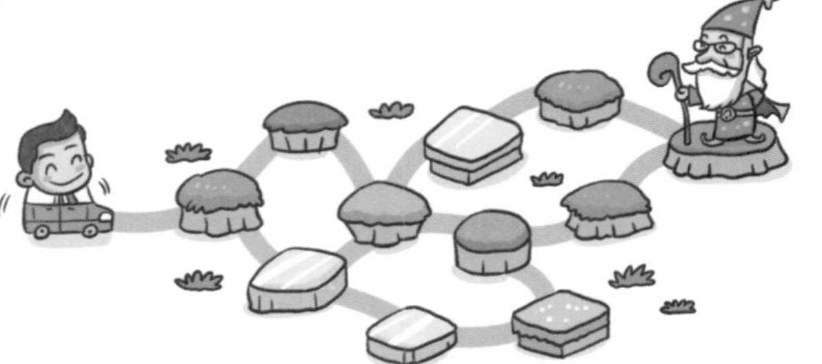

제한 시간 안에 자동차를 타고 엔트리랜드로 갈 배가 있는 곳을 안내해 줄 마법사 할아버지가 있는 곳 까지 가요.

제한시간 안에 '할아버지 마법사'가 있는 곳 까지 가지 못해서 가는 길이 더 어려워 졌어요. 여러 동물들을 만날 수 있으니 부딪히지 않게 조심하세요.

배가 있는 미로 선착장에 도착! 미로를 통과하여 선착장에 도착한 후 엔트리 랜드로 떠나는 배를 그려보자.

- 할아버지 마법사가 선착장으로 가는 길로 보내줬지만 배까지 가려면 미로를 통과해야 해요. 미로에서 길을 잃지 않도록 걸어가는 길마다 표시하며 통과하세요!
- 하얀 도화지에 타고 갈 배를 그려보라고 해요. 그러면 멋진 배가 나타난다고 해요!

배가 출항하길 기다리는 동안 악기를 연주하고 숲속을 달려보자.

- 엔트리 랜드로 출발하기 전 조금 시간이 남아요! 선착장에 놓여 있는 여러 가지 악기를 치며, 재미있는 시간을 보내요.
- 숲속을 산책해요.

하늘에서 떨어지는 피아노 건반을 모아 피아노를 만들어 보자.

- 피아노 건반을 모아서 피아노를 만들어요.

04 엔트리 랜드로 출발할 배로 가보자!

첫 번째 미션 제한 시간(초) 안에 할아버지 마법사가 있는 곳까지 가보세요. 엔트리 랜드로 가는 배가 있는 곳으로 안내해 줄 거에요.

● **완성파일 :** 4강1미션.ent

미션 성공 화면

키보드의 방향키를 이용해 길 끝에 있는 마법사 할아버지에게 갑니다.

핵심 블록 힌트

블록	블록설명
초시계 시작하기	[블록]탭–[계산]에 있는 블록, 초시계를 화면에 표시하며, 시작, 정지, 초기화를 할 수 있는 블록입니다.
q 키가 눌러져 있는가?	[블록]탭–[판단]에 있는 블록, 조건블록에 조건식으로 사용하며, 설정한 키가 눌려 있을 때 조건블록 안에 있는 블록들이 실행되도록 합니다.
10 〉 10	[블록]탭–[계산]에 있는 블록, 조건블록에 조건식으로 사용하며, 블록에 마름모 모양 부분에 삽입하여 사용합니다. 숫자 또는 동그라미 모양의 블록들을 삽입할 수 있습니다.
초시계 값	[블록]탭–[계산]에 블록, 조건블록에 조건식으로 사용하며, 다른 블록의 노란색 원 부분에 삽입하여 사용합니다.
대상없음 신호 보내기	[블록]탭–[시작]에 있는 블록, 신호를 보내 다른 오브젝트를 호출할 수 있습니다. 다수의 신호를 설정했다면, 목록에서 선택하여 사용할 수 있습니다.
대상없음 신호를 받았을 때	[블록]탭–[시작]에 있는 블록, 신호보내기와 항상 함께 사용하며, 신호를 받으면 아래에 연결되어 있는 블록들이 실행됩니다.

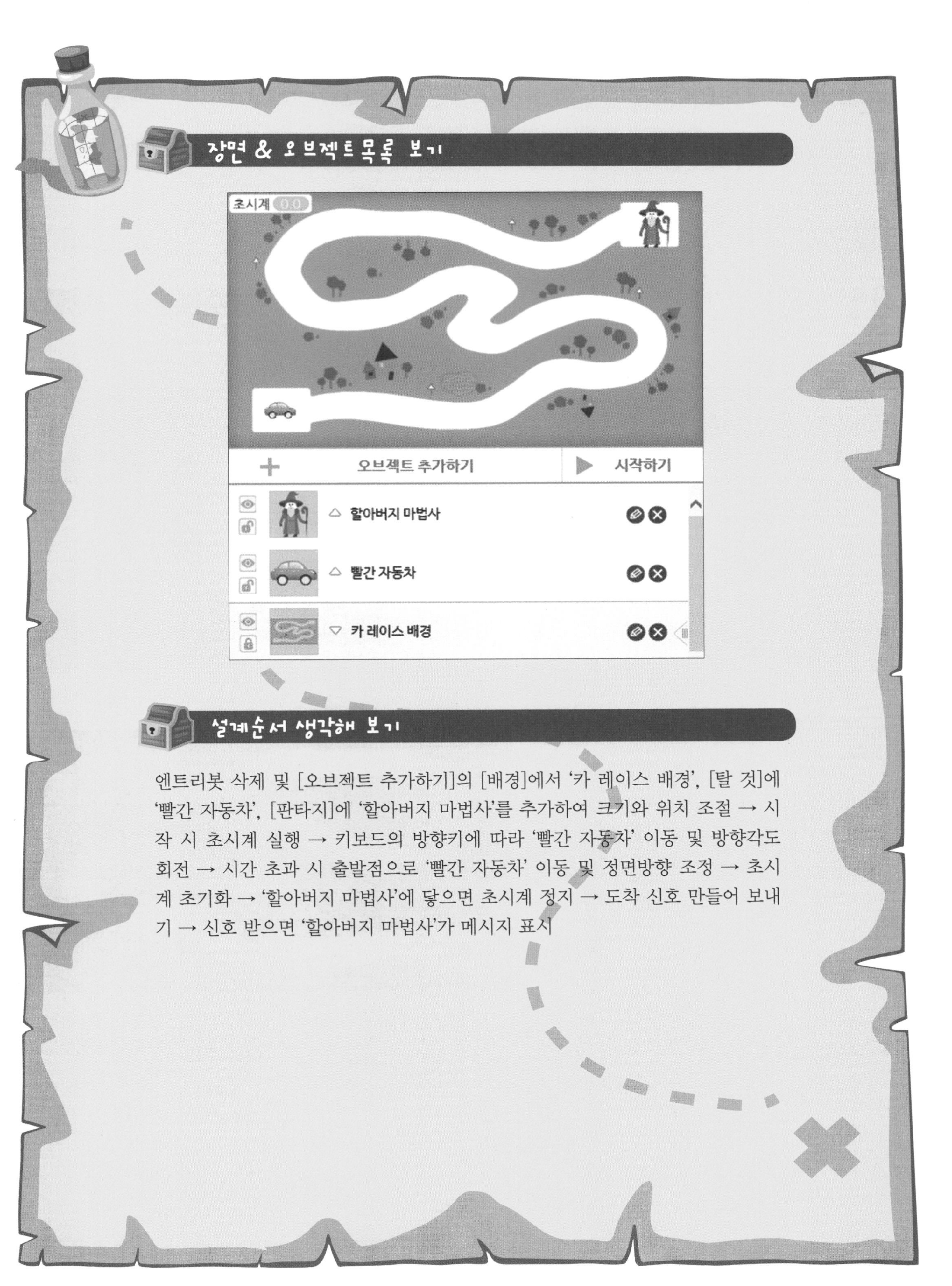

장면 & 오브젝트 목록 보기

설계순서 생각해 보기

엔트리봇 삭제 및 [오브젝트 추가하기]의 [배경]에서 '카 레이스 배경', [탈 것]에 '빨간 자동차', [판타지]에 '할아버지 마법사'를 추가하여 크기와 위치 조절 → 시작 시 초시계 실행 → 키보드의 방향키에 따라 '빨간 자동차' 이동 및 방향각도 회전 → 시간 초과 시 출발점으로 '빨간 자동차' 이동 및 정면방향 조정 → 초시계 초기화 → '할아버지 마법사'에 닿으면 초시계 정지 → 도착 신호 만들어 보내기 → 신호 받으면 '할아버지 마법사'가 메시지 표시

설계 순서대로 실행하기

순서를 적어 봤다면 설계 순서대로 실제 코딩을 해보도록 하겠습니다.

1 오브젝트 추가 및 크기, 위치 설정하기

01 엔트리 봇은 사용하지 않을 것이므로 삭제하고, [오브젝트 추가하기]의 [배경]에서 '카 레이스 배경', [탈 것]에서 '빨간 자동차', [판타지]에서 '할아버지 마법사'를 추가해 주세요.

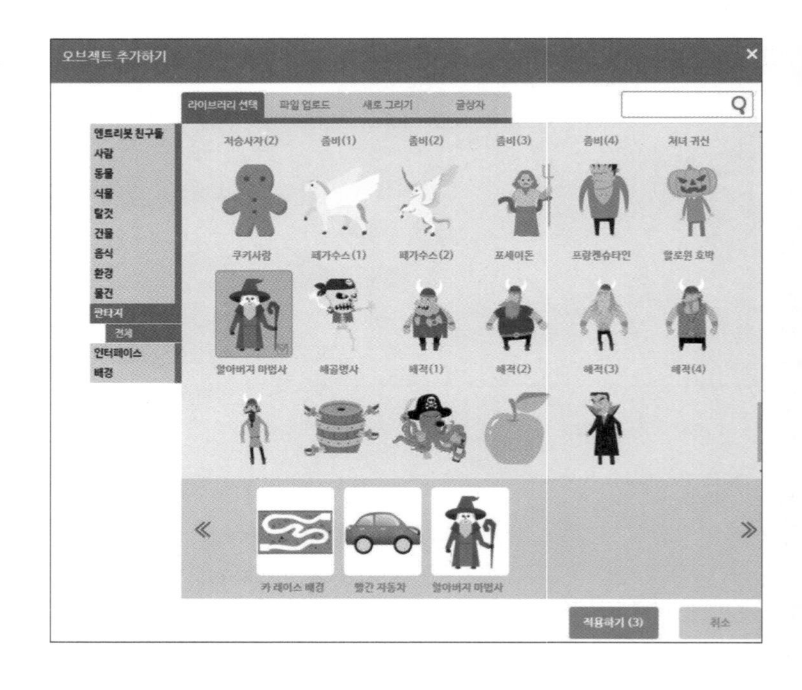

02 '빨간 자동차'가 길에서 벗어나지 않고 가기 위해서는 크기가 작아야 해요. 25 정도의 크기로 조절하고 '할아버지 마법사'도 40 정도 크기로 조절해 주세요. 그리고 위치를 그림처럼 조정해 주세요.

2 '도착' 신호 만들기

오브젝트가 다른 오브젝트로 신호를 보낼 수 있어요. 신호를 받은 오브젝트는 신호를 받았을 때만 실행되도록 만들어 놓은 블록을 실행할 수 있어요. 신호를 만들어 보도록 합니다.

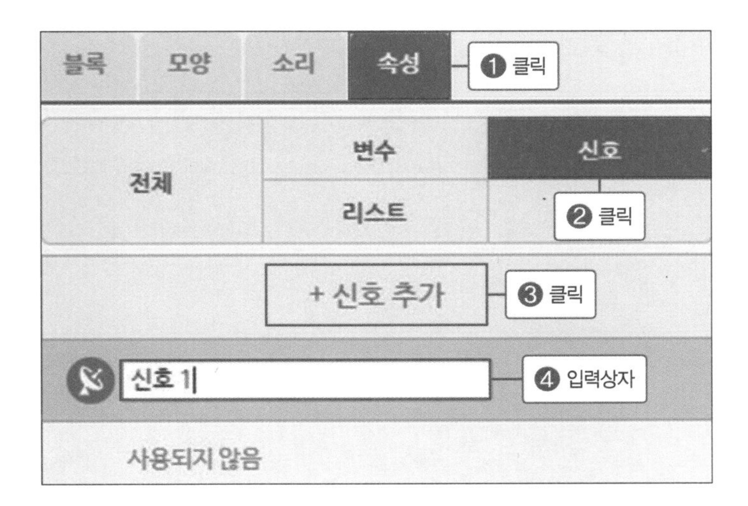

❶ [속성]탭을 클릭하세요.

❷ [신호]를 클릭하면 [+신호추가] 버튼이 나타납니다.

❸ [+신호 추가] 버튼을 클릭하면 '신호1'이라고 적혀 있는 입력상자가 만들어집니다.

❹ 입력상자에 '도착'이라고 입력하고 입력상자가 아닌 다른 곳을 클릭하거나, 을 클릭하면 '도착'이라는 이름의 신호가 만들어집니다.

3 '빨간 자동차'에 초시계 시작 및 회전과 이동 방향 블록 설정하기

01 [시작하기] 버튼을 누르면 초시계가 실행되어야 하므로, '빨간 자동차'를 선택하고 [블록]탭–[시작]에 있는 시작하기 버튼을 클릭했을 때 블록을 삽입해 주세요. 그리고 [블록]탭–[계산]에 있는 초시계 시작하기 블록을 연결해 주세요. '초시계 시작하기' 블록을 삽입하면, 화면에 초시계 0.0 이 추가 되는데 화면의 맨 위쪽으로 위치시켜주세요.

02 방향키에 따라 '빨간 자동차'가 계속 움직여야 하므로, [블록]탭–[흐름]에 있는 '계속 반복하기' 블록을 연결합니다.

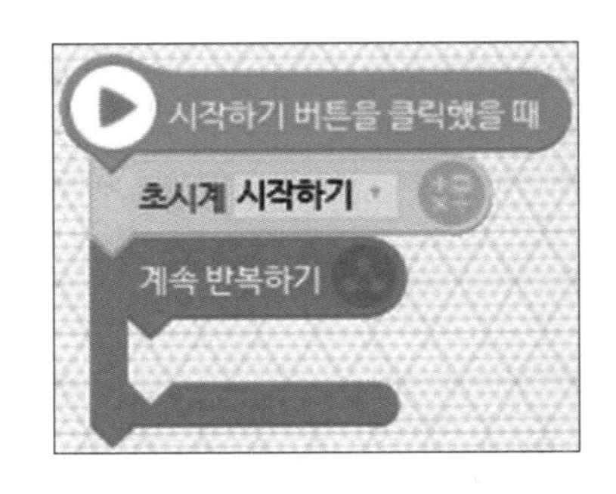

03 방향키가 눌려져 있을 때 실행되도록 해야 하므로 [블록]탭-[흐름]에 있는 '만일 참이라면' 조건 블록을 '계속 반복하기' 블록 안에 추가하고, [블록]탭-[판단]에 있는 q 키가 눌려져 있는가? 블록을 참 안에 삽입해 주세요.
[블록]탭-[시작] 안에 있는 'q키를 눌렀을 때'라는 블록과 쓰임새가 비슷한 블록입니다.

04 이제 키보드의 오른쪽 방향키를 눌렀을 때 앞으로 이동하도록 하기 위해, q 키 부분을 클릭한 후 키보드의 오른쪽 방향키를 눌러 만일 오른쪽 화살표 키가 눌려져 있는가? 이라면 블럭으로 만들어 주세요. 그리고 [블록]탭-[움직임]에 있는 이동 방향으로 10 만큼 움직이기 블록을 조건 블록 안에 넣어 '빨간 자동차'가 앞으로 이동하도록 합니다.

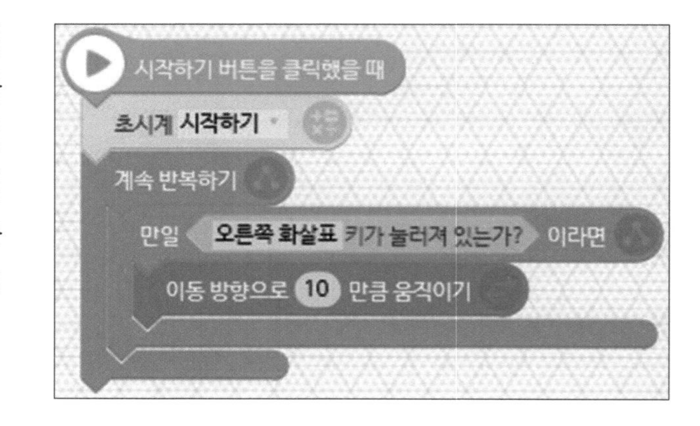

원리 이해하기

계속 반복하기 블록 안에 들어 있는 블록은 기본적으로는 무조건 반복되지만, 위의 경우는 조건식의 결과값에 따라 실행됩니다. 즉, 오른쪽 화살표가 눌려졌을 때만 움직이게 됩니다.

05 왼쪽 방향은 '오른쪽 화살표' 블록에서 이동방향만 달라지므로, '오른쪽 화살표' 조건블록을 복사하여 사용하면 쉬워요. '오른쪽 화살표' 조건블록에서 마우스 오른쪽 단추를 클릭하여 [코드 복사 & 붙여넣기]를 눌러 주세요.
이때 복사한 블록 안에 또는 아래에 연결되어 있는 블록은 모두 복사, 붙여넣기가 돼요.

06 붙여넣기 된 블록을 '오른쪽 화살표 키가 눌러져 있는가?' 조건블록 아래에 연결해 주세요.

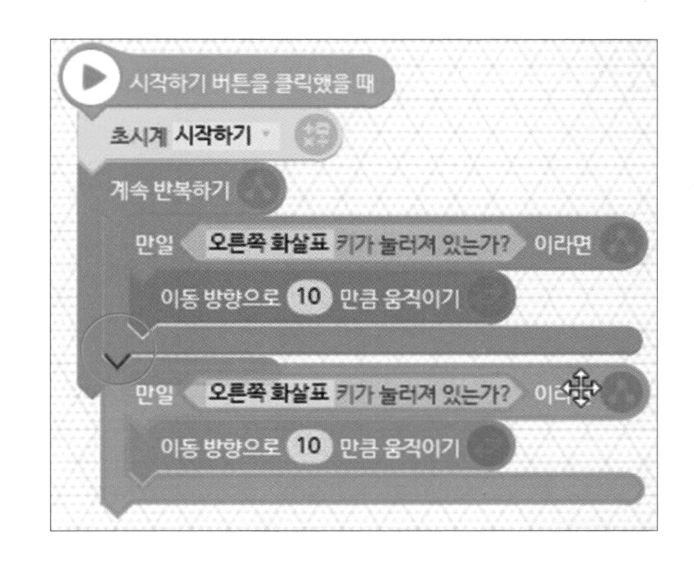

07 붙여넣기 된 블록에서 오른쪽 화살표를 왼쪽 화살표로, 이동 방향의 10을 -10으로 변경하여 주면 '왼쪽 화살표 키가 눌러져 있는가?' 조건 블록이 완성됩니다.

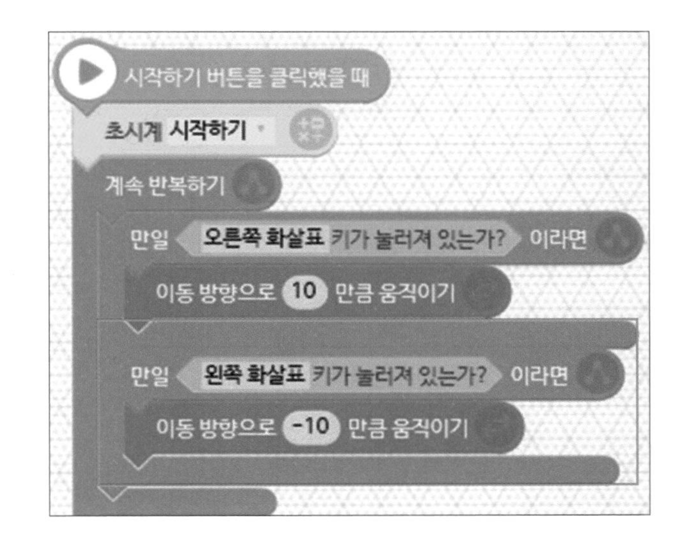

08 배경이 직선으로 된 길이 아니므로, 위쪽 화살표를 눌렀을 때 '빨간 자동차'가 위쪽으로 방향을 회전하도록 하려고 합니다. 계속 반복하기 블록 안에 [블록]탭-[흐름]에 있는 '만일 참이라면' 조건 블록을 삽입하고, [블록]탭-[판단]에 있는 q 키가 눌러져 있는가? 블록을 넣어 q 키를 '위쪽 화살표'로 변경해 주세요.

09

조건식의 결과값이 참일 때 방향을 회전하기 위해, [블록]탭-[움직임]에 있는 방향을 90° 만큼 회전하기 블록을 삽입하여 각도를 −5로 변경하고 엔터를 치세요.

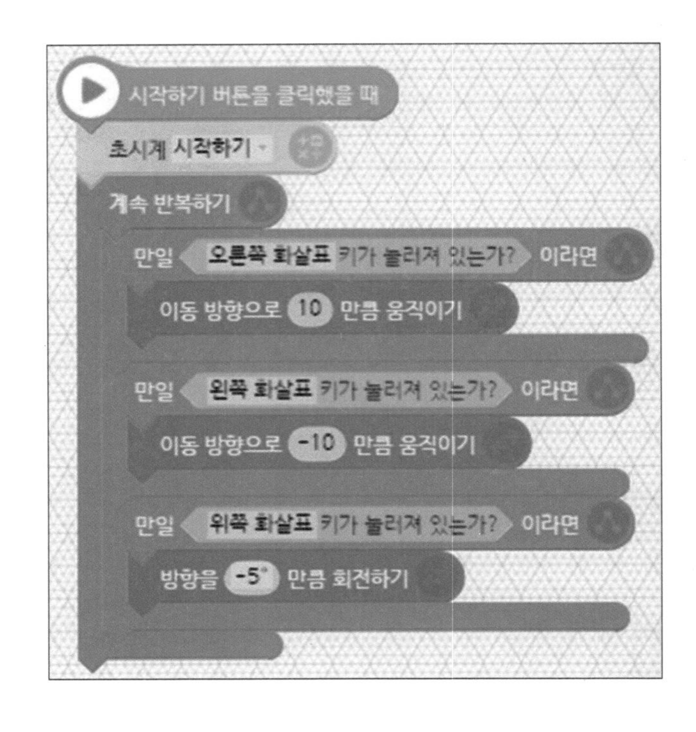

원리 이해하기

위쪽 화살표를 눌렀을 때 방향의 각도를 −5만큼 회전하는 이유는 오브젝트의 기본 방향이 0도이므로, −5도를 하면 각도가 355도가 되어 위쪽으로 회전하게 되기 때문이에요. 만약 0도에 +5도를 하면 5도만큼 회전하여 오브젝트가 정면을 바라보고 있다가 아래쪽으로 5도만큼 회전하게 됩니다. (25 페이지 참고)

10

'아래쪽 화살표를 눌렀을 때'는 '위쪽 화살표를 눌렀을 때'와 방향의 각도에 '+, −'만 다르기 때문에 위쪽 화살표 블록을 [코드 복사 & 붙여넣기]하여 사용하면 편리합니다.

11

'위쪽 화살표'를 '아래쪽 화살표'로 변경하고, 방향의 회전 각도는 위쪽 화살표를 눌렀을 때와 반대인 +5로 정하면 됩니다.

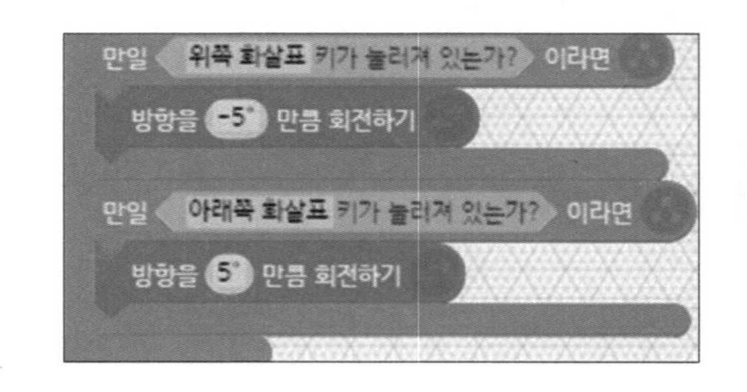

화살표 키를 눌렀는데 실행이 안 되나요?
현재 미션을 해결하기 위한 조건블록은 조건블록끼리 나란히 연결되어 있어야 하는데 조건 블록 안에 다른 조건블록이 들어가 있는 경우가 있습니다.

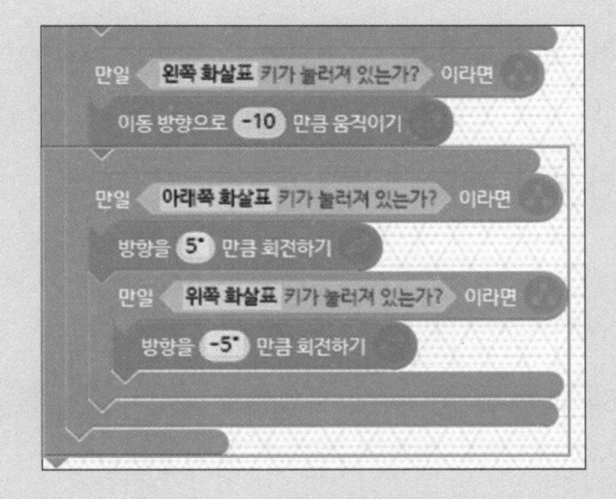

이렇게 되어 있을 경우는 위쪽 화살표 키를 눌렀을 때 실행되지 않아요. 만약 다른 조건블록이 이렇게 삽입되어 있다면 그 조건블록의 화살표는 움직이지 않게 되겠죠. 이 경우에는 삽입되어 있는 조건블록을 다른 조건블록 밑에 나란히 연결하면 됩니다.

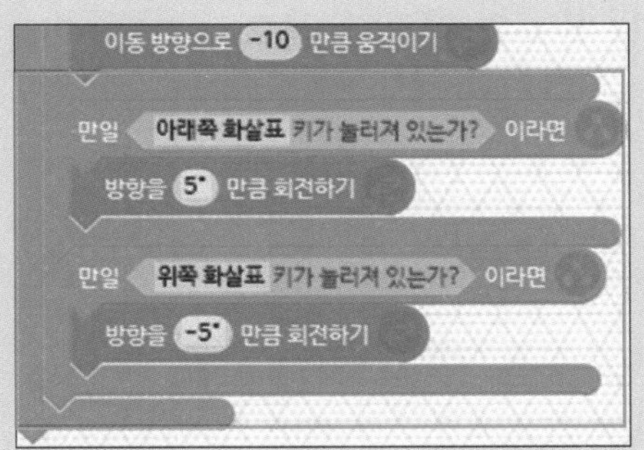

4 제한 시간 50초를 초과했을 때 '빨간 자동차'를 출발점으로 이동하기

01 시간제한을 설정하기 위해 '계속 반복하기' 블록 안에 다시 [블록]탭–[흐름]에 있는 '만일 참이라면' 조건블록을 삽입해야 합니다.

02 제한시간을 50초로 하는 조건식을 만들기 위해, [블록]탭–[판단]에 있는 (10 > 10) 블록을 (참) 부분에 삽입해 주세요.

03 '초시계 값이 50초보다 크면'이라고 설정하기 위해 앞에 있는 10 부분에 [블록]탭-[계산]에 있는 초시계 값 블록을 초시계 값 삽입해 주세요. 그리고 뒤에 10 부분을 50으로 입력하면 "초시계 값이 50보다 크면"이라는 조건식이 완성된 것입니다.

04 조건식의 결과값이 참일 때 실행할 블록을 만들기 위해, [블록]탭-[움직임]에 있는 x: 0 y: 0 위치로 이동하기 블록을 삽입하고, 출발지점의 좌표값을 넣어 제한시간이 50초를 넘어가면 출발지점으로 이동하게 합니다.

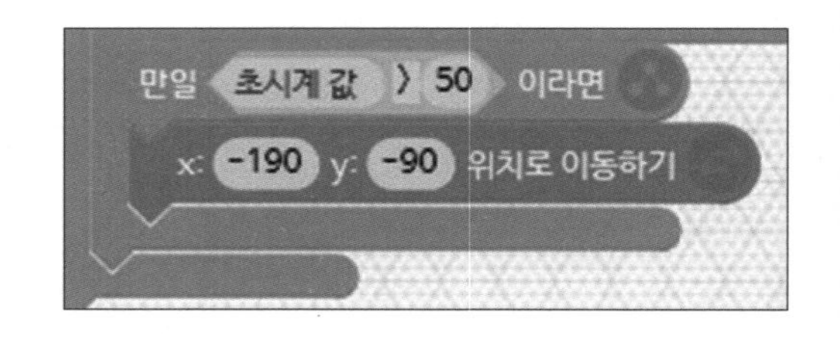

05 시간초과로 출발지점으로 옮겨지면, '빨간 자동차'는 움직이던 각도 그대로 옮겨지게 되므로, [블록]탭-[움직임]에 있는 방향을 90° (으)로 정하기 블록을 연결해 방향을 0도로 바꿔주세요. 그러면 출발지점으로 이동했을 때 방향이 정면으로 바뀌게 돼요.

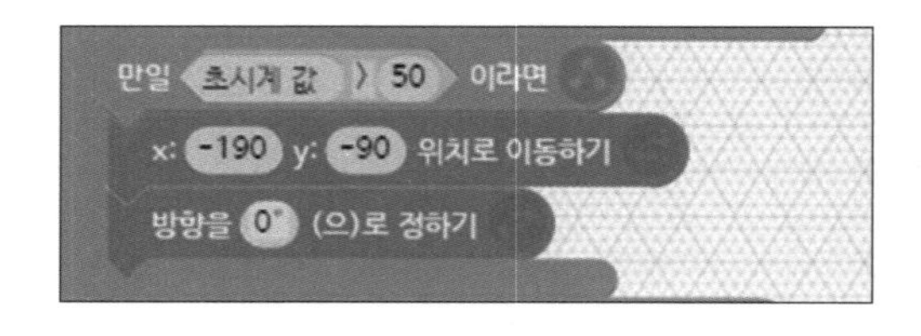

06 출발지점으로 이동되면 초시계가 다시 0초부터 시작할 수 있도록 [블록]탭-[계산]에 있는 초시계 시작하기 블록을 삽입하여 초기화하기로 변경합니다.

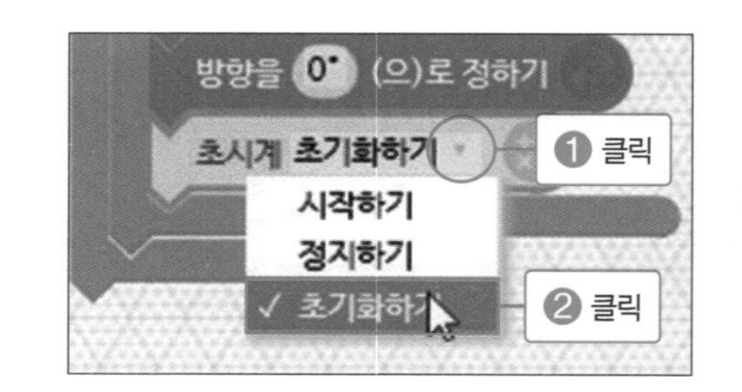

5 '할아버지 마법사'에 '빨간 자동차'가 닿으면 초시계 정지하고, 신호보내기

01 '할아버지 마법사'에 '빨간 자동차'가 닿았는지 확인하기 위해, 다시 '빨간 자동차'의 '계속 반복하기' 블록 안에 '만일 참이라면' 조건블록을 또 한 번 삽입하고, [블록]탭-[판단]에 있는 마우스포인터 에 닿았는가? 블록을 참 안에 삽입합니다. 그리고 '마우스 포인터'를 '할아버지 마법사'로 변경해 주세요.

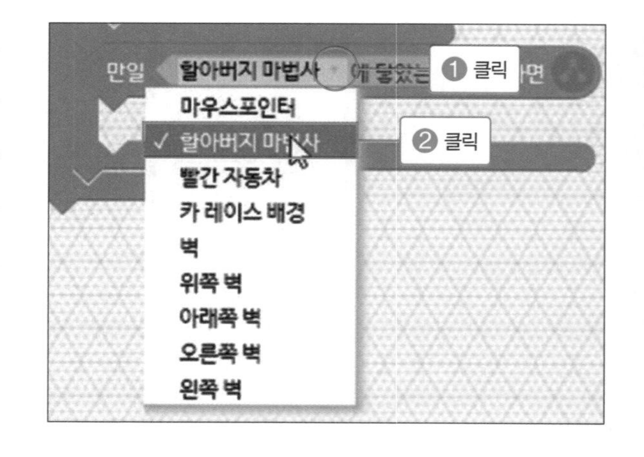

02 조건식의 결과값이 참이면 초시계를 정지해야 하므로 [블록]탭-[계산]에 있는 초시계 시작하기 블록을 삽입하여 '시작하기'를 '정지하기'로 변경해 주세요.

03 '할아버지 마법사'에 '도착' 신호를 보내기 위해 [블록]탭-[시작]에 있는 도착 신호 보내기 블록을 연결하면 됩니다. 만약 신호가 다수일 경우는 목록에서 신호 이름을 선택할 수 있어요.

원리 이해하기

앞에서는 신호보내기 대신 오브젝트가 다른 오브젝트에 닿으면 이라는 조건블록을 시작과 함께 계속 반복하도록 하여 메시지를 표시했었어요. 그러나 엔트리에서는 신호보내기라는 기능이 있습니다. 신호보내기는 프로그램 안에 다른 오브젝트를 부를 때 사용합니다. 신호 보내기를 하고 신호를 받은 오브젝트는 받은 신호 이름의 도착 신호를 받았을 때 블록의 아래에 연결되어 있는 블록들을 실행하게 되지요. 신호보내기를 사용하면, 계속 반복하기와 조건블록을 사용한 것보다 더 효과적으로 코딩할 수 있습니다.

6 '할아버지 마법사'는 신호를 받으면 메시지를 표시하기

01 '할아버지 마법사'가 신호를 받을 수 있도록 하기 위해, [블록]탭-[시작]에 있는 도착 신호를 받았을 때 블록을 '할아버지 마법사'의 [코딩]창에 추가해 주세요. 그리고 [블록]탭-[생김새]에 있는 안녕! 을(를) 4 초 동안 말하기 블록을 연결하고 "안녕!"을 "엔트리 랜드로 가는 선착장으로 보내주마~ 그러나 길을 잃지 않도록 조심해야 할 것이다."로 변경해 주세요. 완성 후에는 저장해 주세요!

두 번째 미션 제한시간 안에 도착하지 못해 나타난 동물들에 부딪히지 않고 할아버지 마법사에게 가 보세요.

● **완성파일** : 4강2미션.ent

미션 성공 화면

핵심 블록 힌트

블록	블록설명
모양 보이기	[블록]탭–[생김새]에 있는 블록, 오브젝트를 화면에서 보이게 합니다.
모양 숨기기	[블록]탭–[생김새]에 있는 블록, 오브젝트를 화면에서 보이지 않게 합니다.
2 초 동안 x: 10 y: 10 위치로 이동하기	[블록]탭–[움직임]에 있는 블록, 정해놓은 시간(초)동안 원하는 위치로 이동합니다.
0 부터 10 사이의 무작위 수	[블록]탭–[계산]에 있는 블록, 다른 블록의 동그란 원에 삽입하여 사용하는 블록으로, 범위 안의 값 중 무작위 값으로 정해 줍니다.

프로젝트 불러오기 → 장애물 오브젝트들을 추가 및 크기, 위치 조절 → "GAME OVER" 글상자, '종료' 신호 만들기 → 시작하면 "GAME OVER" 글 상자 숨기기 → 장애물들이 계속 이동하도록 설정 → '빨간 자동차'가 장애물과 충돌 시 실행할 블록 설정 → 제한 시간을 초과 시 "GAME OVER" 글상자 화면에 표시

설계 순서대로 실행하기

순서를 적어 봤다면 설계 순서대로 실제 코딩을 해보도록 하겠습니다.

1 첫 번째 미션에 코드 추가 및 수정하기

01 로그인 후 엔트리 메인 화면의 메뉴에 마우스를 가져다 대면 [마이페이지]가 나오는데, 클릭하면 이제껏 만들어 놓은 작품을 모두 볼 수 있어요.

02 [저장된 작품 불러오기]를 클릭하면 이제껏 만들었던 작품들이 모두 나오게 되는데 이곳에서 수정할 작품에 마우스를 가져다 대면 [코드보기] 버튼이 나옵니다.

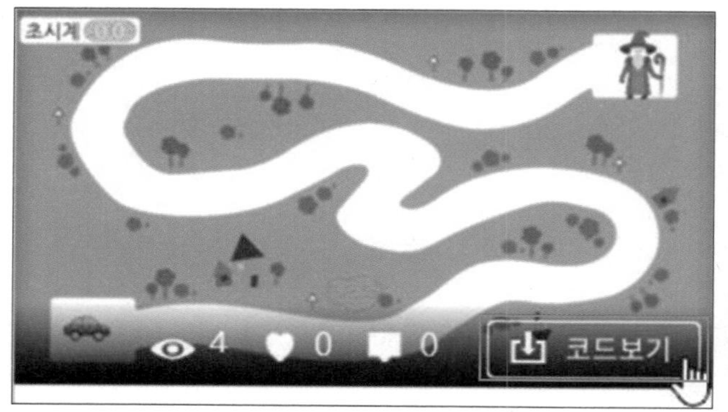

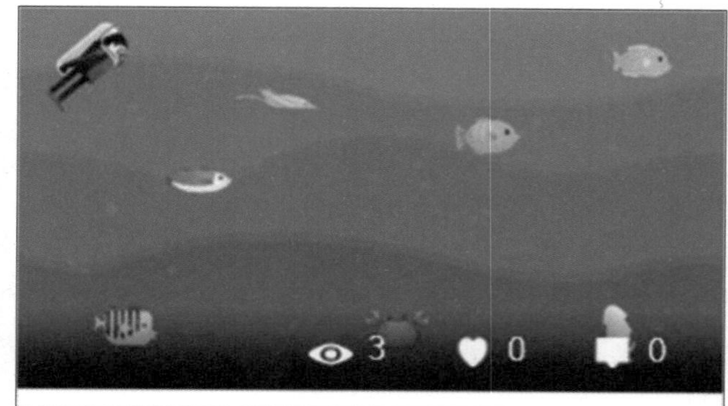

03 02번이 어렵다면 수정할 작품을 클릭하여 아래쪽에 [코드보기] 버튼을 눌러 프로젝트를 수정할 수 있도록 합니다.

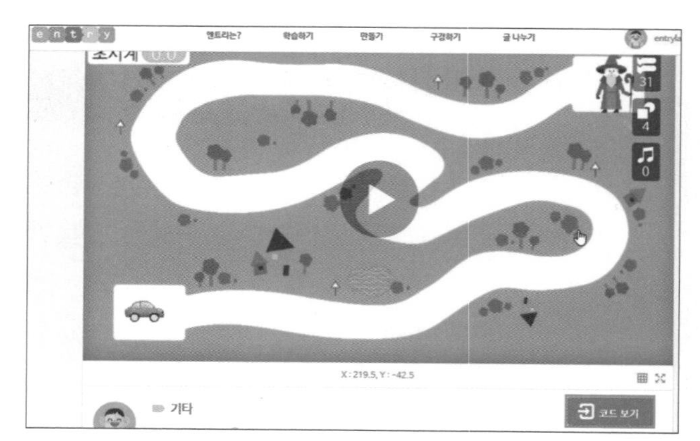

04 만들어 놓았던 프로젝트가 열리면 기존 프로젝트에 저장 되지 않도록 화면의 [저장]버튼을 눌러 [복사본으로 저장하기]를 눌러주세요.

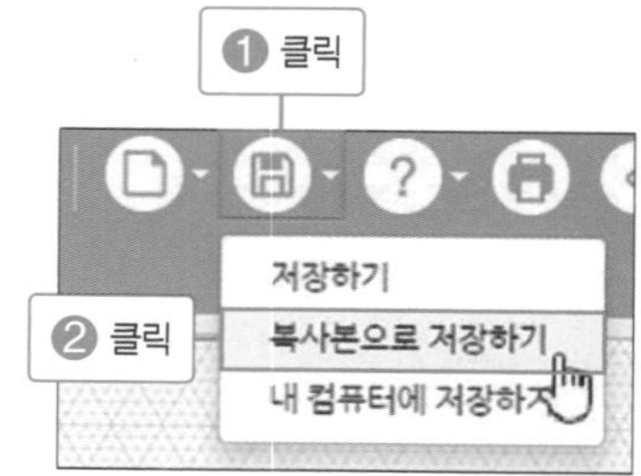

05 만들어 놓았던 파일 이름 뒤에 '~의 사본'이라는 글자가 붙었어요. 마우스로 클릭해 이름을 변경해 주세요.

2 장애물로 돌아다니게 할 오브젝트들 추가하고 크기 및 위치 정하기

01 장애물을 추가하기 위해, [오브젝트 추가하기] 버튼을 클릭하여 [동물]에서 장애물로 하고 싶은 동물들을 선택하여 [적용하기] 버튼을 클릭해 주세요.

02 <장면 & 오브젝트목록 보기>를 참고해 화면에 장애물 오브젝트들이 나오면 적당한 크기로 줄이고 화면에 위치를 정해 주세요.

3 "GAME OVER" 글상자와 '종료' 신호 만들기

01 글상자를 만들기 위해 [오브젝트 추가하기]를 클릭합니다.

❶ [오브젝트 추가하기] 창의 [글상자]탭을 클릭합니다.

❷ 글상자로 보이게 할 'GAME OVER'를 입력합니다.

❸ [적용하기]를 클릭하여 글상자를 완성합니다.

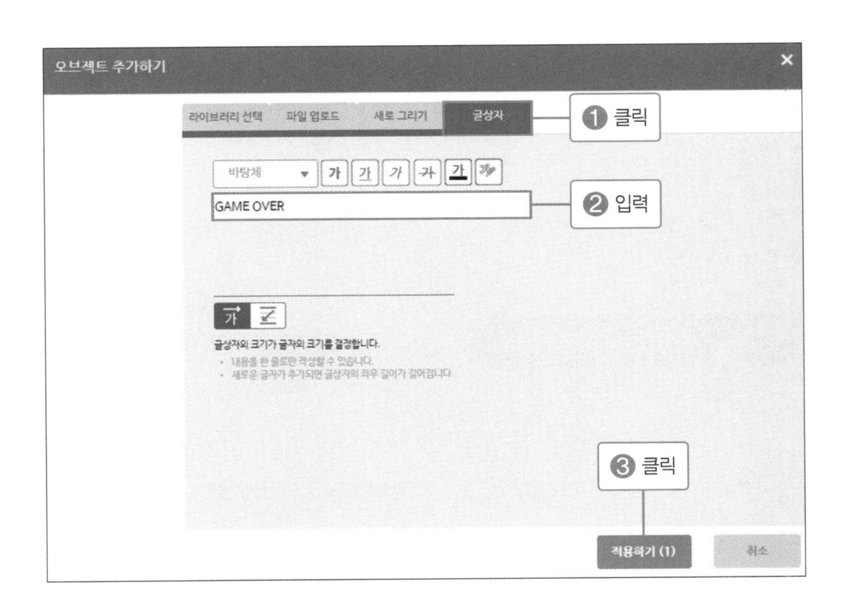

02 [오브젝트 목록]에서 추가된 글상자를 선택하면 [글상자]탭이 생기고, [오브젝트 추가하기]-[글상자]탭과 같은 화면이 나와 수정할 수 있어요. [글상자]탭에서 글자체, 정렬 방식, 굵기, 밑줄, 기울임, 취소선, 글자색, 글자 배경색, 글상자 내용, 그리고 글상자를 한 줄로 쓸 것인지, 두 줄로 쓸 것인지 등을 수정할 수 있어요.

03 [속성]탭-[신호]-[+신호 추가]를 클릭하여 '종료' 신호를 만들어 주세요.
(61페이지에 자세한 방법이 나와 있으니, 참고해 주세요.)

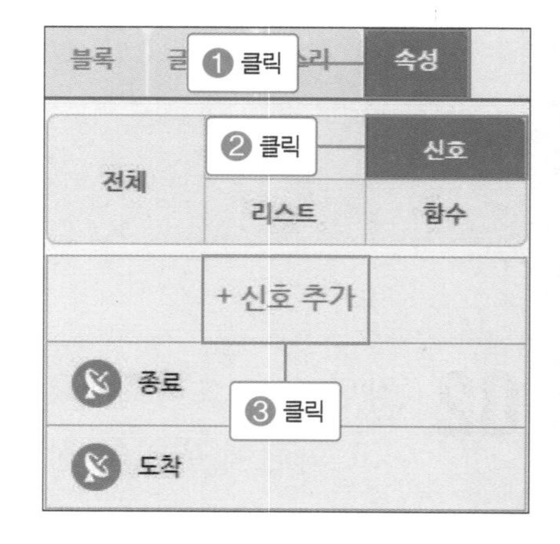

4 화면이 실행되면 'GAME OVER' 글상자를 숨기고, 장애물이 계속해서 움직이도록 만들기

01 'GAME OVER' 글상자를 선택하고, [블록]탭-[시작]에 있는 [시작하기 버튼을 클릭했을 때] 블록을 삽입한 후, [블록]탭-[생김새]에 있는 [모양 숨기기] 블록을 연결하여 실행 시 화면에서 숨기기를 합니다.

원리 이해하기

프로그램이 실행되고 시간이 초과되었을 때만 나와야 하는 메시지이기 때문에 [시작하기] 버튼을 누름과 동시에 모양을 숨기도록 설정하는 것입니다.

02 장애물을 움직이도록 하기 위해, 오브젝트 중 하나인 '여우'를 선택하고, [블록]탭-[시작]에 있는 (시작하기 버튼을 클릭했을 때) 블록을 삽입하고, 계속해서 반복하여 움직이도록 하기 위해 [블록]탭-[흐름]에 있는 '계속 반복하기' 블록을 연결합니다.

03 정해진 시간(초) 동안 화면에서 움직일 수 있도록 '계속 반복하기' 블록 안에 [블록]탭-[움직임]에 있는 (2 초 동안 x: 10 y: 10 위치로 이동하기) 블록을 삽입하여 시간(초)을 3초로 변경합니다. x좌표와 y좌표에 [블록]탭-[계산]에 있는 (0 부터 10 사이의 무작위 수) 블록을 각각 삽입하여 x좌표에는 -240부터 240 사이의 무작위 수(난수)로, y좌표에는 -140부터 140까지 무작위 수(난수)가 들어가도록 해 주세요.

3 초 동안 x: -240 부터 240 사이의 무작위 수 y: -140 부터 140 사이의 무작위 수 위치로 이동하기

04 x좌표와 y좌표의 값이 무작위 수(난수)로 정해져 장애물이 계속 움직이게 됩니다.

시작하기 버튼을 클릭했을 때
계속 반복하기
3 초 동안 x: -240 부터 240 사이의 무작위 수 y: -140 부터 140 사이의 무작위 수 위치로 이동하기

05 위의 블록을 [코드 복사]하여 추가해 놓은 모든 장애물 오브젝트들에 [붙여넣기] 해 사용하면 편리합니다.

5 '빨간 자동차'가 장애물 오브젝트들에 부딪히면 출발 위치로 이동하기

01 '빨간 자동차'가 장애물에 부딪히면 출발지점으로 이동하기 위해 [블록]탭-[흐름]에 있는 '만약 참이라면' 블록을 '빨간 자동차'의 계속 반복하기 블록 안에 추가 삽입해 주세요.

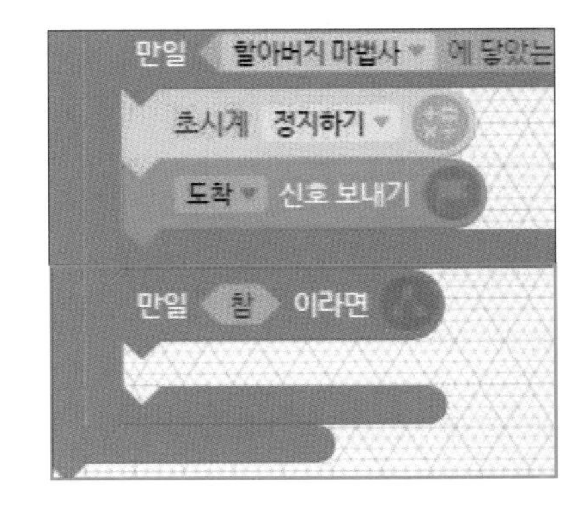

02 [블록]탭-[판단]에 있는 마우스포인터 에 닿았는가? 블록을 삽입하고, '마우스포인터' 대신 목록에서 장애물 오브젝트들 중 하나인 '여우'를 선택해 주세요. 그리고 [블록]탭-[움직임]에 있는 x: 0 y: 0 위치로 이동하기 블록을 조건블록 안에 삽입하여 출발지점의 x, y좌표 값을 입력해 주세요.

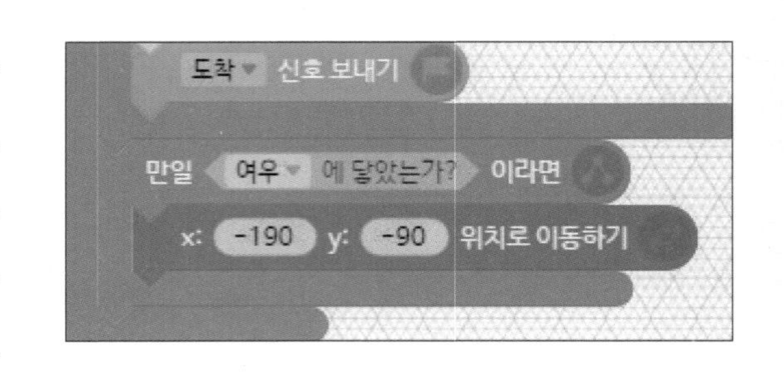

03 출발 지점으로 이동되면 '빨간 자동차'의 방향이 장애물에 닿았을 때 방향인 상태이므로, [블록]탭-[움직임]에 있는 방향을 90° (으)로 정하기 블록을 연결해 90도를 0도로 변경해 주세요.

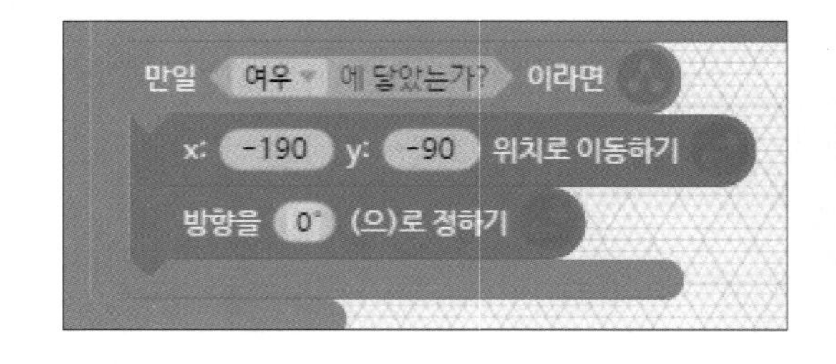

04 **03**번의 조건블록을 [코드 복사 & 붙여넣기]하여 '여우' 조건블록 아래에 연결하고, 목록에서 장애물 각각의 이름을 선택해 주세요.

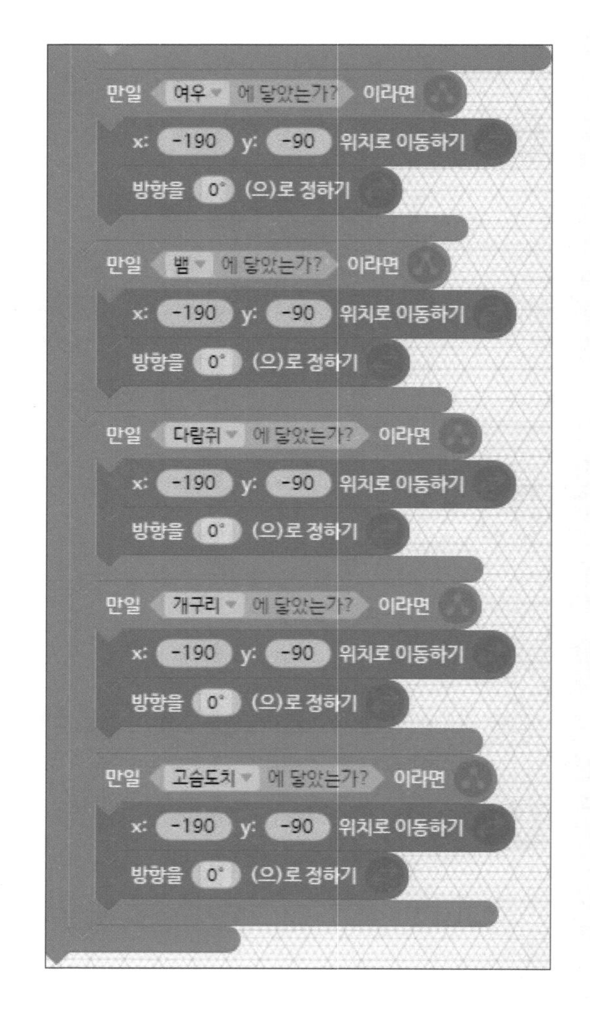

6 제한시간을 초과하면 신호를 보내, 'GAME OVER' 글상자 화면에 보이기

01 제한 시간을 초과하면 'GAME OVER' 글상자를 화면에 표시하기 위해, 신호를 보내야 해요. 먼저, '빨간 자동차'를 선택하고, 코딩해 놓은 조건 블록 중 초시계의 시간(초)을 제한하는 조건블록을 찾아 [블록]탭–[시작]에 있는 [종료 신호 보내기] 블록을 연결하고 목록에서 '종료'로 변경해 주세요.

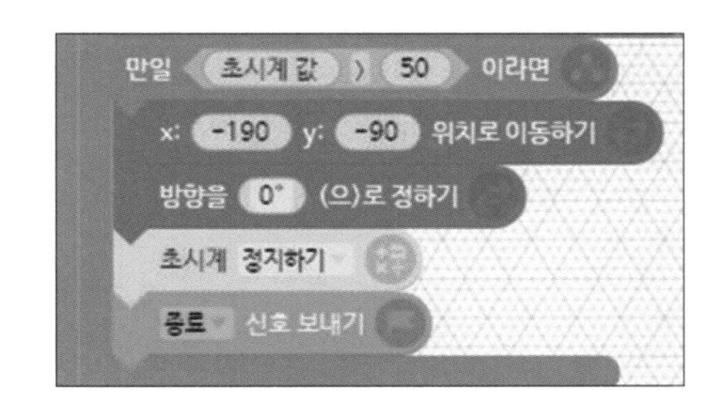

02 [오브젝트 목록]에서 만들어 놓은 'GAME OVER' 글상자를 선택하고, [코딩]창에 [블록]탭–[시작]에 있는 [종료 신호를 받았을 때] 블록을 삽입해 주세요. 목록에서 '종료'를 선택하고, [블록]탭–[생김새]에 있는 [모양 보이기] 블록을 연결하면 숨겨졌던 'GAME OVER' 글상자가 종료신호를 받은 후 화면에 보이게 됩니다.

제한시간을 초과한 '빨간 자동차'가 처음부터 다시 시작될 수 있도록 해 보세요.

위의 미션을 조금만 바꿔도 재미있는 게임을 만들 수 있어요. 'GAME OVER'를 '다시시작'으로 변경해, '다시시작'을 누르면 게임이 처음부터 다시 시작될 수 있도록 만들어 보세요.

장면 & 오브젝트목록 보기

설계순서 생각해 보기

순서대로 실행하기 생각 적어보기

• 추가해야 할 오브젝트와 그 오브젝트의 속성을 어떻게 변경해야 할까요?

생각 적기

• 실제 움직일 오브젝트는 무엇이며, 어떻게 움직여야 하나요?

생각 적기

• 오브젝트를 움직이기 위해 어떤 블록을 사용해야 하나요?

생각 적기

• 실행이 잘 되어 졌나요? 실행이 잘못되었다면 설계순서를 확인하여 어디에서 오류인지 수정해보세요. 어떤 부분을 수정했나요?

생각 적기

• 수정해서 더 좋은 프로그램이 되었나요? 다른 블록을 더 사용할 수는 없을까요? 사용할 수 있으면 직접 블록을 추가하고, 추가하지 못할 경우는 생각한 것을 적어보기만 합니다.

생각 적기

05 미로를 탈출해 배를 타자!

첫 번째 미션 배까지 가기 위한 길인 미로에서 길을 잃지 않도록 걸어 가는 길마다 표시하며 통과하세요!

● **완성파일 :** 5강1미션.ent

미션 성공 화면

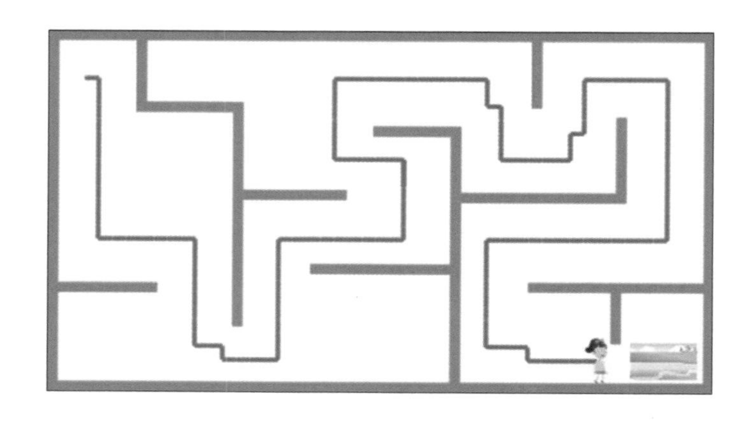

선을 그리며 미로의 끝에 있는 모래사장 그림으로 가면 선착장으로 이동할 수 있어요. 그런데 미로 벽에 닿으면 그려놓은 선들이 모두 지워지며 처음부터 다시 시작하게 됩니다. 미로 벽에 닿지 않도록 조심해서 움직이세요.

핵심 블록 힌트

블록	블록설명
그리기 시작하기	[블록]탭-[붓]에 있는 블록, 그림 그리기를 시작하는 블록입니다.
붓의 색을 (으)로 정하기	[블록]탭-[붓]에 있는 블록, 그림 그릴 색을 정할 수 있는 블록입니다.
붓의 굵기를 1 (으)로 정하기	[블록]탭-[붓]에 있는 블록, 붓의 굵기를 지정합니다.
그리기 멈추기	[블록]탭-[붓]에 있는 블록, 그리던 그림을 멈추도록 하는 블록입니다.
모든 붓 지우기	[블록]탭-[붓]에 있는 블록, 그려놓은 그림을 지우는 블록입니다.

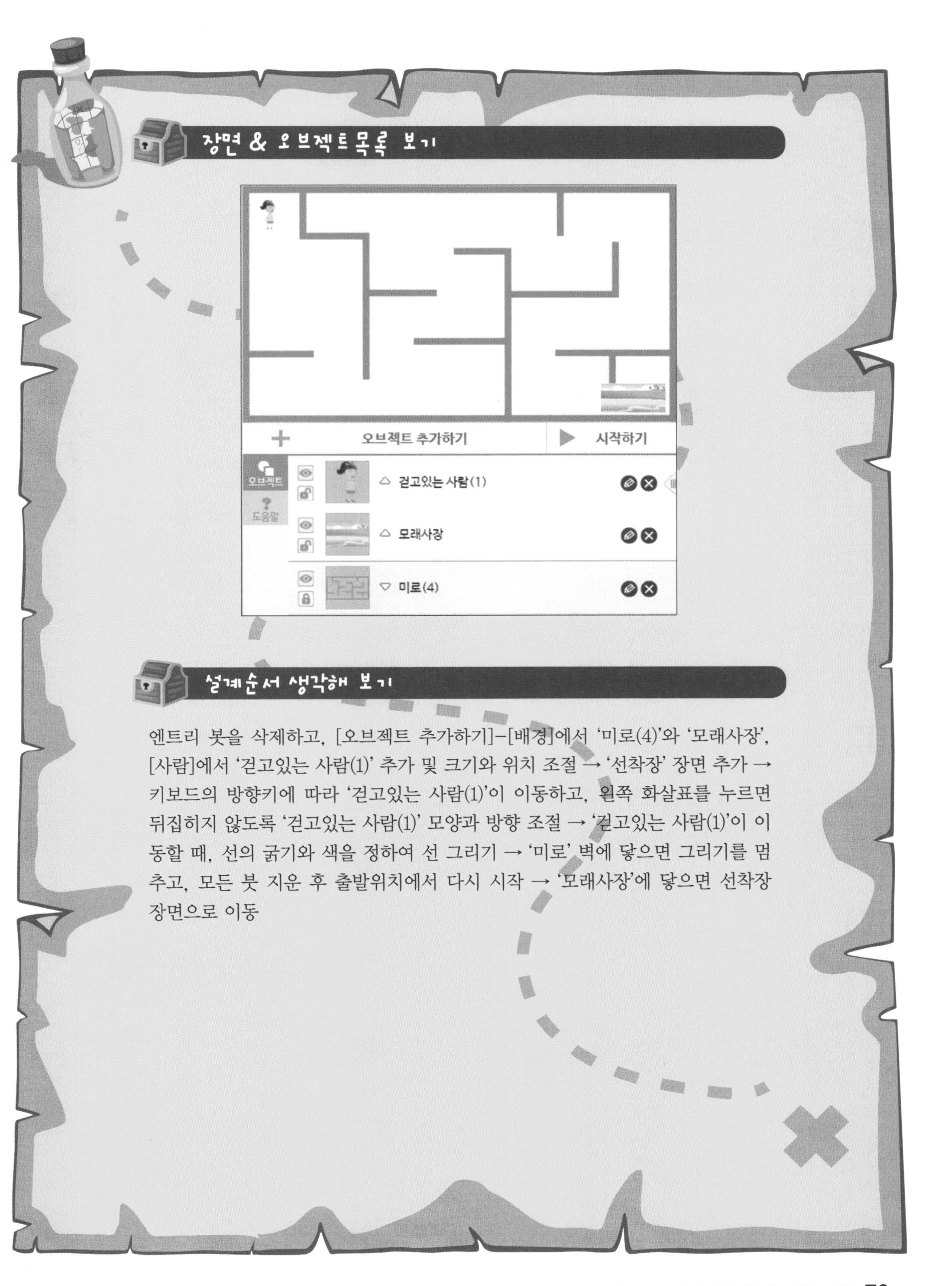

장면 & 오브젝트 목록 보기

설계순서 생각해 보기

엔트리 봇을 삭제하고, [오브젝트 추가하기]–[배경]에서 '미로(4)'와 '모래사장', [사람]에서 '걷고있는 사람(1)' 추가 및 크기와 위치 조절 → '선착장' 장면 추가 → 키보드의 방향키에 따라 '걷고있는 사람(1)'이 이동하고, 왼쪽 화살표를 누르면 뒤집히지 않도록 '걷고있는 사람(1)' 모양과 방향 조절 → '걷고있는 사람(1)'이 이동할 때, 선의 굵기와 색을 정하여 선 그리기 → '미로' 벽에 닿으면 그리기를 멈추고, 모든 붓 지운 후 출발위치에서 다시 시작 → '모래사장'에 닿으면 선착장 장면으로 이동

설계 순서대로 실행하기

순서를 적어 봤다면 설계 순서대로 실제 코딩을 해보도록 하겠습니다.

1 엔트리 봇 삭제 후, 오브젝트 추가 및 크기와 위치 조절하기

01 엔트리 봇은 삭제하고, [오브젝트 추가하기]-[배경]에서 '미로(4)'와 '모래사장'을, 그리고 [사람]에서 '걷고있는 사람(1)'을 선택하고 [적용하기] 버튼을 클릭합니다.

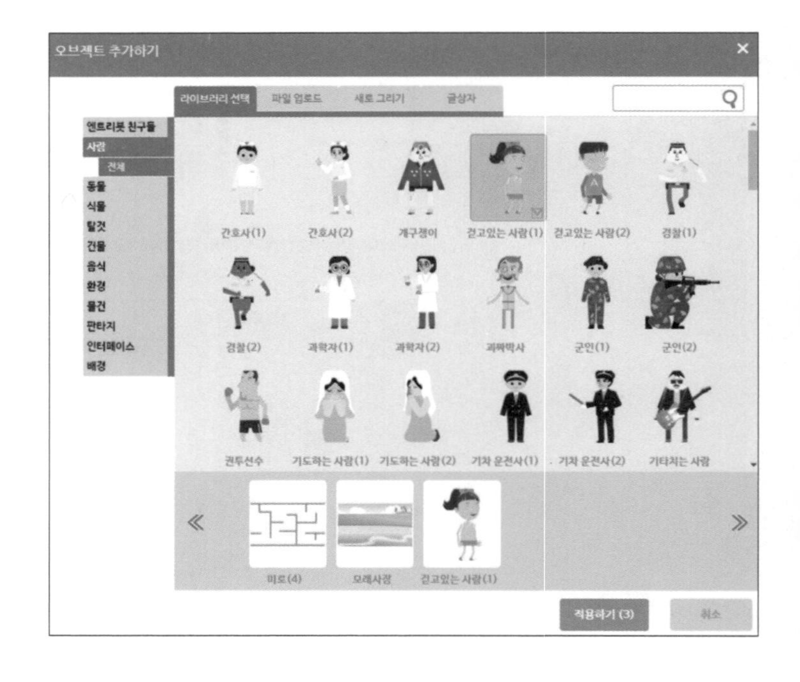

02 '걷고있는 사람(1)'은 '미로'에 부딪힐 경우 처음으로 돌아가도록 설정할 것이므로 미로에 닿지 않을 정도의 크기인 25 정도로 하고 '미로'의 맨 처음 위치에 놓아 주세요.

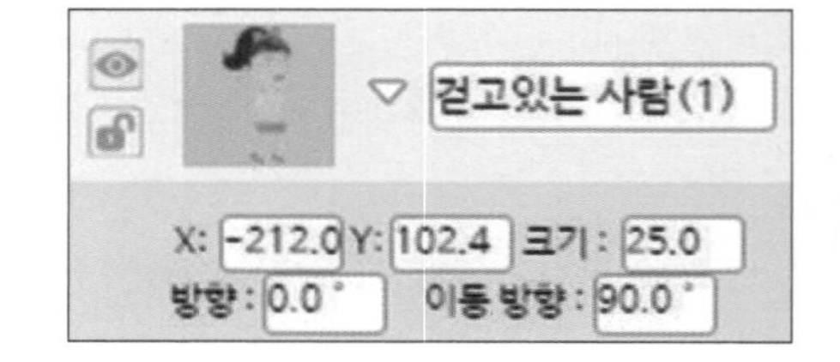

03 '모래사장'은 배경으로 설정되어 있어 크기를 조절하기 위해서는 자물쇠 모양을 풀어줘야 해요. 자물쇠 모양을 풀기 위해 [오브젝트 속성]창에서 잠긴 자물쇠를 클릭하여 풀린 자물쇠 모양으로 변경해 주세요.

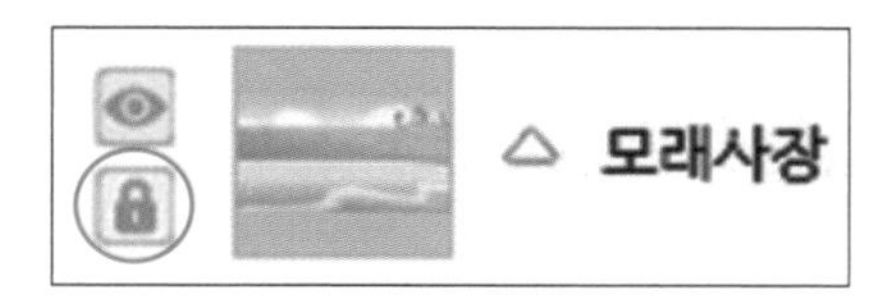

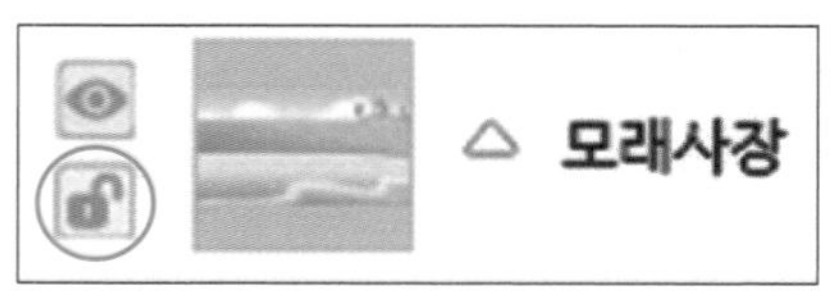

'모래사장'은 크기를 줄이고 미로의 끝에 위치시켜 다음 장면을 여는 열쇠로 사용합니다.

04 장면을 하나 더 추가하기 위해, 장면 옆에 있는 [+] 버튼을 클릭해 주세요. 그리고 이름을 '선착장'으로 정해주면 됩니다.

원리 이해하기

2강에서 배운 적이 있었던 장면 추가하기에요. 장면을 추가하면 새롭게 모든 것이 시작된다고 생각하면 됩니다. 그렇기 때문에 배경 및 이전 장면에서 사용하던 모든 오브젝트를 다시 추가하고, 크기 등을 조절해야 그대로 사용할 수 있어요.

2 왼쪽 방향키를 눌렀을 때 '걷고있는 사람(1)'이 뒤집히지 않도록 모양과 방향 정하기

01 '걷고있는 사람(1)'의 방향은 오른쪽을 향하고 있어요. 앞에서 이미 배웠듯, 왼쪽을 향하기 위해 방향을 회전하면 '걷고있는 사람(1)'은 위아래가 뒤집히게 돼요. '걷고있는 사람(1)'을 선택하고, [모양]탭에서 보이는 '걷고있는 사람(1)_1'을 복제하도록 합니다.

02 [모양]탭 모양 목록 중 가장 밑에 추가된 '걷고있는 사람(1)_5'의 방향을 왼쪽으로 향하게 하기 위해 옆에 보이는 [그리기] 창의 밑에 있는 [좌우 뒤집기] 버튼을 클릭해 주세요.

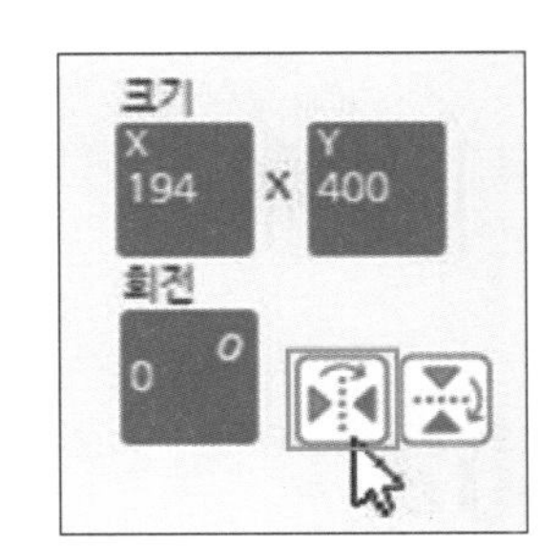

03 [좌우뒤집기] 버튼을 클릭하면 [그리기] 창에 '걷고있는 사람(1)_5'가 왼쪽을 향하고 있는 것을 확인할 수 있습니다.

04 [그리기]창–[파일]–[저장하기]를 클릭한 후 변경된 '걷고있는 사람(1)_5'의 모양이 반영된 것을 확인할 수 있어요.

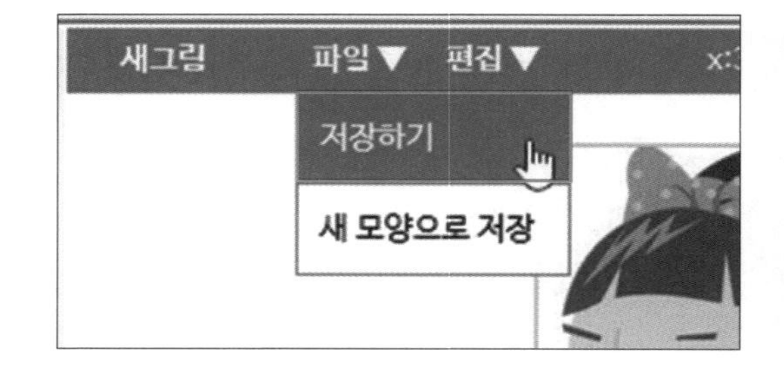

3 키보드의 방향키에 따라 '걷고있는 사람(1)' 이동하기

01 [모양]탭에서 '걷고있는 사람(1)_1'을 클릭한 후, 키보드의 방향키에 따라 이동하도록 하기 위해 블록을 설정합니다. 먼저 '걷고있는 사람(1)'을 선택하고, [블록]탭–[시작]에 있는 시작하기 버튼을 클릭했을 때 블록을 삽입해 주세요. 그리고 [블록]탭–[흐름]에 있는 '계속 반복하기' 블록을 연결해 주세요.

02 키보드 방향키가 눌러져 있는지 확인해야 하므로, [블록]탭–[흐름]에 있는 '만일 참 이라면' 조건블록을 '계속 반복하기' 블록 안에 삽입하고, [블록]탭–[판단]에 있는 q 키가 눌러져 있는가? 블록을 '참' 안에 삽입해 주세요. 그리고 'q'를 '오른쪽 화살표'로 변경해 주세요.

03 오른쪽 방향키가 눌려지면 모양이 항상 '걷고있는 사람(1)_1'이 되도록 [블록]탭-[생김새]에 있는 걷고있는 사람(1)_1 모양으로 바꾸기 블록을 조건블록 안에 삽입합니다.

04 화살표 키에 맞는 방향을 정하기 위해 [블록]탭-[움직임]에 있는 방향을 90° (으)로 정하기 블록을 모양 바꾸기 블록 아래 연결하여, 방향을 0도로 정해 주세요.

그리고, 방향키를 누르면 이동할 수 있도록 [블록]탭-[움직임]에 있는 이동 방향으로 10 만큼 움직이기 블록을 연결해 주세요.

05 '오른쪽 화살표' 조건 블록이 완성되었으니 '오른쪽 화살표' 조건블록을 [코드 복사 & 붙여넣기]를 하여 '오른쪽 화살표' 조건블록 아래에 연결해 주세요. 그리고 '오른쪽 화살표' 조건 블록을 '왼쪽 화살표'로 변경하고, 왼쪽을 눌렀을 때 '걷고있는 사람(1)'이 뒤집히지 않도록 '걷고있는 사람(1)_5'로 모양을 변경 해 주세요.

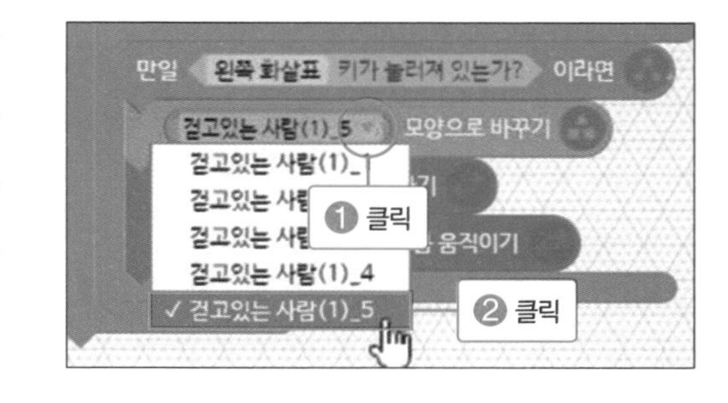

06 '걷고있는 사람(1)_5'의 모양이 이미 왼쪽을 향하고 있기 때문에 이동방향만 10을 -10으로 변경해 주세요.

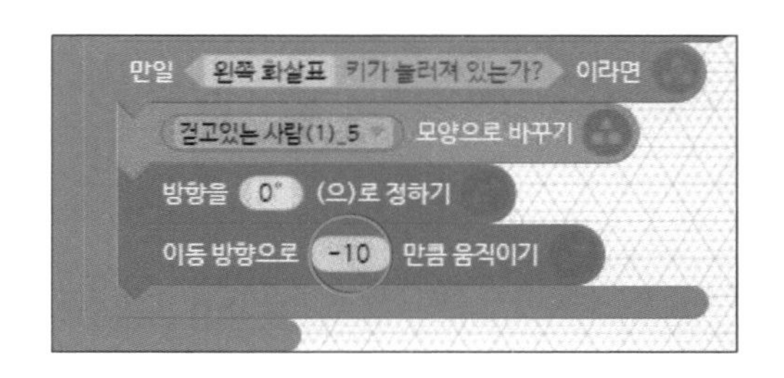

07 같은 방법으로 '위쪽 화살표'도 '오른쪽 화살표' 조건블록을 [코드 복사 & 붙여넣기]한 후, 같이 복사된 '왼쪽 화살표' 조건 블록을 휴지통에 버려주세요. 그리고 화살표 방향을 '위쪽 화살표'로 변경하고, 방향을 270도 또는 -90도로 변경해 주세요.

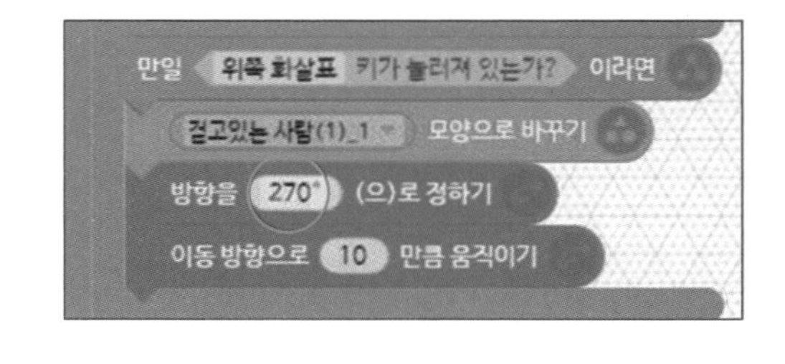

08 '아래쪽 화살표' 조건블록은 '위쪽 화살표' 조건블록을 [코드 복사 & 붙여넣기]하여 '위쪽 화살표' 방향을 '아래쪽 화살표'로 변경해 줍니다. 그리고 방향을 90도로 변경해 줍니다.

원리 이해하기

왼쪽 화살표를 제외한 다른 화살표에는, 모양을 '걷고있는 사람(1)_1'로 바꿔주는 블록을 삽입해야 해요. 왜냐하면, 왼쪽 화살표를 한 번이라도 누른다면, '걷고있는 사람(1)'의 모양이 '걷고있는 사람(1)_5로 변경되어 다른 화살표를 눌러도 계속 '걷고있는 사람(1)_5' 모양으로 적용되기 때문입니다.

4 '걷고있는 사람(1)'이 움직이면 선의 굵기와 색을 정하여 그리기

01 '걷고있는 사람(1)'이 키보드의 방향키에 따라 움직이면 선이 그려지도록 하기 위해서는 '계속 반복하기' 블록의 맨 위에 [블록]탭-[붓]에 있는 그리기 시작하기 블록이 들어가야 해요.

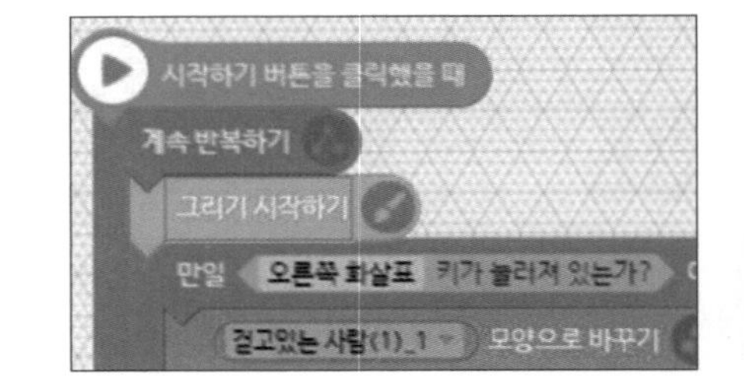

02 그리기가 시작되기 전에 선굵기를 조정하여, 정해놓은 굵기로 그리기를 하기 위해 [블록]탭-[붓]에 있는 붓의 굵기를 1 (으)로 정하기 블록을 그리기 시작하기 블록 위에 연결되도록 해 주세요. 그리고 1 부분에 있는 숫자를 바꾸면 원하는 굵기로 설정해 그리기를 할 수 있습니다.

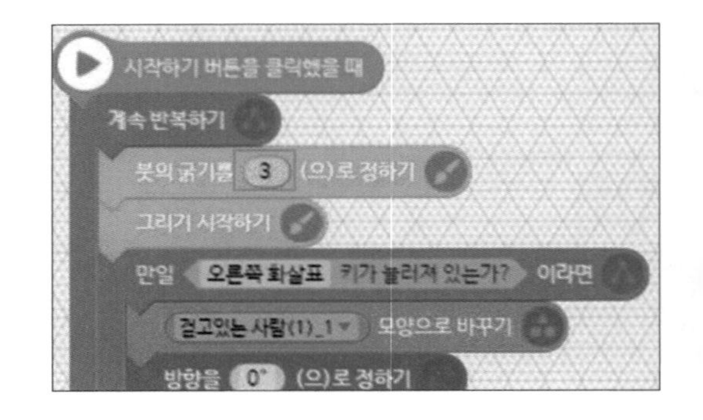

하나 더!

[블록]탭-[붓]에는 붓의 굵기를 1 (으)로 정하기 블록과 비슷하게 생긴 붓의 굵기를 1 만큼 바꾸기 블록도 있어요. 이 블록은 계속해서 붓의 굵기에 굵기 1씩 계속 더해주는 것이죠. 그래서 그리다 보면 처음에는 얇았던 선이 매우 두꺼운 선으로 변하게 되니 주의해 사용하도록 합니다.

03
선의 색을 조정하기 위해서는 [블록]탭-[붓]에 있는 붓의 색을 (으)로 정하기 블록을 그리기 시작하기 블록 위에 연결해 주세요. 역시 그리기가 시작되기 전에 붓의 색을 미리 정하기 위한 것입니다. 빨간색 사각형을 눌러 원하는 색으로 정할 수 있습니다.

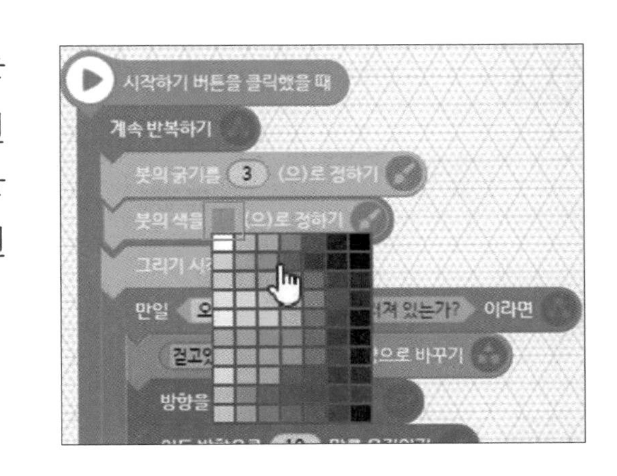

5 '미로' 벽에 닿으면 그리기를 멈추고 재시작하기

01
'걷고있는 사람(1)'이 '미로'에 닿으면 그리기를 멈추기 위해 '계속 반복하기' 블록 안에 [블록]탭-[흐름]에 있는 조건블록을 화살표 키 조건블록 밑에 연결합니다.

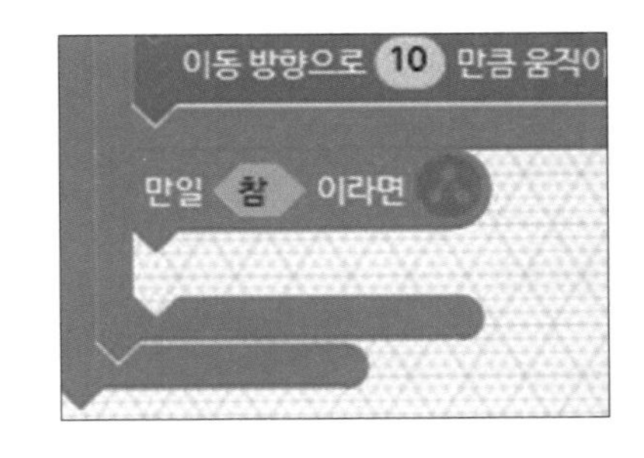

02
그리고 [블록]탭-[판단]에 있는 마우스포인터 에 닿았는가? 블록을 조건 블록의 '참' 안에 삽입한 후 목록에서 '마우스포인터'를 '미로(4)'로 변경해 주세요.

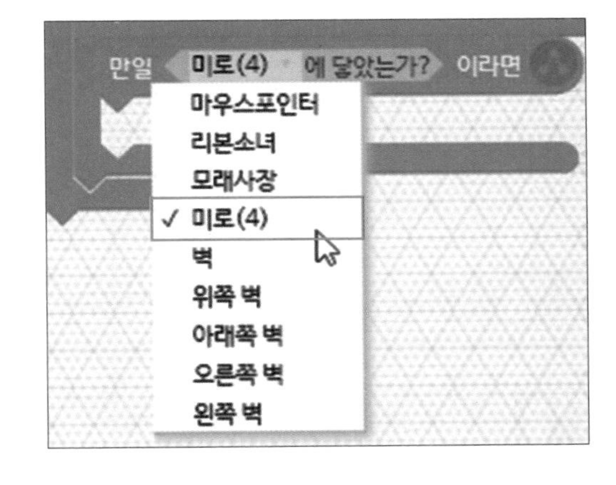

03
조건식의 값이 참일 경우 그리기를 멈추기 위해 [블록]탭-[붓]에 있는 그리기 멈추기 블록을 '미로(4)에 닿았는가?' 조건블록 안에 삽입해 주세요. 그리고 그려놓은 모든 그림도 지워야 하므로, [블록]탭-[붓]에 있는 모든 붓 지우기 블록을 연결합니다.

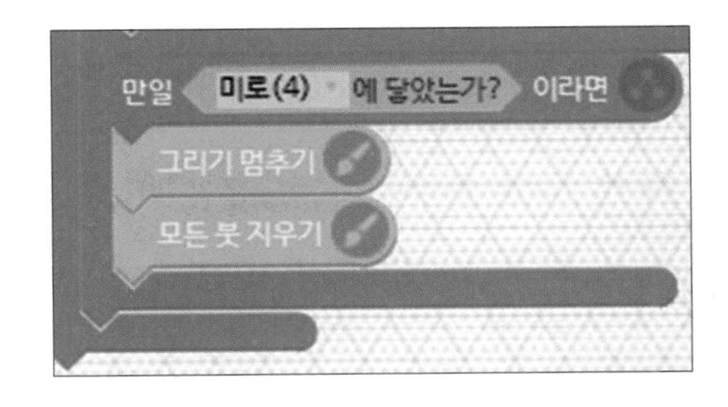

04 그리기를 모두 지웠으면, '걷고있는 사람(1)'을 출발지점으로 보내기 위해 [블록]탭–[움직임]에 있는 x: 0 y: 0 위치로 이동하기 블록을 삽입하고 x, y좌표 값에 출발지점의 값을 입력해 주세요.

05 이때 키보드의 방향키 중 어떤 방향키를 누르다가 '미로'벽에 닿게 될지 모르기 때문에 방향을 기본방향인 0도로 변경하고, '걷고있는 사람(1)'의 모양도 '걷고있는 사람(1)_1' 모양으로 바꾸는 것이 좋습니다.

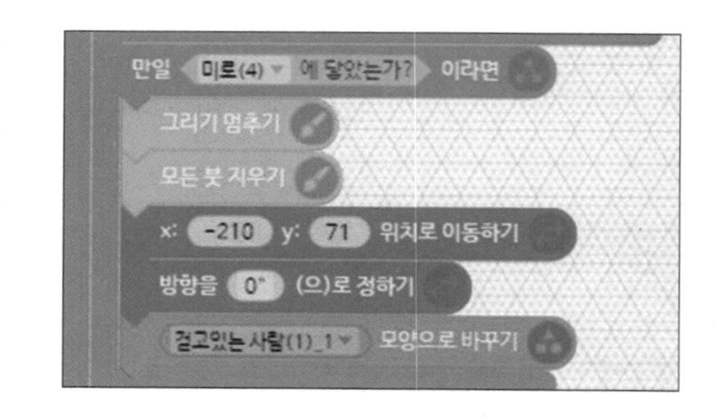

06 그리고 처음 위치로 돌아갔다면 멈췄던 그리기가 다시 시작할 수 있도록 [블록]탭–[붓]에 있는 그리기 시작하기 블록을 연결하여 그리기가 시작되도록 만들어 주세요.
혹시 '걷고 있는 사림(1)'이 계속해서 미로 벽에 닿는다면, 이동 방향으로 10 만큼 움직이기 의 10을 5로 바꿔주세요. 조금씩 움직이게 됩니다.

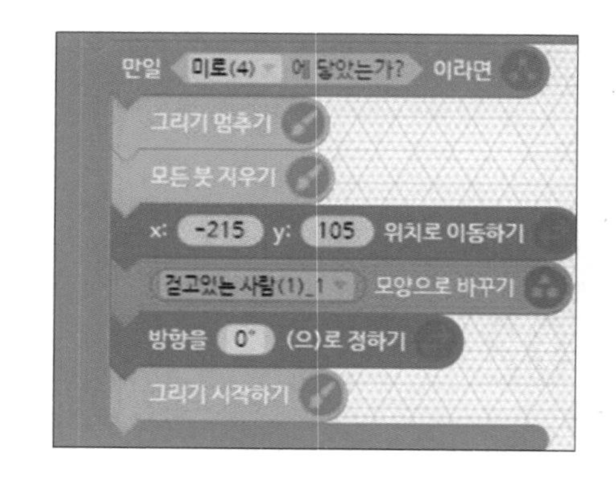

6 '모래사장'에 닿으면 '선착장 장면'으로 이동하기

01 '걷고있는 사람(1)'이 '모래사장'에 닿으면 선착장으로 이동하기 위해, '계속 반복하기' 블록 안에 [블록]탭–[흐름]에 있는 조건블록을 입력해 주세요.

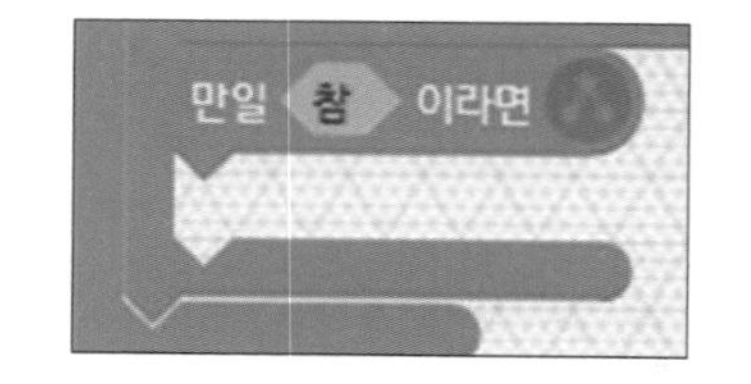

02 [블록]탭–[판단]에 있는 마우스포인터 에 닿았는가? 블록을 '참' 부분에 삽입하여 '마우스포인터'를 '모래사장'으로 변경하고, 조건식이 참일 경우 실행할 블록인 [블록]탭–[시작]에 있는 선착장 시작하기 블록을 삽입합니다.

하얀 도화지에 엔트리 랜드로 타고 갈 배를 그려보세요. 멋진 배가 나타납니다!

● **완성파일 :** 5강2미션.ent

미션 성공 화면

다양한 색깔과 붓의 굵기를 조절해서 우리가 타고 갈 배를 멋지게 그려보세요.

핵심 블록 힌트

블록	블록설명
오브젝트 클릭을 해제했을 때	[블록]탭-[시작]에 있는 블록, 오브젝트를 클릭하고 있다가 해제하면 연결되어 있는 블록이 실행됩니다.
처음부터 다시 실행하기	[블록]탭-[흐름]안에 있는 블록, 블록들의 제일 처음으로 돌아가서 다시 실행하도록 하는 블록입니다. 장면전환을 한 후에 사용했다면 연결되어 있는 첫 번째 장면으로 돌아가서 다시 시작합니다.
연필굵기 에 10 만큼 더하기	[블록]탭-[자료]안에 있는 블록, 변수를 만들어 정해놓은 값을 더하는 블록입니다.
연필굵기 값	[블록]탭-[자료]안에 있는 블록, 변수의 현재 값을 가지고 있는 블록입니다.
마우스 x 좌표	[블록]탭-[계산]안에 있는 블록, 마우스 포인터가 있는 곳의 x좌표값을 입력하는 블록입니다. 목록에서 x, y를 선택할 수 있습니다.

장면 & 오브젝트목록 보기

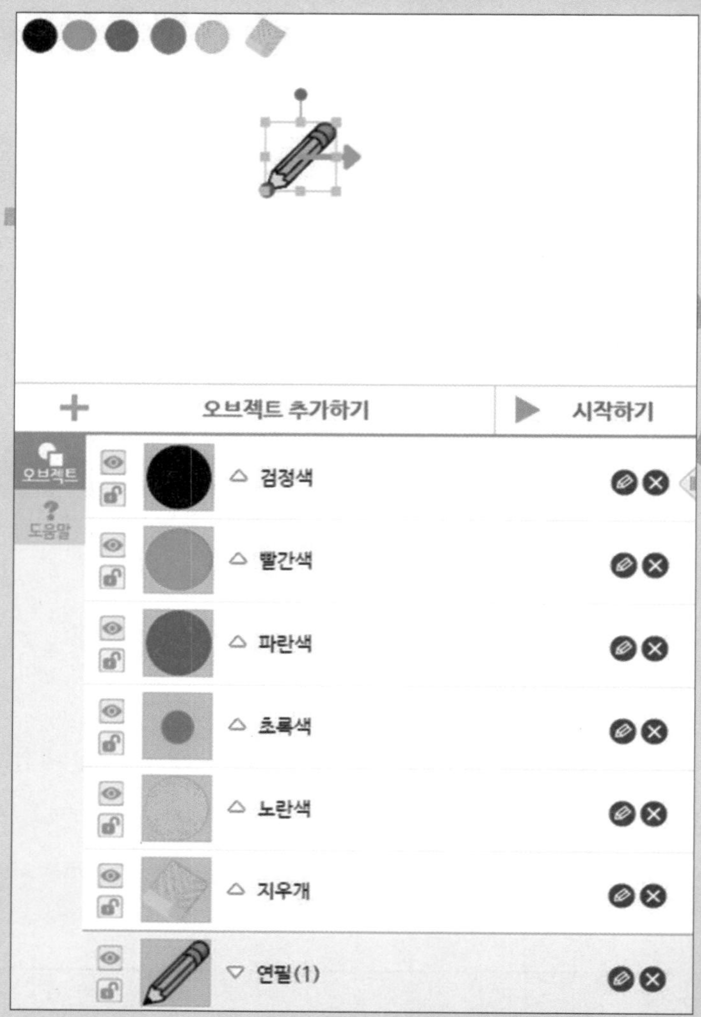

오브젝트 추가하기
시작하기
오브젝트
도움말
검정색
빨간색
파란색
초록색
노란색
지우개
연필(1)

설계순서 생각해 보기

엔트리 봇을 삭제 후 색을 표시할 '검은색', '빨간색', '파란색', '초록색', '노란색' 오브젝트 만들기 → [오브젝트 추가하기]-[물건]에서 '연필', '지우개' 추가, 연필의 중심축 이동 → 마우스포인터 대신 연필이 이동되도록 설정 → 연필색, 연필 굵기 변수 선언하기 → 각 색깔에 변수값 설정 → 특정키로 연필의 굵기 조절 → 화면을 클릭하면 연필을 이용해 그리기 시작하고 클릭을 해제하면 그리기 정지 → 색깔 오브젝트를 클릭하면 색깔에 맞는 연필색으로 변경 → 지우개를 클릭하면 그림을 모두 지우고 처음부터 다시 시작하기

설계 순서대로 실행하기

순서를 적어 봤다면 설계 순서대로 실제 코딩을 해보도록 하겠습니다.

1 사용할 오브젝트 추가 및 크기와 위치 설정하기

01 색깔 버튼을 만들어 그림 그릴 때 클릭한 색이 나오도록 할 것입니다. 먼저 '검은색' 오브젝트를 만들기 위해, [오브젝트 추가하기]를 눌러[새로 그리기]탭을 클릭합니다. [새로 그리기]탭을 클릭하면 [이동하기]와 [이동하지 않기] 버튼이 나타나는데 이때 [이동하기]를 클릭해야 [그리기] 창으로 이동할 수 있어요.

02 [그리기]창이 열리면 그리기 메뉴 중 원 모양을 선택해 주세요.

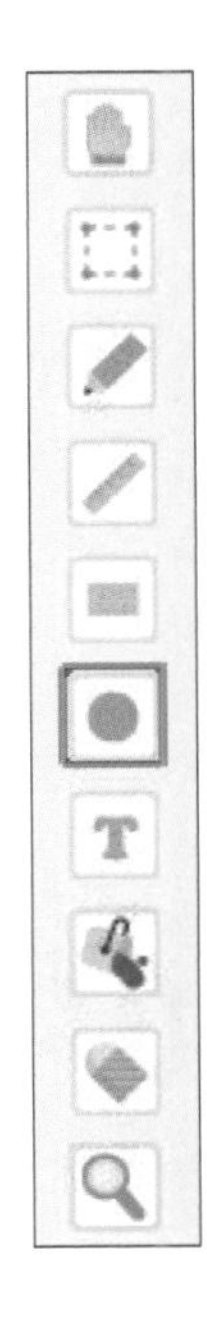

03 검은색 원을 그릴 것이므로 [그리기]창 맨 밑에 있는 바탕색과 테두리 색을 모두 검은색으로 선택해 주세요. 바탕색 부분을 클릭하면 테두리색이 뒤로 가면서 바탕색을 선택할 수 있게 되며, 테두리 색을 클릭하면 바탕색이 뒤로 가면서 테두리 색을 선택할 수 있어요.

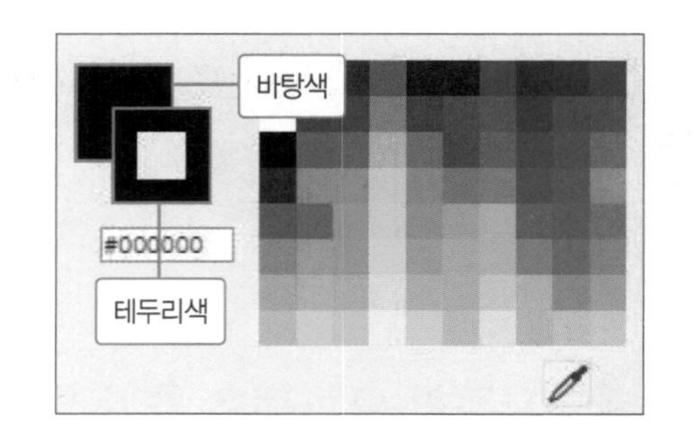

04 [그리기]창에 마우스로 클릭하여 아래로 드래그하면 원이 그려집니다.

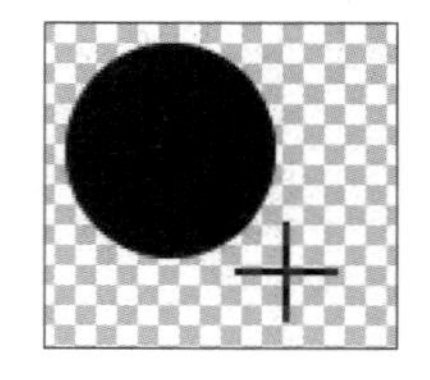

05 이때 [파일]–[저장하기]를 클릭하면 검은색 원이 저장됩니다. 같은 방법으로 '빨간색', '파란색', '초록색', '노란색'을 만들어 주세요. 색이 많으면 더 멋진 그림을 그릴 수 있어요.

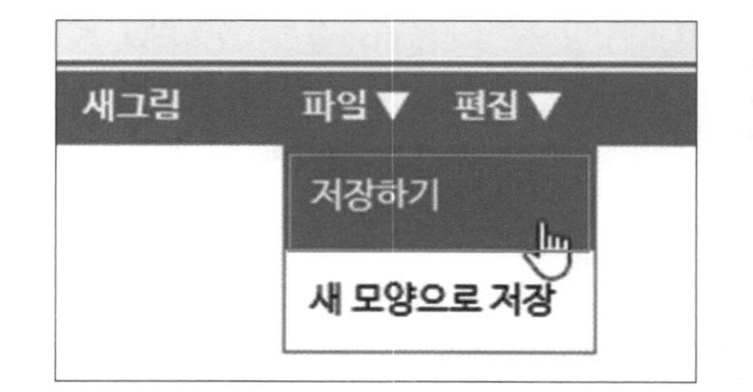

06 만들어진 색 버튼들은 움직이지 않도록 자물쇠가 잠긴 모양이에요. [오브젝트 속성]에서 잠긴 모양의 자물쇠를 열린 모양으로 모두 바꿔주세요.

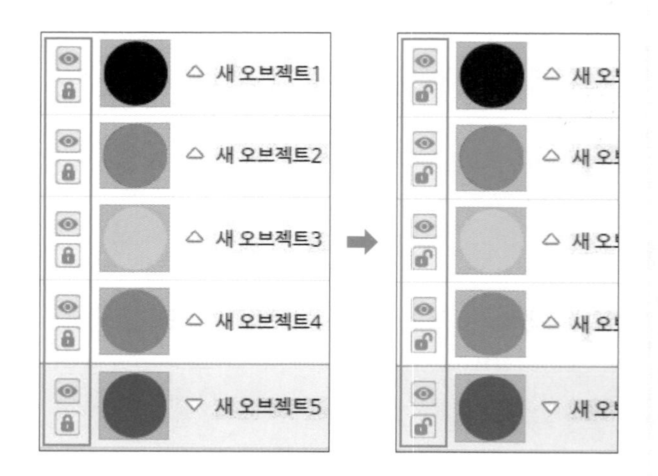

07 [오브젝트 속상]창에서 '새 오브젝트'라고 붙여진 색 버튼의 이름을 각각의 색에 맞게 수정하고, 화면에 알맞게 위치해 주세요.

2 [오브젝트 추가하기]에서 '연필'과 '지우개'를 추가하고, 연필의 중심축 이동하기

01 [오브젝트 추가하기]에서 [물건]에 있는 '연필(1)'과 '지우개'를 선택하고, [적용하기] 버튼을 클릭해 지우개를 알맞게 위치시켜 주세요.

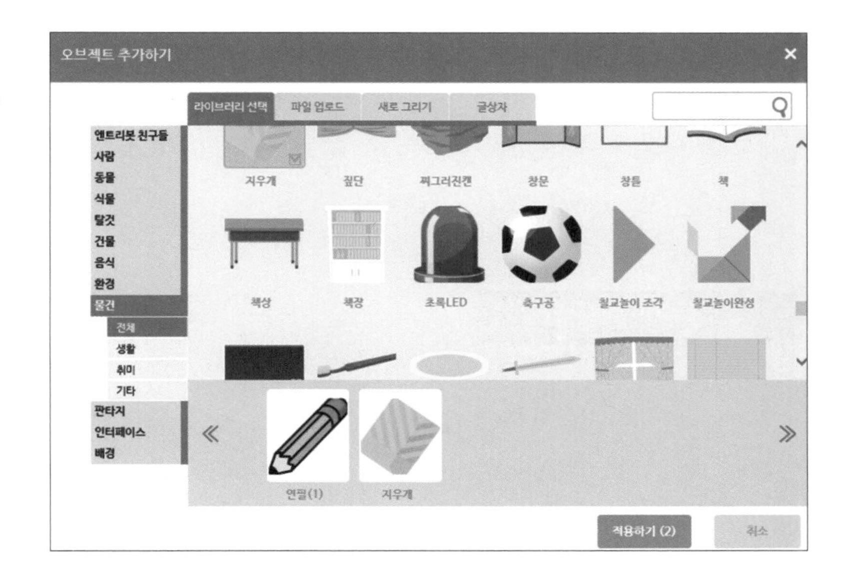

02 '연필(1)'의 중심이 가운데에 있기 때문에 중심축을 연필심 쪽으로 이동해야 연필이 그림을 그리는 것처럼 보일 수 있어요.

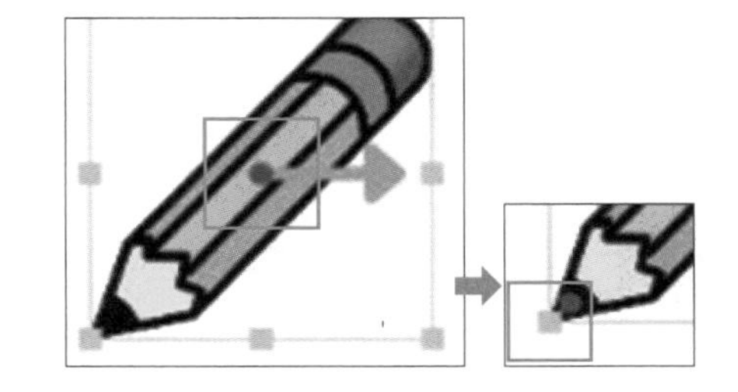

3 마우스포인터 대신 연필이 따라다니기

01 [시작하기] 버튼을 클릭하면 마우스 포인터가 아닌 추가해 놓은 '연필(1)'이 마우스를 계속 따라다니도록 설정하기 위해서 먼저 '연필(1)'을 선택하고 [블록]탭-[시작]에 있는 [시작하기 버튼을 클릭했을 때] 블록을 추가해 주세요. 그리고 [블록]탭-[흐름]에 있는 계속 반복하기를 연결해 주세요.

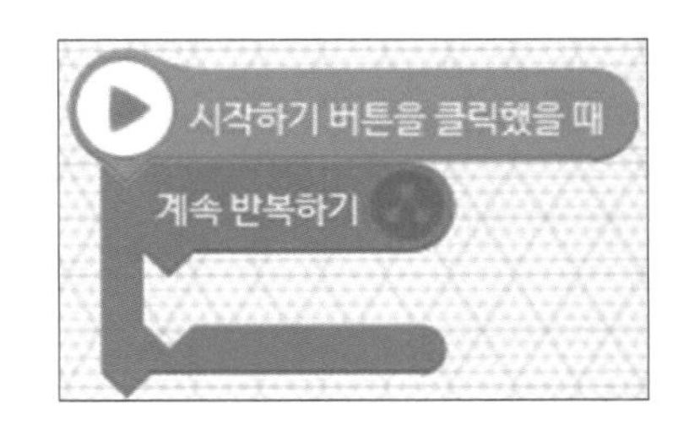

02 '연필'에 마우스 포인터의 좌표값을 입력받기 위해 '계속 반복하기' 블록 안에 [블록]탭-[움직임]에 있는 [x: 0 y: 0 위치로 이동하기] 블록을 삽입합니다.

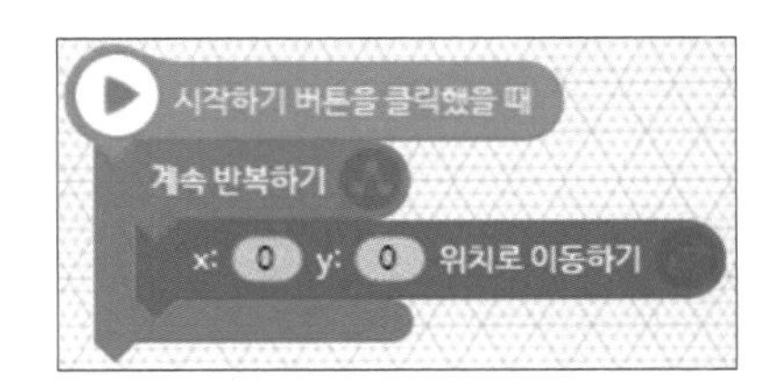

03 블록의 x: 0 부분에는 [블록]탭-[계산]에 있는 마우스 x 좌표 블록을 연결하여 마우스의 x좌표값을 입력받고, y: 0 부분에도 [블록]탭-[계산]에 있는 마우스 x 좌표 블록을 삽입하여, x를 y로 변경하여 마우스의 y좌표 값을 입력받습니다.

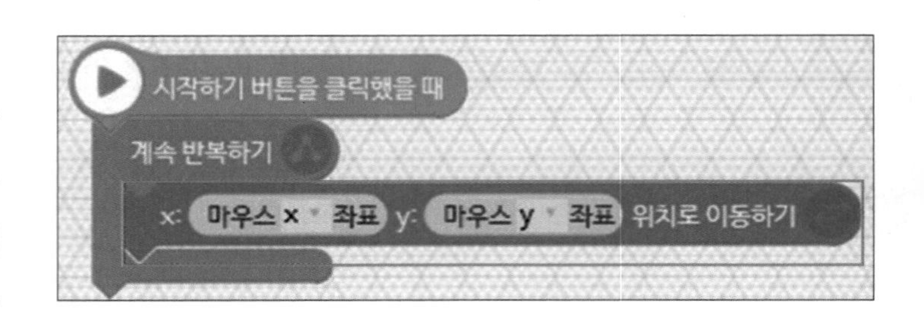

원리 이해하기

[시작하기] 버튼을 클릭하면 '연필(1)'이 마우스 포인터의 x, y좌표값을 입력받아 이동하도록 하는 것이에요. 이것은 '연필(1)'이 마우스 포인터의 역할을 하도록 하는 것입니다.

4 연필색과 연필굵기를 조절할 수 있는 변수 선언하기

01 각 색깔 오브젝트를 클릭했을 때 선택한 색으로 그림이 그려질 수 있도록 하기 위해 변수라는 것을 선언해서 사용할 것이에요.

02 [속성]탭을 클릭하면 변수, 신호, 리스트, 함수를 만들 수 있어요. 우리는 변수를 만들어야 하므로 [변수]-[+변수추가] 버튼을 클릭해 주세요.

03 입력란에 '연필색' 이라는 변수의 이름을 입력하고, '모든 오브젝트에서 사용'이 선택된 상태로 [확인] 버튼을 클릭해 주세요.

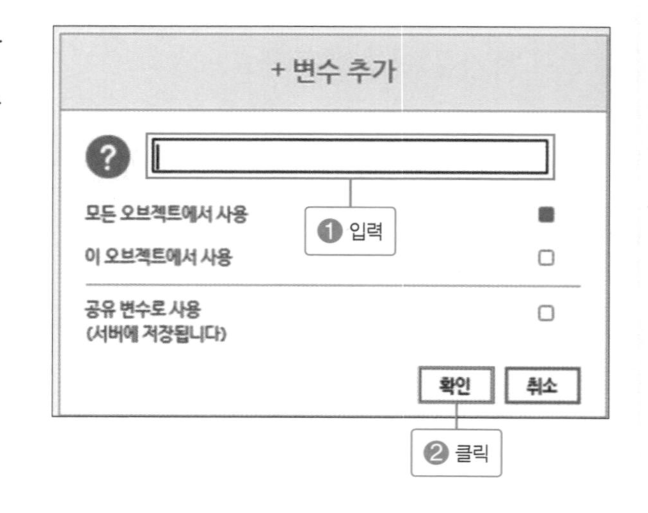

04 확인]을 클릭하면, 추가할 변수를 화면에 보이게 할 것인지와 기본값을 설정할 수 있는데, 우리는 변수를 보이지 않게 할 것이므로, 변수 보이기 부분을 클릭해 체크를 해제해 주세요. 변수의 기본값은 '0'으로 되어 있으며, 원하는 값으로 변경할 수 있어요.

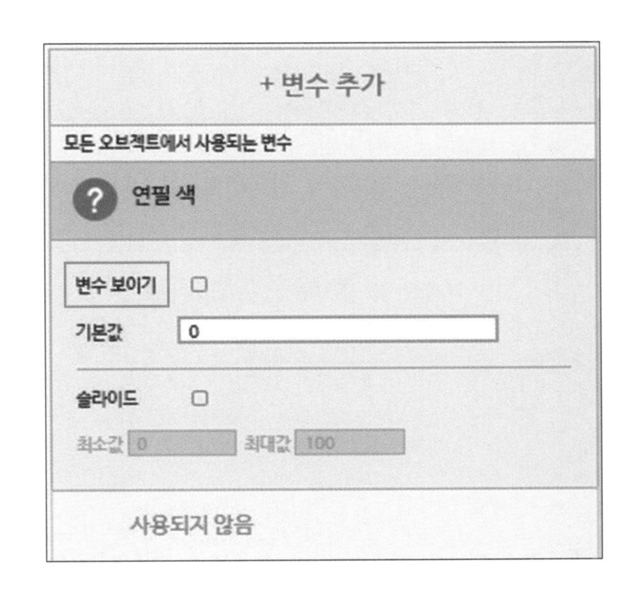

원리 이해하기

연필색을 변수로 선언한 이유는 각 색깔 오브젝트를 클릭했을 때 변수값을 이용해 클릭한 색의 값으로 연필의 색을 변경해 주기 위한 것입니다.

05 '연필 굵기'도 같은 방법으로 만들어 주고, 변수의 기본값을 1로 변경해 주세요. [속성]탭에서 변수 목록을 확인 할 수 있어요.

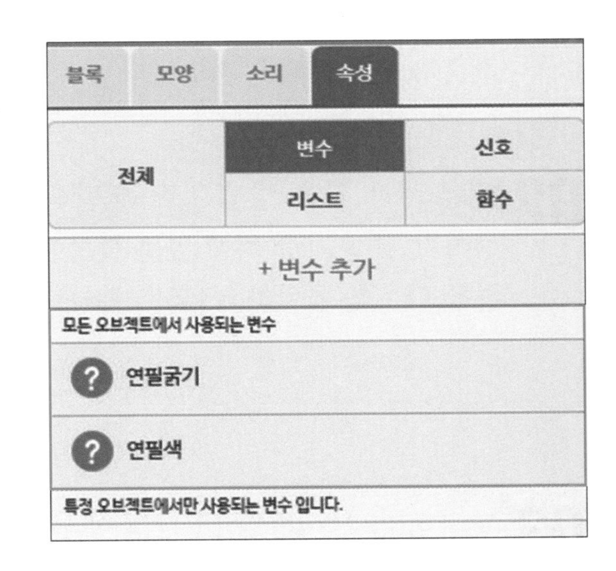

원리 이해하기

❶ 변수는 "변할 수 있는 여러 가지 수"를 뜻합니다.
코딩을 할 때 변수는 "변수를 선언한다."라고 표현합니다. 변수는 코딩을 하면서 기본값 대신 다른 값을 넣어줄 수 있도록 합니다. 우리 예제처럼, [붓의 굵기를 1 (으)로 정하기] 블록에 [연필굵기 값] 블록을 삽입하면, 현재 변수값을 바로 적용할수도 있고, 다른 값으로 변수를 변경

하면 변경된 값이 바로 적용될 수도 있어요.

❷ 변수 추가 화면에서 모든 오브젝트에서 사용 과 이 오브젝트에서 사용 이 있어요. 모든 오브젝트에서 사용 은 현재 추가되어 있는 모든 오브젝트에서 변수를 사용할 수 있도록 하는 것이고(전역변수에 해당함), 이 오브젝트에서 사용 은 특정 오브젝트에서만 변수를 사용하도록 제한(지역변수에 해당함)할 수 있는 메뉴에요.

5 각 색깔 오브젝트에 변수 값 넣기

01 각 색깔 오브젝트에 변수값을 정해 주기 위해 색깔 중 하나인 '검은색'을 선택하고, [블록]탭-[시작]에 있는 오브젝트를 클릭했을 때 블록을 삽입해 주세요. 변수를 선언했으므로, [블록]탭-[자료]에 연필색 값을 정할 수 있는 연필굵기 를 10 로 정하기 블록이 추가되어 있을 것이에요. 이 블록을 연결하고 '연필굵기'를 '연필색'으로 변경하여 10을 0으로 변경해 주세요. 이제 '검은색' 버튼의 변수 값은 0으로 정해진 것입니다.

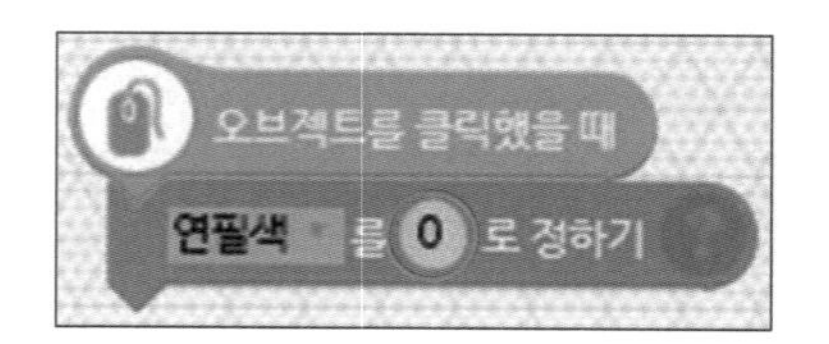

02 '검은색'과 같은 방법으로 '빨간색'의 변수값도 정하기 위해 가장 위에 있는 블록에서 마우스 오른쪽 단추를 클릭하고 [코드 복사]를 해 주세요.

03 '빨간색' 오브젝트의 [코딩창]에서 마우스 오른쪽 단추를 클릭하여 [붙여넣기] 한 후 연필색을 1로 변경해 주세요.

04 '빨간색'과 같은 방법으로 '파란색'도 [코드 복사], [붙여넣기]하고 연필색을 2로 정해 주세요.

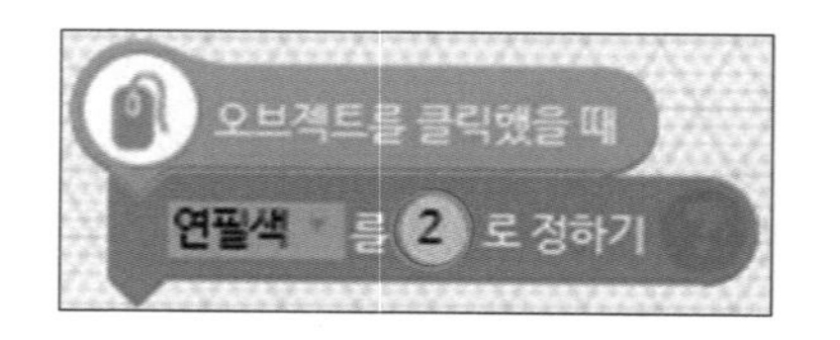

05 같은 방법으로 '초록색'도 [코드 복사], [붙여넣기] 한 후 연필색을 3으로 정합니다.

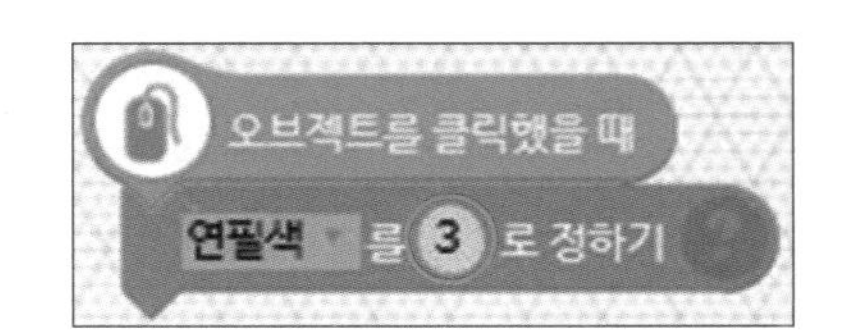

06 '노란색'도 같은 방법으로 [코드 복사], [붙여넣기] 한 후 연필색을 4로 정합니다.

원리 이해하기

연필색의 기본값은 0이에요. 색깔 오브젝트 중 '검은색'에 변수값을 0으로 설정했기 때문에 연필로 그림을 그리기 시작하면 기본적으로 검은색 그림이 그려지죠. 그러나, 각 색깔 오브젝트마다 연필색의 변수 값을 정해 놓았기 때문에 원하는 색깔을 클릭하면, 각 색깔마다 정해 놓은 변수 값이 연필색 변수 안에 적용되면서 변수의 값이 변하게 되며 연필색이 바뀌게 됩니다.

6 키보드의 특정키를 눌러 연필의 굵기를 조절하기

01 이번에는 키보드의 b와 s를 누르면 연필의 굵기가 굵어지게, 또 얇아지게 조절할 수 있도록 해 볼 것이에요. 먼저 '연필(1)'을 선택하고, [블록]탭–[시작]에 있는 [q 키를 눌렀을 때] 블록을 추가하여 'q' 키를 'b'로 변경해 주세요. 그리고 [블록]탭–[자료]에 있는 [연필굵기 에 10 만큼 더하기] 블록을 연결하여 10을 1로 바꿔 키보드에 b 키를 누를 때마다 연필 굵기에 1만큼 더해 주도록 해 주세요.

02 이번에는 연필의 굵기를 가늘게 하기 위해, 먼저 만들어 놓은 굵기 조절 블록에서 마우스 오른쪽 단추를 눌러 [코드 복사 & 붙여넣기]해 주세요.

03 붙여넣게 된 블록에서 'b'를 's'로 바꾸고, 연필 굵기를 1로 해 놓았던 것을 –1로 바꿔 연필굵기에 –1만큼 더해주도록 합니다

원리 이해하기

연필굵기 변수의 기본값은 1로 만들었어요. 즉 기본 굵기가 1인 것이죠. [연필굵기 에 10 만큼 더하기] 블록은 기본값인 1에 정해놓은 숫자만큼 더해 주는 블록으로 +값을 더해주면 연필의 굵기는 굵어지고, -값을 더해주면 연필의 굵기는 가늘어집니다.

7 연필을 클릭하면 연필 색과 굵기를 정하고 그림 그리기 시작하기

01 [시작하기] 버튼을 클릭하고, '연필(1)'을 드래그했을 때 그림이 그려지도록 하기 위해 '연필(1)'을 선택하고 [블록]탭-[시작]에 있는 [오브젝트를 클릭했을 때] 블록을 삽입해 주세요. 그림을 그리기 전에 연필의 굵기를 조정하기 위해 [블록]탭-[붓]에 있는 [붓의 굵기를 1 (으)로 정하기] 블록을 연결해 주세요. 굵기는 선언해 놓은 변수의 값이 들어가도록 [블록]탭-[자료]에 있는 [연필굵기 값] 블록을 [1]부분에 삽입해 주세요. 이제는 그림 그리기를 시작하기 위해 [블록]탭-[붓]에 있는 [그리기 시작하기] 블록을 연결합니다.

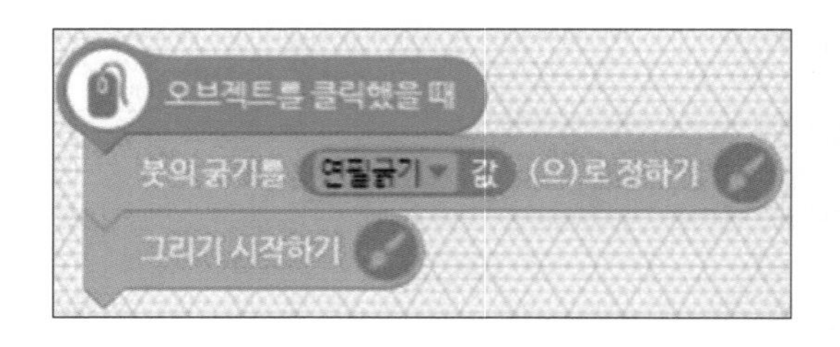

원리 이해하기

[붓의 굵기를 1 (으)로 정하기] 블록에 [연필굵기 값] 블록을 삽입하면, 현재 변수값을 바로 적용하는 것이기 때문에 다른 값으로 변수값을 변경하면 변경된 변수값이 바로 적용이 될 수 있어요.

02 이제는 각 색깔 오브젝트를 클릭하면 연필색을 변경하기 위해, 앞에서 만들어 놓은 블록사이에 [블록]탭-[흐름]에 있는 '만일 참이라면' 조건블록을 삽입해 주세요.

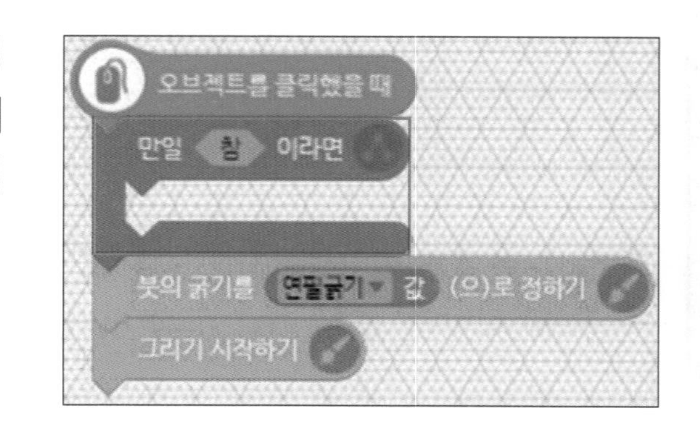

03 이제는 조건식을 만들기 위해, [블록]탭-[판단]에 (10 = 10) 블록을 (참) 부분에 삽입하고, [블록]탭-[자료]에 있는 (연필굵기 값) 블록을 앞쪽 (10) 안에 삽입해 주세요. 그리고 '연필굵기'를 '연필색'으로 변경한 후 뒤에 (10) 은 숫자 0으로 바꿔줍니다.

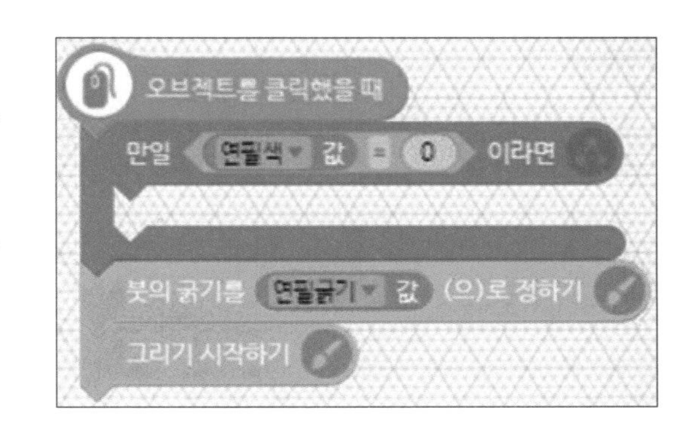

04 연필색의 값이 0과 같다면 붓의 색깔을 검은색으로 정해줘야 하기 때문에 [블록]탭-[붓]에 있는 (붓의 색을 (으)로 정하기) 블록을 삽입하고, 색을 검은색으로 변경해 주세요.

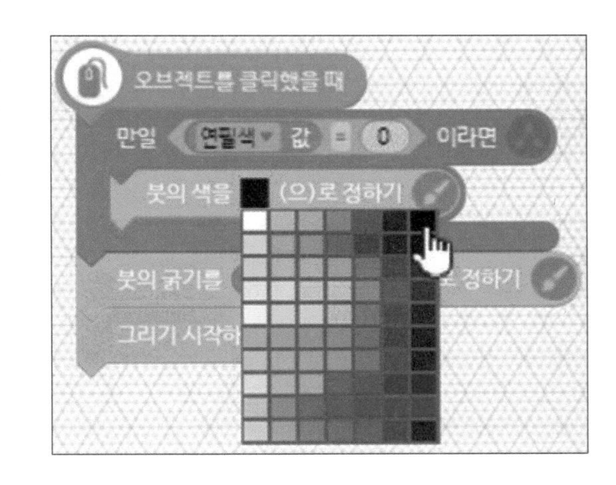

원리 이해하기

각 색깔 오브젝트 마다 변수값을 정해 놓았기 때문에 조건블록을 이용하여 연필색의 변수값에 맞는 색으로 정해줄 수 있어요. 검은색의 경우 변수값을 0으로 지정해 놓았기 때문에 '연필(1)' 오브젝트를 클릭했을 때 '연필색'의 변수값이 0이면 검은색으로 색깔 설정을 해주는 것입니다. 만약 '연필(1)'오브젝트를 사용하다가 다른 색을 클릭하면 그 색의 변수값을 '연필색' 변수에 넣고, 조건블록에서 같은 변수 번호값의 색을 찾게 되는 것입니다.

05 '검은색'에 대한 조건을 설정했으니, 조건 블록에서 마우스 오른쪽 단추를 눌러 [코드 복사 & 붙여넣기]합니다. 이때 '그리기 시작하기' 블록과 붓의 굵기를 정해주는 블록은 잠시 떼어놓고 해야 [코드 복사 & 붙여넣기]되지 않습니다.

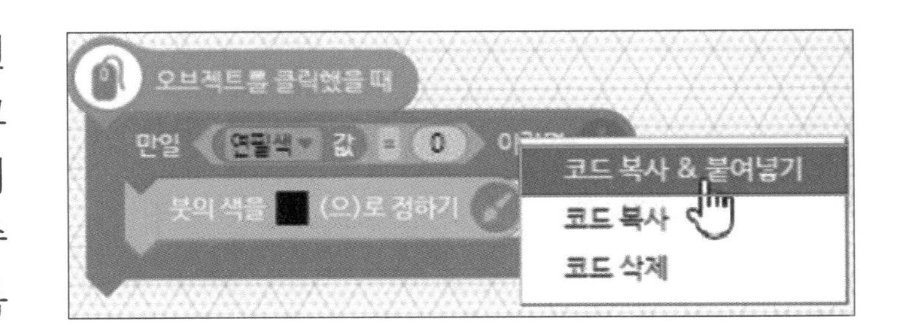

06 '빨간색'의 조건블록으로 변경하기 위해, '연필색 변수값이 1과 같다'로 표시하고, 붓의 색도 빨간색으로 변경해 주세요.

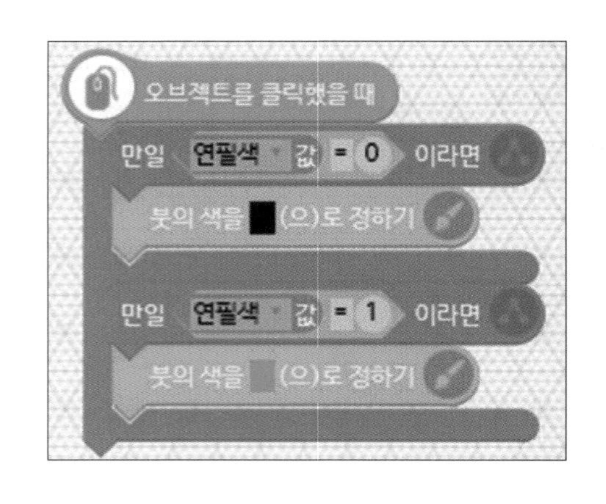

07 '파란색'=2, '초록색'=3, '노란색'=4로의 조건블록으로 변경하고, 붓의 색도 각각에 맞는 색으로 변경해 주세요.

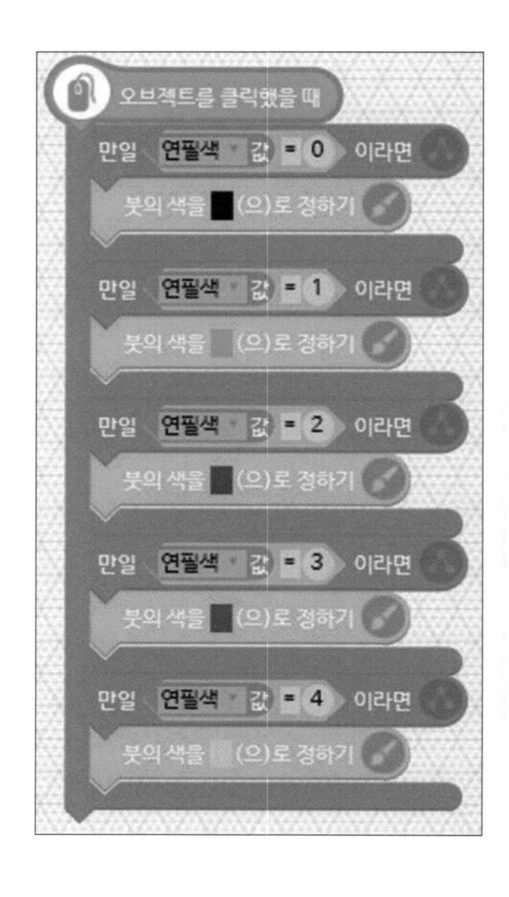

08 그리고 떼어놓았던 그리기 시작블록과, 붓 굵기를 정하는 블록을 조건블록 아래에 연결해 주세요.

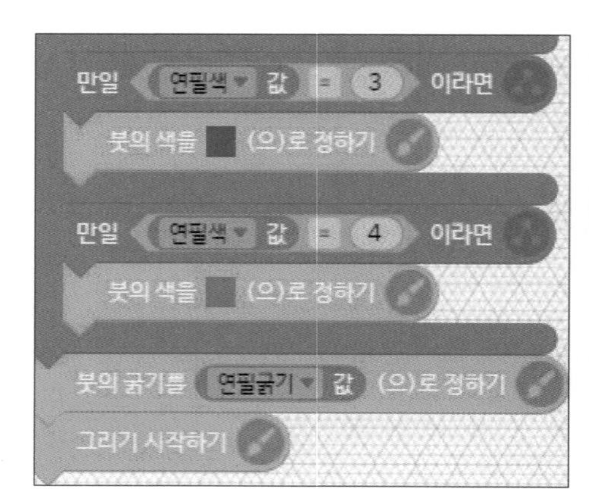

8 그림 그리기 해제 및 지우개 설정하기

01 이제는 '연필(1)'을 드래그하다 마우스에서 손을 떼면 그리기도 같이 멈추도록 하기 위해 [블록]탭-[시작]에 있는 오브젝트 클릭을 해제했을 때 블록을 다시 추가하고, [블록]탭-[붓]에 있는 그리기 멈추기 블록을 연결해 주세요.

원리 이해하기

오브젝트를 클릭했을 때 블록과 오브젝트 클릭을 해제했을 때 블록을 사용하면 실제로 그림을 그리는 듯한 효과를 낼 수 있어요. 연필을 도화지에 올려놓고 드래그하면 그림이 그려지고, 연필을 도화지에서 떼면 그림이 멈춰지듯 한 효과를 낼 수 있어요.

02 '지우개'를 클릭하면 모두 지우고, 처음부터 다시 실행되어야 하기 때문에 '지우개'를 선택하고, [블록]탭-[시작]에 있는 오브젝트를 클릭했을 때 블록을 삽입하고, [블록]탭-[흐름]에 있는 처음부터 다시 실행하기 블록을 연결하여 지우개를 누르면 모두 지우고 처음부터 다시 실행하도록 해 주세요.

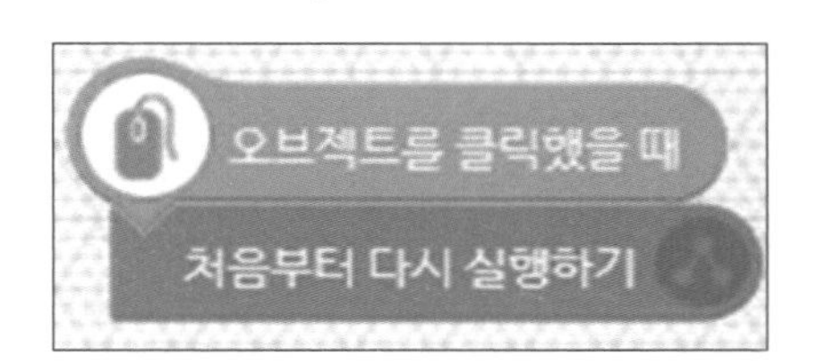

하나 더 !

프로그램을 실행해 보세요. 교재와 똑같이 했는데 색깔을 클릭했을 때, 색이 변하지 않는 경우가 있습니다. 이때는 [오브젝트 목록]에서 '연필'이 색깔들 위에 있는지 확인해 주세요.

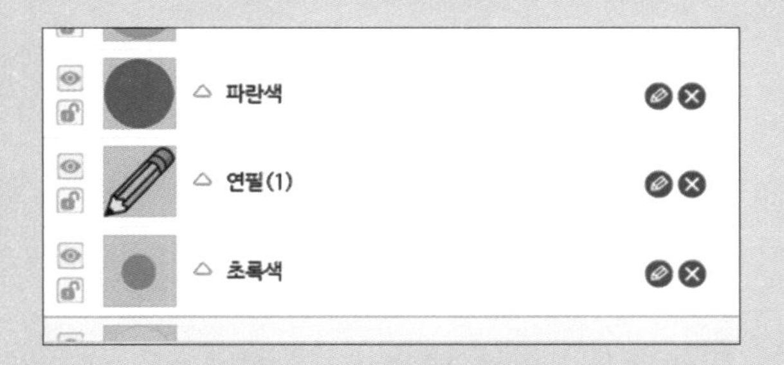

이런 경우 '연필' 아래에 있는 색으로는 변경되지 않아요. '연필'이 '초록색'이나, '노란색'보다 항상 위에 있기 때문에 '초록색'이나, '노란색' 오브젝트가 클릭되지 않는 것입니다.

연필은 [오브젝트 목록]에서 제일 밑으로 이동해 주면 모든 색깔을 사용할 수 있게 됩니다.

'엔트리봇'이 움직일 때마다 붓의 색깔과 굵기가 변하게 해 주세요

[블록]탭-[붓]에 있는 블록들을 활용하여 방향키에 따라 엔트리 봇이 그림을 그리게 해 주세요. 움직일 때마다 붓의 색깔과 굵기, 붓 색깔의 투명도를 조절해 보세요.

장면 & 오브젝트목록 보기

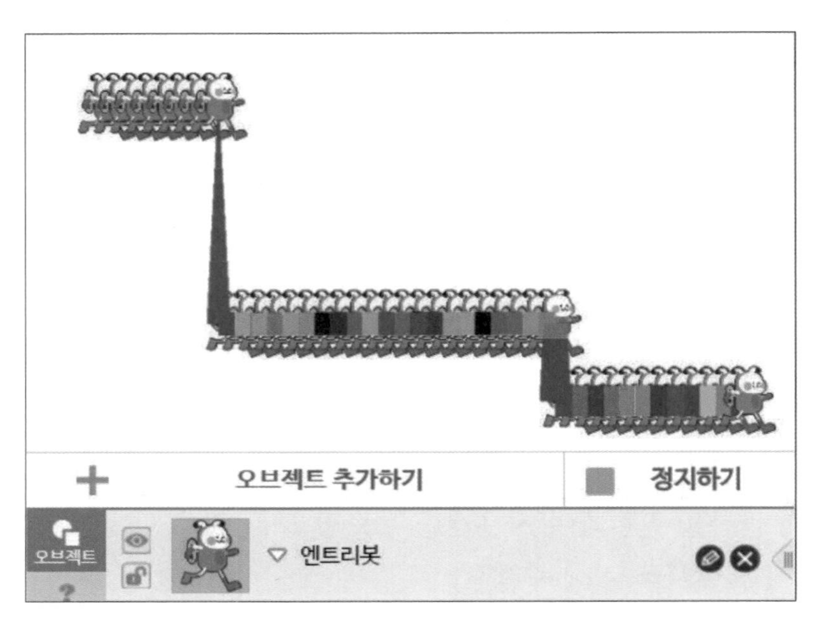

설계순서 생각해 보기

순서대로 실행하기 생각 적어보기

• 추가해야 할 오브젝트와 그 오브젝트의 속성을 어떻게 변경해야 할까요?

생각 적기

• 실제 움직일 오브젝트는 무엇이며, 어떻게 움직여야 하나요?

생각 적기

• 오브젝트를 움직이기 위해 어떤 블록을 사용해야 하나요?

생각 적기

• 실행이 잘 됐나요? 실행이 잘못되었다면 설계순서를 확인하여 어디에서 오류인지 수정해보세요. 어떤 부분을 수정했나요?

생각 적기

• 수정해서 더 좋은 프로그램이 되었나요? 다른 블록을 더 사용할 수는 없을까요? 사용할 수 있으면 직접 블록을 추가하고, 잘하지 못할 경우는 생각한 것을 적어봅니다.

생각 적기

악기를 연주해 봐요!

첫 번째 미션 엔트리 랜드로 출발하기 전 선착장에 놓여 있는 여러 가지 악기를 치며, 재미있는 시간을 보내요.

● **완성파일 :** 6강1미션.ent

미션 성공 화면

드럼에 각각 소리를 넣고, 드럼 소리에 맞춰 신나게 춤을 추도록 해 주세요.

핵심 블록 힌트

블록	블록설명
소리 대상없음 1 초 재생하기	[블록]탭-[소리]에 있는 블록, 설정한 소리를 정해놓은 시간(초) 동안 재생하는 블록입니다.
소리 대상없음 재생하기	[블록]탭-[소리]에 있는 블록, 설정한 소리를 재생하는 블록입니다.

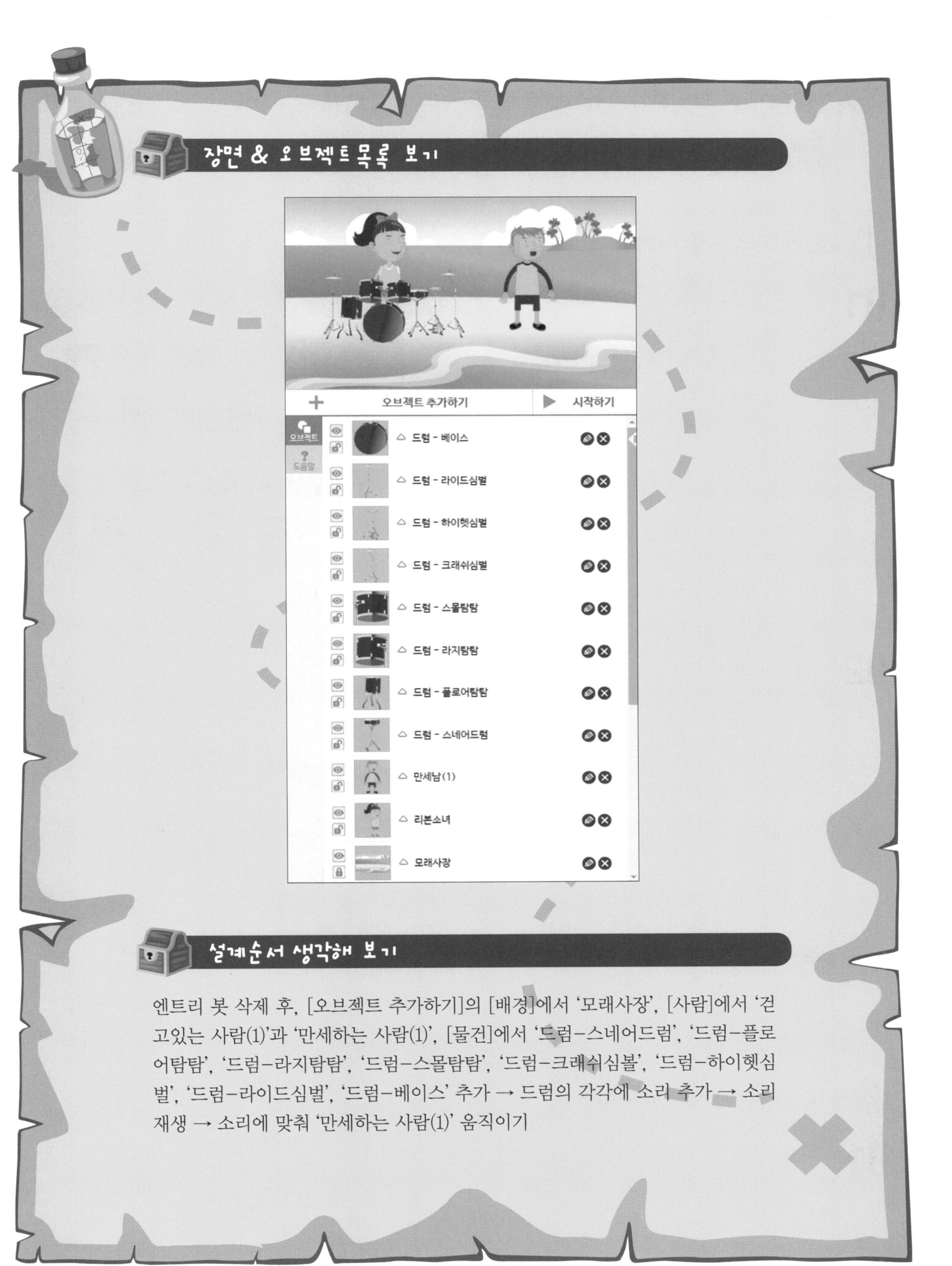

장면 & 오브젝트 목록 보기

설계순서 생각해 보기

엔트리 봇 삭제 후, [오브젝트 추가하기]의 [배경]에서 '모래사장', [사람]에서 '걷고있는 사람(1)'과 '만세하는 사람(1)', [물건]에서 '드럼–스네어드럼', '드럼–플로어탐탐', '드럼–라지탐탐', '드럼–스몰탐탐', '드럼–크래쉬심볼', '드럼–하이햇심벌', '드럼–라이드심벌', '드럼–베이스' 추가 → 드럼의 각각에 소리 추가 → 소리 재생 → 소리에 맞춰 '만세하는 사람(1)' 움직이기

설계 순서대로 실행하기

순서를 적어 봤다면 설계 순서대로 실제 코딩을 해보도록 하겠습니다.

1 오브젝트 추가 및 크기와 위치 조정하기

01 엔트리 봇을 삭제하고, [오브젝트 추가하기]를 클릭하여 [배경]에서 '모래사장', [사람]에서 '걷고있는 사람(1)'과 '만세하는 사람(1)', [물건]에서 '드럼-스네어드럼', '드럼-플로어탐탐', '드럼-라지탐탐', '드럼-스몰탐탐', '드럼-크래쉬심볼', '드럼-하이헷심벌', '드럼-라이드심벌', '드럼-베이스' 선택 후 [적용하기]를 클릭합니다.

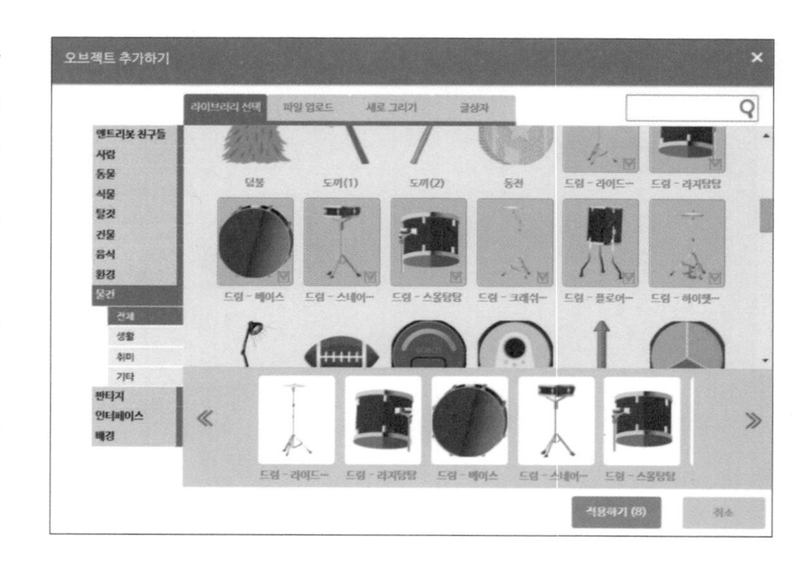

02 모든 오브젝트의 크기가 100으로 되어 나오므로, 크기를 조절해야 해요. 먼저 '드럼-베이스', '드럼-플로어탐탐', '드럼-스네어드럼'은 크기를 50으로 하고, '드럼-라이드심벌', '드럼-하이헷심벌', '드럼-크래쉬심벌'은 크기를 65, '드럼-스몰탐탐', '드럼-라지탐탐'의 크기는 35, '걷고있는 사람(1)'과 '만세하는 사람(1)'은 크기를 115로 만들어 각각의 자리에 위치해 주세요

2 드럼의 각각에 소리 추가하기

01 소리를 추가할 때 한꺼번에 추가하는 것이 아니라 각 오브젝트에 따로 소리를 추가해 줘야 해요. 먼저 [오브젝트 목록]에서 '드럼-베이스'를 선택하고, [소리]탭을 클릭하여 [소리 추가]버튼을 클릭해 주세요.

02 [소리선택]-[악기]-[드럼]을 클릭하여 '드럼 킥(둥)'을 선택하고 [적용하기]를 클릭합니다.

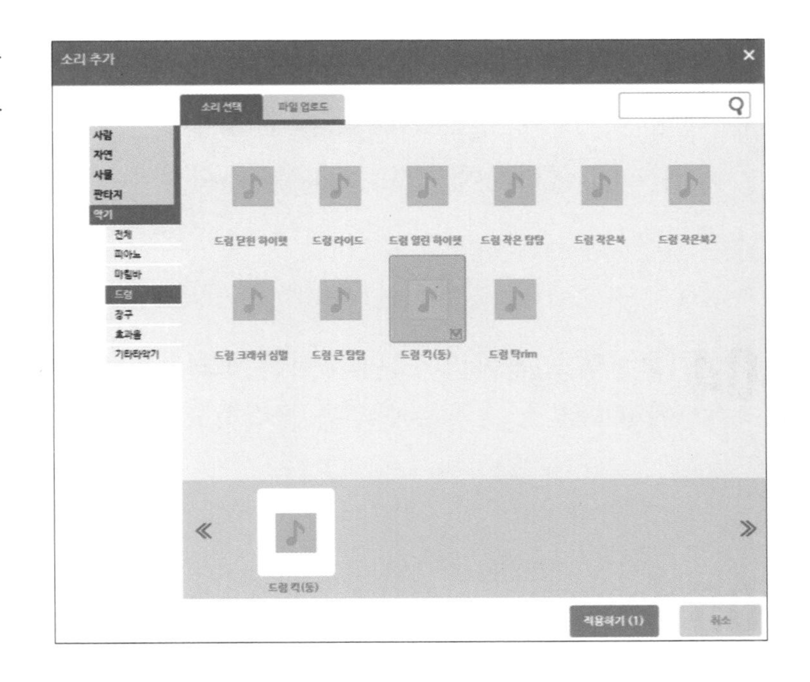

03 소리가 적용되면 [소리]탭에 적용된 소리의 목록이 나옵니다. 같은 방법으로 드럼의 각 오브젝트를 선택하여 소리 추가해 주세요. 드럼-라이드심벌 → 드럼라이드, 드럼-하이헷심벌 → 드럼열린하이헷, 닫힌 하이헷, 드럼-크래쉬심벌 → 드럼 크래쉬심벌, 드럼-스물탐탐 → 드럼작은탐탐, 드럼라지탐탐 → 드럼큰탐탐, 드럼-플로어탐탐 →드럼 작은북, 드럼-스네어드럼 → 드럼작은북2로 추가해 주세요.

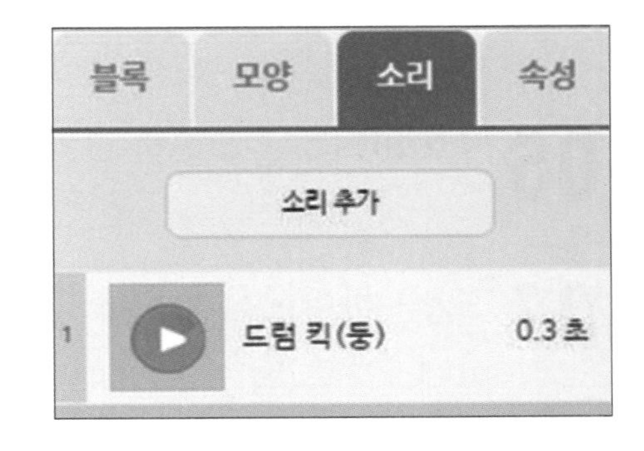

3 드럼 소리 재생하기

01 드럼의 각각에 소리를 추가했으면, [오브젝트 목록]에서 '드럼-베이스'를 선택하고 [블록]탭-[시작]에 있는 [오브젝트를 클릭했을 때] 블록을 [코딩] 창에 삽입해 주세요.

02 소리를 설정하기 위해 [블록]탭-[소리]에 있는 [소리 대상없음 1 초 재생하기] 블록을 연결하여 목록단추를 클릭하여 '드럼-킥(둥)'을 클릭해 주세요.

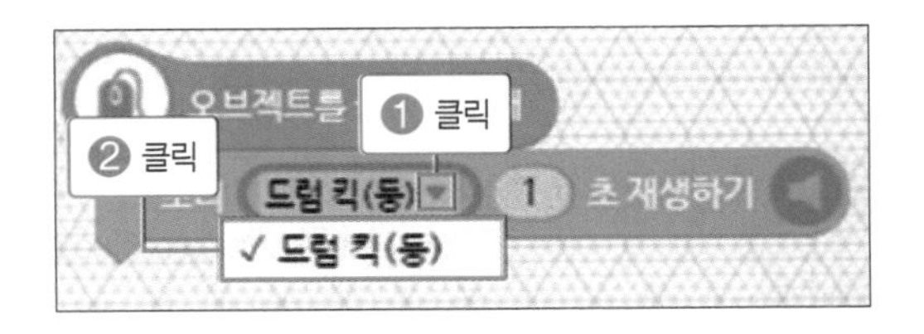

03 드럼의 다른 오브젝트들도 **02**번과 같은 블록을 사용할 것이므로 [오브젝트를 클릭했을 때] 블록에서 마우스 오른쪽 단추를 클릭하여 [코드 복사]를 클릭해 주세요.

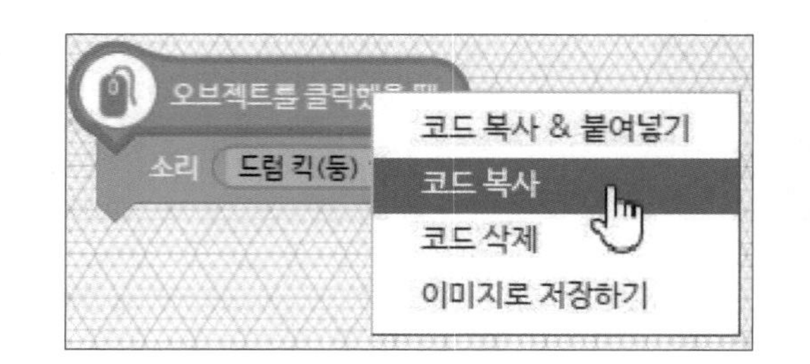

04 [오브젝트 목록]의 드럼의 다른 오브젝트를 하나씩 클릭하여 [코딩] 창에서 마우스 오른쪽 단추를 클릭하고 [붙여넣기]를 클릭해 주세요.

05 붙여넣기가 된 블록에서 목록단추를 클릭하여 미리 추가해 놓은 소리를 선택해 주세요.

06 같은 방법으로 드럼의 다른 오브젝트에 똑같이 [코드 복사]-[붙여넣기]하고 소리를 설정해 주세요.

07 '드럼-하이햇심벌'은 소리가 두 개이므로, 두 소리 사이에 [블록]탭-[흐름]에 있는 [2 초 기다리기] 블록을 삽입하여 2초를 0.1초로 변경하고 약간의 시간간격을 두도록 합니다.

4 키보드로 드럼 소리 재생하기

01 지금까지는 마우스로 드럼의 각 오브젝트를 클릭했을 때 소리가 나도록 했었지만, 키보드의 키를 눌렀을 때도 소리가 나도록 할 수 있어요. [오브젝트 목록]에 있는 드럼 오브젝트 중 하나인 '드럼-베이스'를 선택한 후 [코딩]창에 [블록]탭-[시작]에 있는 [q 키를 눌렀을 때] 블록을 삽입하고, 키를 'q'로 놓도록 합니다.(원하는 키를 설정해도 되요.)

02 미리 만들어 놓은 '오브젝트를 클릭했을 때' 블록에 있는 소리블록에서 마우스 오른쪽 단추를 클릭해 [코드 복사 & 붙여넣기]해 주세요.

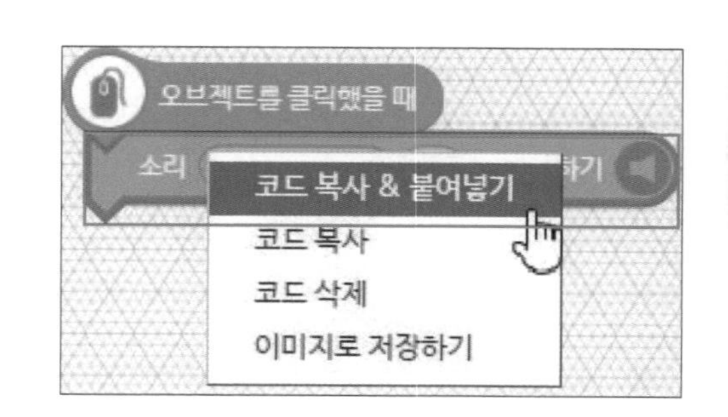

03 소리 블록이 하나 [붙여넣기] 되면, 추가해 놓은 블록에 연결하여 q 키를 눌렀을 때도 소리가 나도록 해 주세요.

04 같은 방법으로 [오브젝트 목록]의 드럼 오브젝트들을 각각 선택하여 q, w, e, r, t, f, d, s 순으로 키보드의 키를 설정하고, 소리를 설정해 주세요.

모두 설정했으면, 연주를 해 봅니다.
(쿵쿵따다 쿵쿵따다 두두두두 다다다다 도도도도 창~)
s, s, e, q s, s, e, q t, t, t, t f, f, f, f d, d, d, d rwq

5 소리에 맞춰 '만세하는 사람(1)' 움직이기

01 '만세하는 사람(1)'을 드럼소리에 맞춰 춤추는 것처럼 만들기 위해 '만세하는 사람(1)'을 선택하고 [블록]탭-[시작]에 있는 블록을 삽입하여 'q'를 '위쪽 화살표'로 변경하고, [블록]탭-[생김새]에 있는 블록을 연결합니다. 모양을 '만세하는 사람(1)_1'에서 '만세하는 사람(1)_2'로 변경하여 위쪽 화살표를 누르면 손을 위로 향하도록 모양을 바꿔주세요.

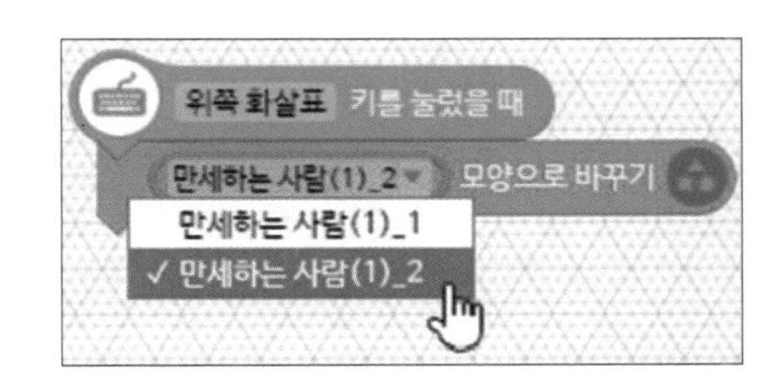

02 이번에는 손을 든 상태로 좌우로 움직이도록 하기 위해 [블록]탭-[움직임]에 있는 블록을 삽입하여 5만큼 움직이도록 해 주세요.
그리고 [블록]탭-[흐름]에 있는 블록을 삽입하여 0.2초로 변경하고, 다시 블록을 삽입하여 -5만큼 움직이도록 해줍니다.

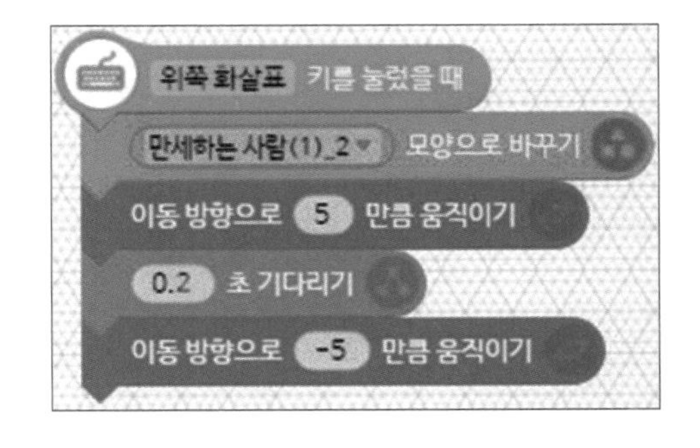

03 아래쪽 화살표를 누르면 손을 아래로 내리고 좌우로 움직이도록 하기 위해, '위쪽화살표 키를 눌렀을 때' 블록을 [코드 복사 & 붙여넣기] 한 후 '위쪽 화살표' 키를 '아래쪽 화살표'로 변경하고, 모양을 '만세하는 사람(1)_2'에서 '만세하는 사람(1)_1' 모양으로 변경해 주세요.

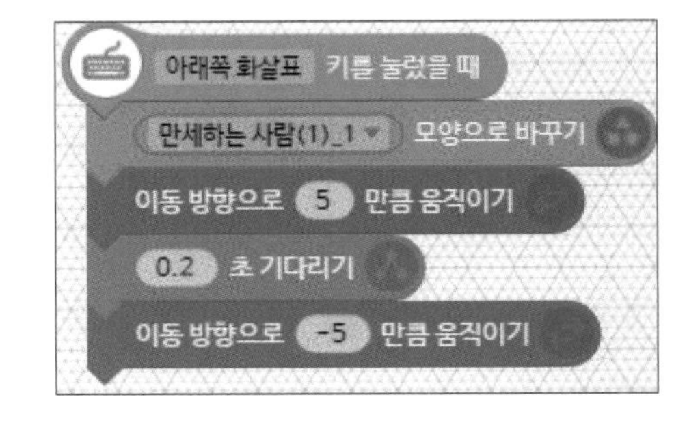

베경화면을 움직여 배가 출항하기 전에 숲 속을 산책해 보세요.

● **완성파일** : 6강2미션.ent

미션 성공 화면

핵심 블록 힌트

블록	블록설명
걸고있는 사람(1) ▾ 의 x 좌푯값 ▾	[블록]탭–[계산]에 있는 블록, 오브젝트의 x, y좌표값 및 방향, 이동방향, 크기, 모양번호, 모양이름을 가지고 있습니다.
x: 10 위치로 이동하기	[블록]탭–[움직임에 있는 블록, x좌표의 정해놓은 위치로 이동하도록 합니다.
x 좌표를 10 만큼 바꾸기	[블록]탭–[움직임에 있는 블록, x좌표의값을 정해놓은 값 만큼 바꿔줍니다.
10 = 10	[블록]탭–[판단]에 있는 블록, 앞의 값과 뒤의 값이 같다는 조건을 표시하는 블록입니다.
다음 ▾ 모양으로 바꾸기	[블록]탭–[생김새]에 있는 블록, [모양]탭의 목록에 있는 모양들 중 현재 모양의 다음 모양으로 변경해 주는 블록입니다.

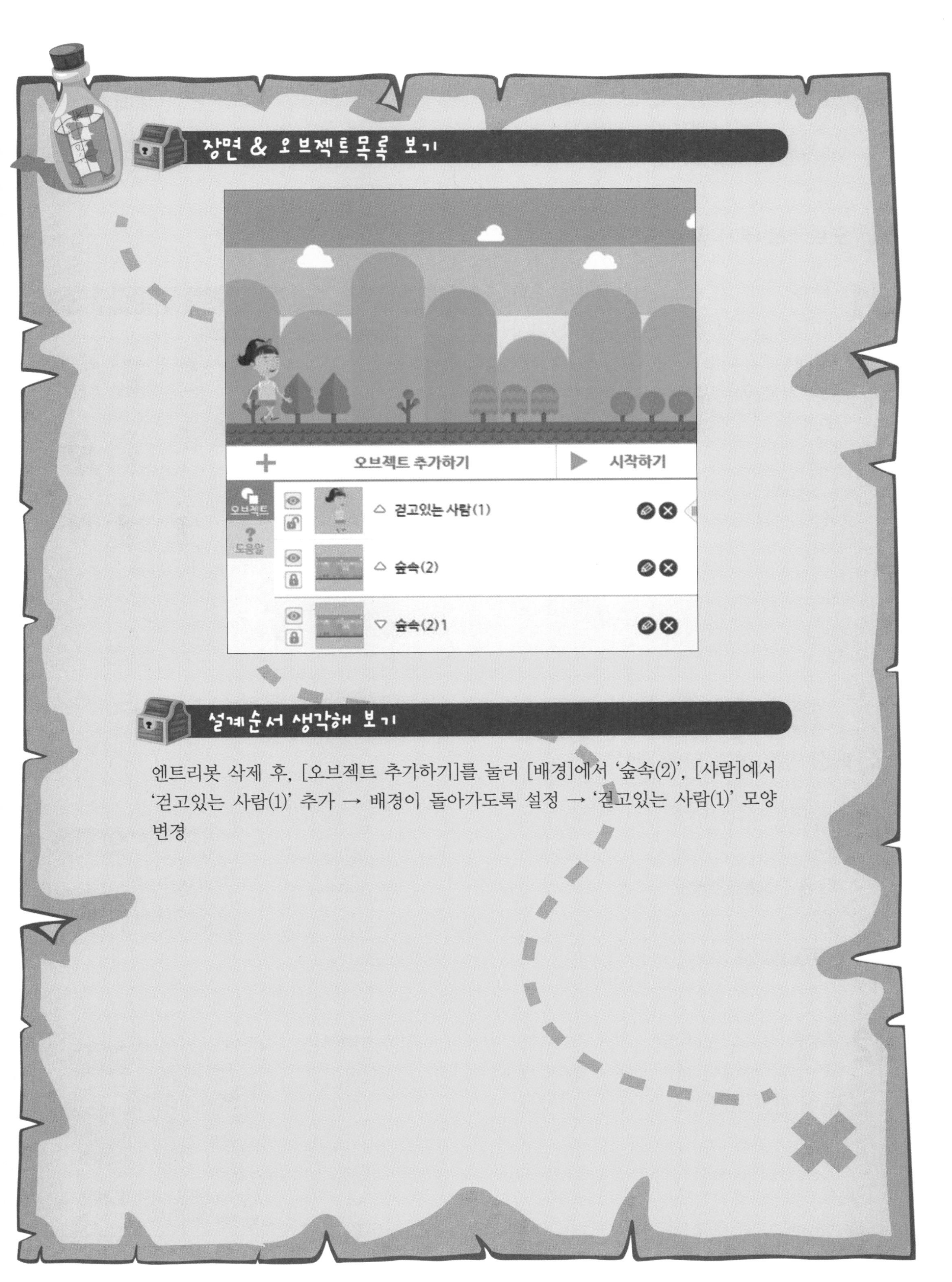

장면 & 오브젝트목록 보기

설계순서 생각해 보기

엔트리봇 삭제 후, [오브젝트 추가하기]를 눌러 [배경]에서 '숲속(2)', [사람]에서 '걷고있는 사람(1)' 추가 → 배경이 돌아가도록 설정 → '걷고있는 사람(1)' 모양 변경

설계 순서대로 실행하기

순서를 적어 봤다면 설계 순서대로 실제 코딩을 해보도록 하겠습니다.

1 오브젝트 추가 및 설정하기

01 엔트리 봇을 삭제하고, [오브젝트 추가하기]를 눌러 [배경]에서 '숲속(2)', [사람]에서 '걷고있는 사람(1)' 을 추가하고, '걷고있는 사람(1)'의 위치를 잡아 주세요.

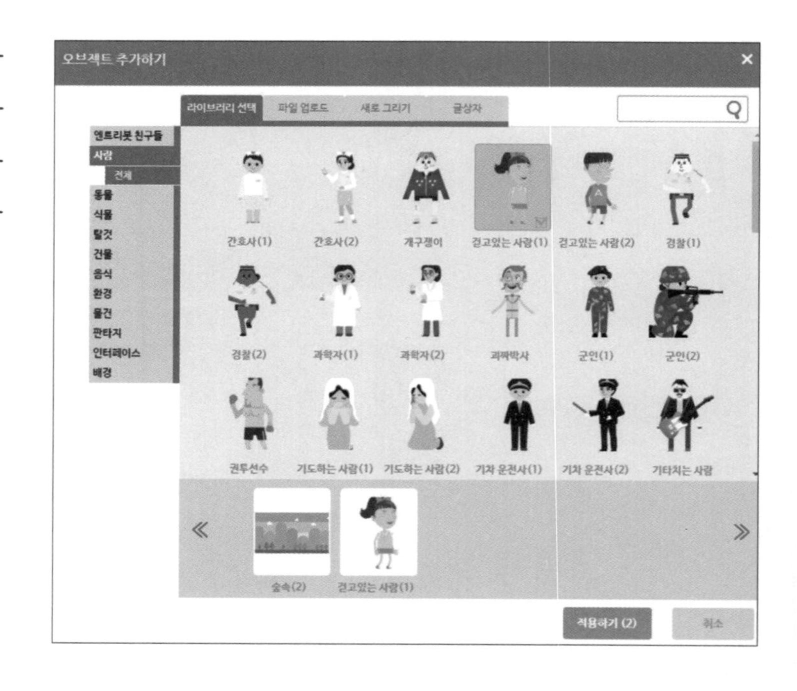

2 배경 반복 이동 및 복제하기

01 '걷고있는 사람(1)'이 계속 움직이는 것처럼 표현하기 위해 배경을 움직이도록 할 것이에요. 먼저 '숲속(2)'를 선택하고 [블록]탭-[시작]에 (시작하기 버튼을 클릭했을 때) 블록을 추가해 주세요. 그리고 [블록]탭-[흐름]에 있는 '계속 반복하기'를 연결한 후 [블록]탭-[움직임]에 있는 (x 좌표를 10 만큼 바꾸기) 블록을 추가하여 10을 -5로 값을 변경해 줍니다.

02 실행을 해 보면, 배경이 왼쪽으로 한번 이동하고 사라져버리는데 이때, 배경이 다시 나오도록 설정하기 위해, [블록]탭-[흐름]에 있는 조건 블록을 삽입해 주세요.

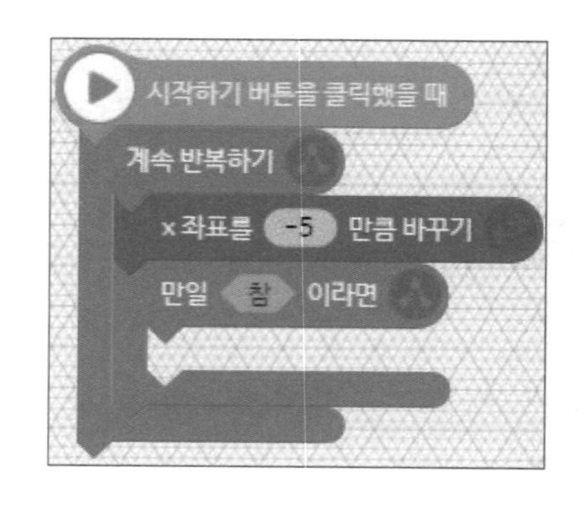

03

조건식을 만들기 위해, [블록]탭-[판단]에 있는 10 = 10 블록을 참 부분에 삽입해 주세요. 그리고 [블록]탭-[계산]에 있는 걷고있는 사람(1) 의 x 좌푯값 블록을 앞쪽 10 부분에 삽입하고, '걷고있는 사람(1)'을 '숲속(2)'로 변경한 후 뒤쪽 10 부분을 -480으로 변경해 주세요.

04

조건식을 만들었으면, 조건식의 값이 참일 때 실행할 블록인 [블록]탭-[움직임]에 있는 x: 10 위치로 이동하기 블록을 삽입하여 값을 480으로 변경합니다.

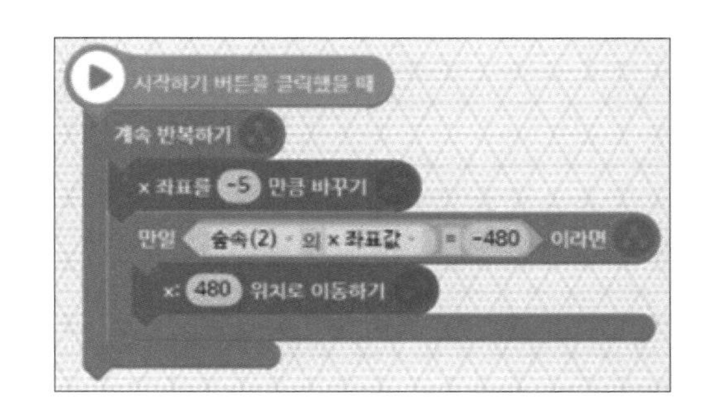

05

이번에는 똑같은 배경이 차례대로 움직이도록 하기 위해 [오브젝트 목록]에서 '숲속(2)'를 선택하고, 마우스 오른쪽 단추를 클릭하여 [복제]합니다.

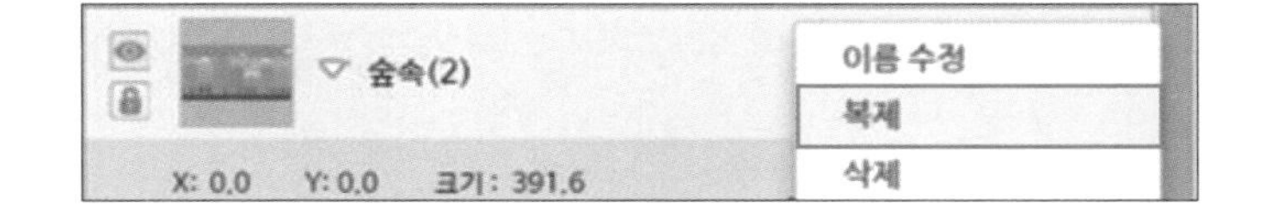

06

복제된 '숲속(2)1'은 오브젝트 목록의 맨 위에 나타나므로 드래그 하여 '숲속(2)' 밑으로 드래그해 주세요. 그리고, [코딩]창을 보면, 블록도 함께 복제가 되어있는 것을 확인 할 수 있어요.

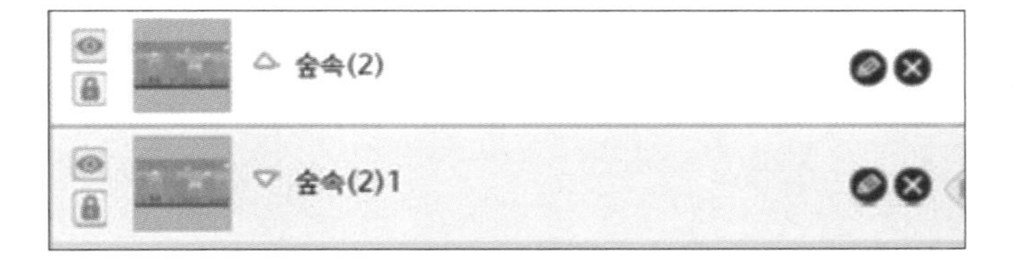

07

[시작하기]버튼을 누르면 '숲속(2)' 배경에 '숲속(2)1'이 붙어서 한장의 그림처럼 연결되어 계속 나와야 하므로 복제되어 있는 '숲속(2)1'을 선택해 주세요. 그리고 [블록]탭-[움직임]에 있는 x: 10 위치로 이동하기 블록을 시작하기 버튼을 클릭했을 때 블록 바로 다음에 연결하고 값을 480으로 변경해 주세요.

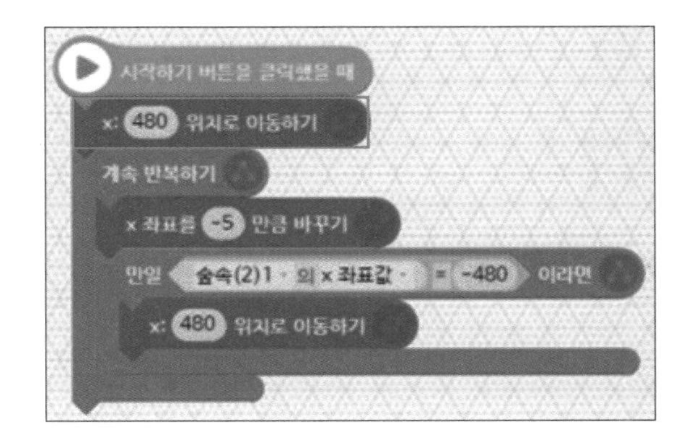

원리 이해하기

화면 x좌표의 왼쪽 끝은 −240, 오른쪽 끝은 240 이지만 더 앞쪽에 있는 좌표 값도 사용할 수 있어요. '숲속(2)'가 화면의 x좌표 값 −240~240까지 가득 채운 상태로, 왼쪽으로 5만큼 반복하여 이동하면 화면의 오른쪽이 5만큼씩 하얀색 화면으로 바뀌게 됩니다. '숲속(2)' 배경의 중심축인 x, y좌표값은 0으로 설정되어 있어요.

'숲속(2)'의 x좌표 값이 −240이 되는 것은 중심축이 왼쪽 끝에 도착하게 된 순간이므로, 배경그림의 반쪽만 남게 되고, '숲속(2)'의 x좌표값이 −480이 되면 배경그림이 모두 보이지 않게 되는 것이지요.

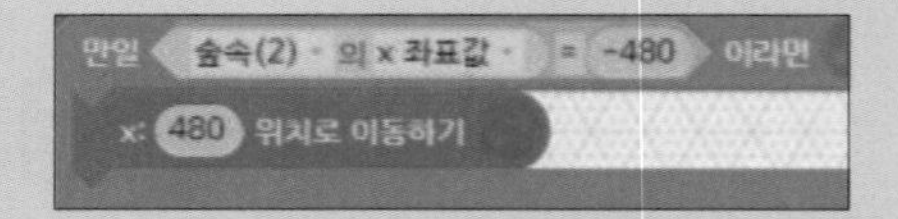

그래서 조건블록을 이용해 배경그림의 x좌표값이 −480과 같으면 '숲속(2)'의 x좌표가 480위치로 이동하여 배경그림이 다시 나오도록 하는 것이에요.

그러나 배경그림이 하나일 경우 배경화면이 x좌표 480으로 이동하기 전 까지, 오른쪽이 하얀 화면으로 나오기 때문에 배경그림을 복제하여 '숲속(2)' 뒤에 연결되어 나오도록 설정하는 것입니다. 복제된 '숲속(2)1'에 [x: 10 위치로 이동하기] 블록을 삽입하여 '숲속(2)1'이 화면에서 처음 시작되는 x좌표값을 480으로 정해준 것이에요. 그러면 '숲속(2)' 배경 그림의 오른쪽 끝에 붙어 있게 되고, 배경 두 개가 계속 움직이면, '걷고있는 사람(1)'이 계속 움직이는 것처럼 보이게 됩니다.

3 '걷고있는 사람(1)'의 모양 변경하기

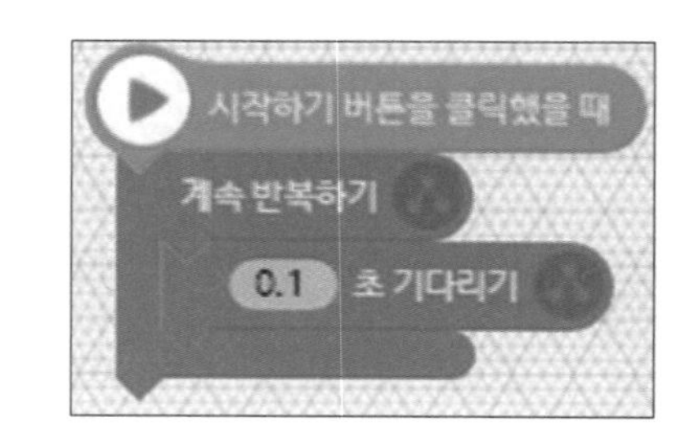

01 배경이 계속해서 움직이기 때문에 '걷고있는 사람(1)'은 제자리에서서 움직이는 것처럼 모양만 변경해 주면 돼요. 먼저 '걷고있는 사람(1)'을 선택하고, [블록]탭-[시작]에 있는 [시작하기 버튼을 클릭했을 때] 블록을 삽입해 주세요. 그리고 [블록]탭-[흐름]에 있는 '계속 반복하기' 블록을 삽입하고, [블록]탭-[흐름]의 [2 초 기다리기] 블록을 삽입해 0.1초로 변경해 주세요.

02 [블록]탭-[생김새]의 다음▼ 모양으로 바꾸기 블록을 삽입하여 '걷고있는 사람(1)'의 모양을 변경합니다. 이때, 자연스럽게 움직이게 하기 위해 [모양]탭에서 '걷고있는 사람(1)_1', '걷고있는 사람(1)_3'을 삭제하고 '걷고있는 사람(1)_2'와 '걷고있는 사람(1)_4'만 남겨주세요.

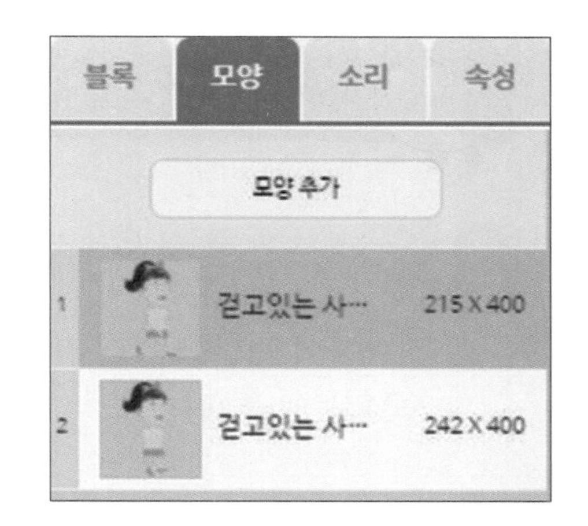

03 두 모양이 약간의 간격을 두고 반복되므로 움직이고 있는 것처럼 보이게 돼요.

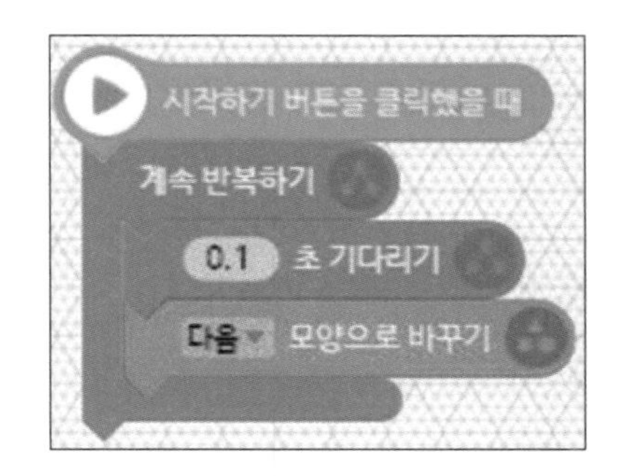

숲 속을 달리는 동안 장애물이 나오면 점프하여 피해 보세요.

장애물이 적당한 시간 간격으로 계속 나올 수 있도록 하고, 장애물에 닿으면 달리기를 멈추도록 해 주세요.

장면 & 오브젝트목록 보기

설계순서 생각해 보기

순서대로 실행하기 생각 적어보기

• 추가해야 할 오브젝트와 그 오브젝트의 속성을 어떻게 변경해야 할까요?

생각 적기

• 실제 움직일 오브젝트는 무엇이며, 어떻게 움직여야 하나요?

생각 적기

• 오브젝트를 움직이기 위해 어떤 블록을 사용해야 하나요?

생각 적기

• 실행이 잘 됐나요? 실행이 잘못되었다면 설계순서를 확인하여 어디에서 오류인지 수정해보세요. 어떤 부분을 수정했나요?

생각 적기

• 수정해서 더 좋은 프로그램이 되었나요? 다른 블록을 더 사용할 수는 없을까요? 사용할 수 있으면 직접 블록을 추가하고, 잘하지 못할 경우는 생각한 것을 적어봅니다.

생각 적기

07 엔트리 랜드로 출발하기.

첫 번째 미션 하늘에서 떨어지는 피아노 건반을 잘 받아보세요. 꼭 필요한 아이템이니 잘 받아보세요.(지적능력 20% 상승, 피아노 아이템 획득)

● **완성파일** : 7강1미션.ent

미션 성공 화면

하늘에서 8개의 피아노 건반들이 떨어져요. 모두 받아서 아이템을 획득하세요.

핵심 블록 힌트

블록	블록설명
획득아이템 1 번째 항목을 10 (으)로 바꾸기	[블록]탭-[자료]에 있는 블록, 리스트 항목의 값을 변경하는 블록입니다.
획득아이템 에 10 이 포함되어 있는가?	[블록]탭-[자료]에 있는 블록, 리스트 항목에 특정값이 포함되어 있는지 확인하는 블록입니다.
x: 0 y: 0 위치로 이동하기	[블록]탭-[움직임]에 있는 블록, x와 y의 좌표값 위치로 이동하도록 하는 블록입니다.

장면 & 오브젝트목록 보기

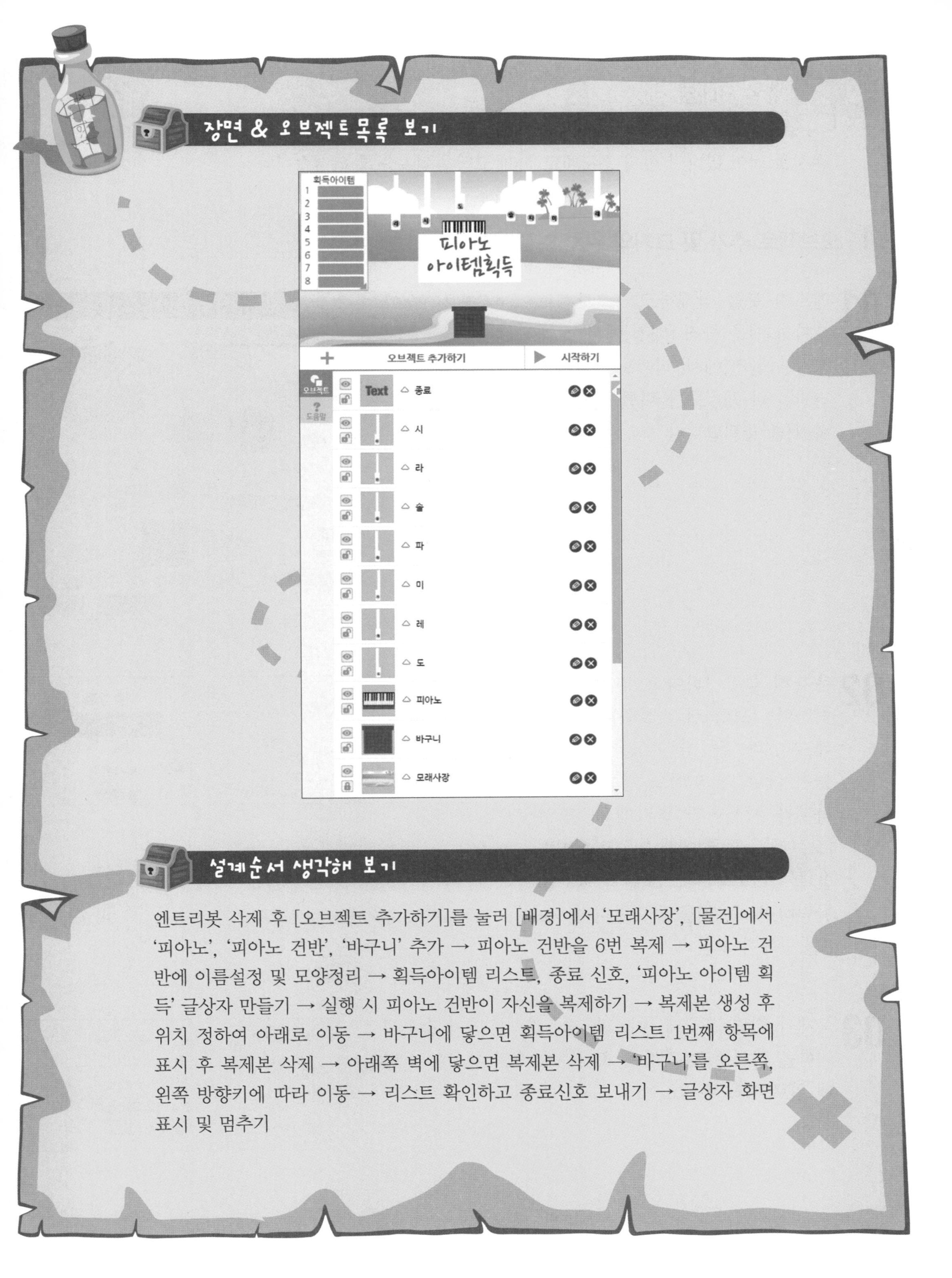

설계순서 생각해 보기

엔트리봇 삭제 후 [오브젝트 추가하기]를 눌러 [배경]에서 '모래사장', [물건]에서 '피아노', '피아노 건반', '바구니' 추가 → 피아노 건반을 6번 복제 → 피아노 건반에 이름설정 및 모양정리 → 획득아이템 리스트, 종료 신호, '피아노 아이템 획득' 글상자 만들기 → 실행 시 피아노 건반이 자신을 복제하기 → 복제본 생성 후 위치 정하여 아래로 이동 → 바구니에 닿으면 획득아이템 리스트 1번째 항목에 표시 후 복제본 삭제 → 아래쪽 벽에 닿으면 복제본 삭제 → '바구니'를 오른쪽, 왼쪽 방향키에 따라 이동 → 리스트 확인하고 종료신호 보내기 → 글상자 화면 표시 및 멈추기

설계 순서대로 실행하기

순서를 적어 봤다면 설계 순서대로 실제 코딩을 해보도록 하겠습니다.

1 오브젝트 추가 및 크기와 위치 조절하기

01 엔트리 봇을 삭제하고, [오브젝트 추가하기]를 눌러 [배경]에서 '모래사장', [물건]에서 '피아노', '피아노 건반', '바구니'를 클릭한 후 [적용하기]를 클릭합니다.

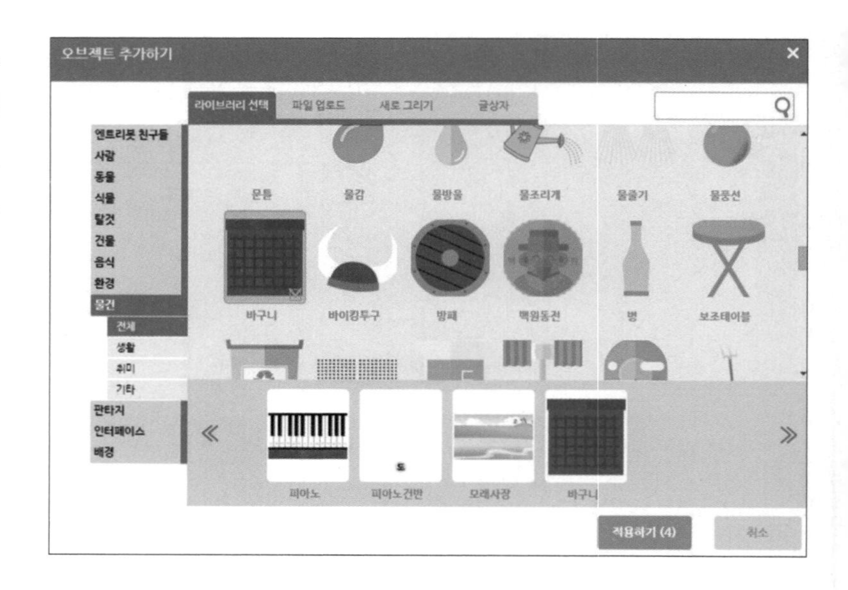

02 추가해 놓은 '피아노 건반'을 클릭하여, [모양]탭을 클릭하면 '도, 레, 미, 파, 솔, 라, 시'까지 모양이 들어 있어요. '피아노 건반'을 6번 복제해 사용하면 편리해요. 먼저 [오브젝트 목록]에서 '피아노 건반'을 클릭하고 마우스 오른쪽 단추를 클릭하여 [복제]를 클릭합니다. 총 6번 반복합니다.

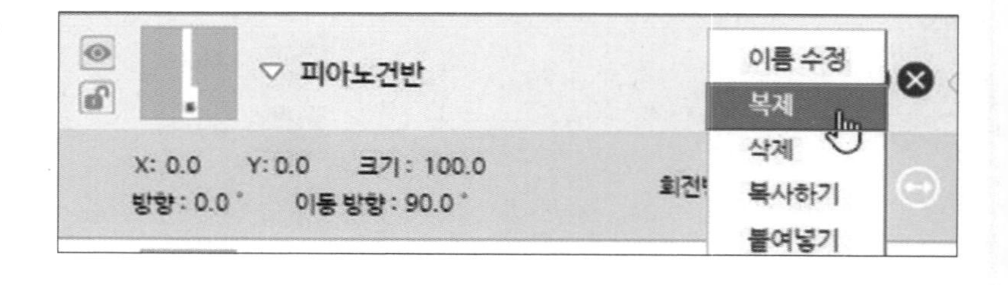

03 복제가 되면 '도, 레, 미, 파, 솔, 라, 시'까지 순서대로 이름을 정해주고, 각각에 크기를 50으로 위치는 화면의 맨 위로 정해 주세요.

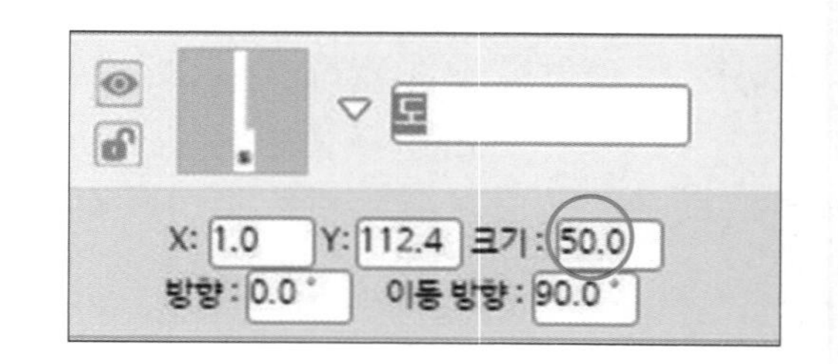

04 이름을 정했으면 각 건반의 [모양]탭에서 이름과 동일한 건반만 남기고 마우스 오른쪽을 클릭하여 [삭제]를 선택해 모두 삭제해 주세요.

2 획득아이템 리스트와 종료 신호, '피아노 아이템 획득' 글상자 만들기

01 건반과 피아노를 획득하면 목록에 표시되도록 하기 위해 [속성]탭의 리스트에서 [+리스트추가]를 클릭하여 만들어주세요.

리스트 이름을 '획득아이템'으로 하고 [확인] 버튼을 클릭합니다.

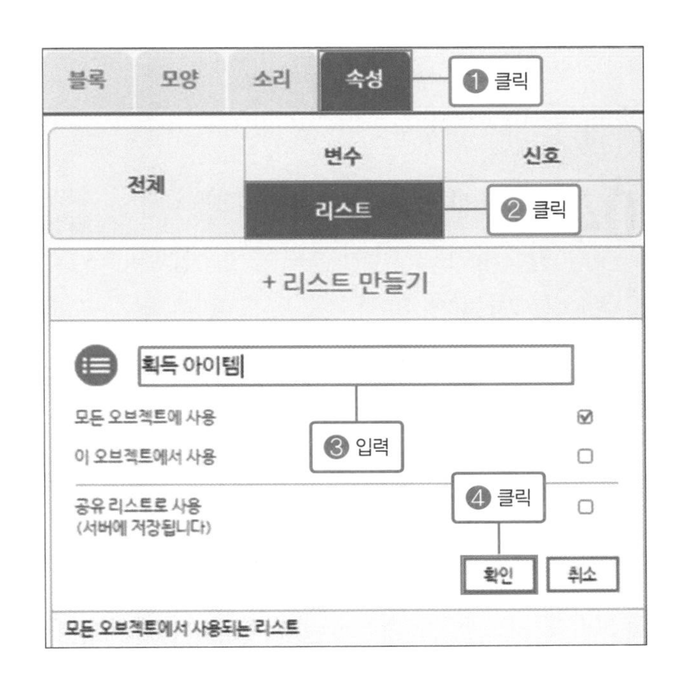

02 '도, 레, 미, 파, 솔, 라, 시, 피아노'가 들어가야 하므로 리스트 항목의 수를 8로 설정합니다. 화면에 나타난 리스트 목록은 화면의 왼쪽 위에 위치시킵니다.

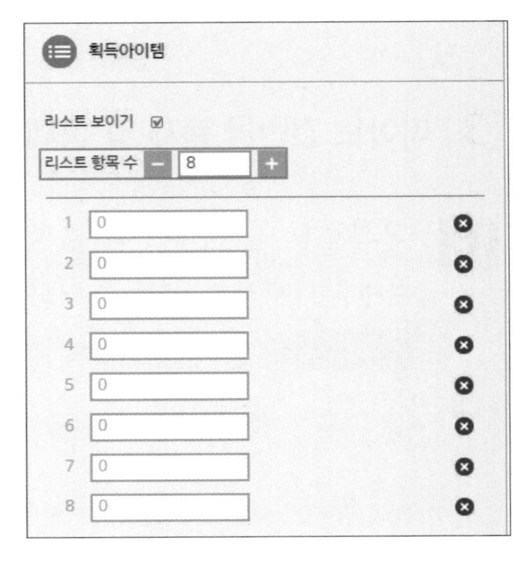

원리 이해하기

리스트는 목록이라고도 하고, 각 데이터 항목의 순서가 있는 모임이라고도 합니다. 복잡한 데이터의 구조를 효과적으로 표현하기 위해 만들어진 방법이에요.

03 종료신호를 만들기 위해 [속성]탭-[신호]를 클릭하고 [+신호추가]를 클릭하면 자동으로 신호1이 입력되는데, 오른쪽에 ⊘를 클릭해 이름을 '종료'로 설정해 주세요.

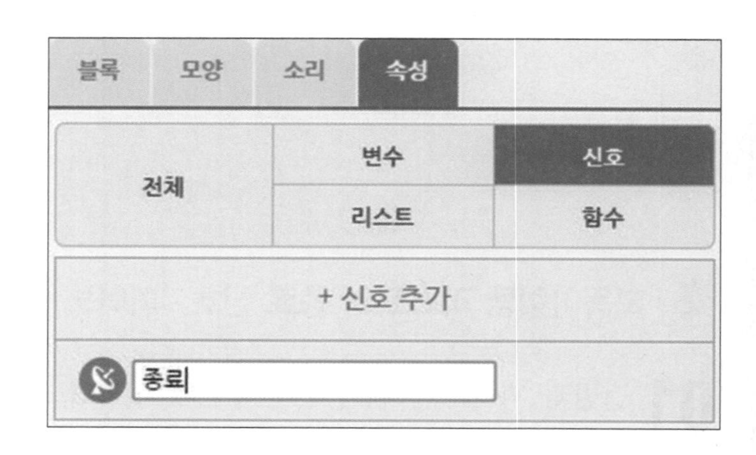

04 종료 신호를 받으면 나타나게 할 '피아노 아이템획득' 글상자를 만들기 위해, [오브젝트 추가하기]를 클릭하여 [글상자]탭을 클릭하고 글자가 두 줄로 쓰일 수 있도록 [가 ↙] 보라색 사각형을 선택해 주세요. 그리고 '피아노 아이템 획득'이라는 글을 쓰고 글꼴 및 스타일을 설정한 후 [적용하기]를 클릭합니다.

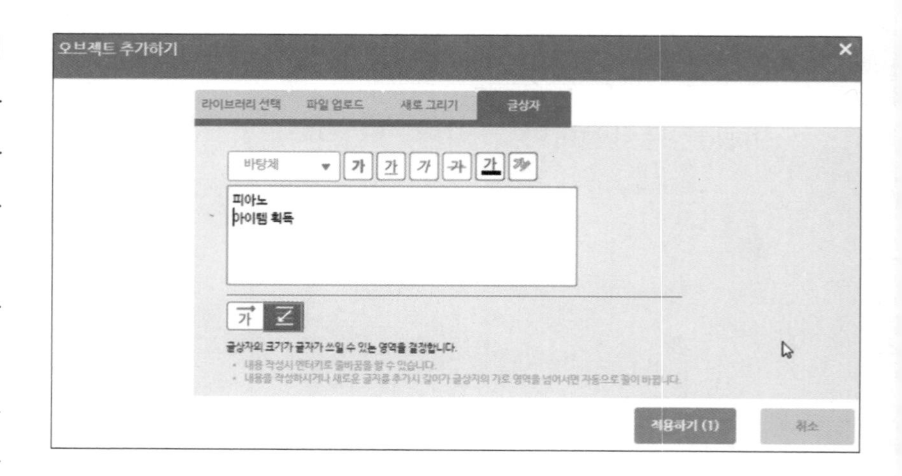

3 피아노 건반을 복제 및 복제본 실행시키기

01 [오브젝트 목록]에서 '도'를 선택하고, [블록]탭-[시작]에 있는 [시작하기 버튼을 클릭했을 때] 블록을 삽입해 주세요. [시작하기]를 클릭하면 화면에서 '도'의 모양을 숨기기 위해 [블록]탭-[생김새]에 있는 [모양 숨기기] 블록을 연결해 주세요.

02 계속 반복하여 '도'를 복제할 것이므로, [블록]탭-[흐름]에 있는 '계속 반복하기' 블록을 연결해 주세요.

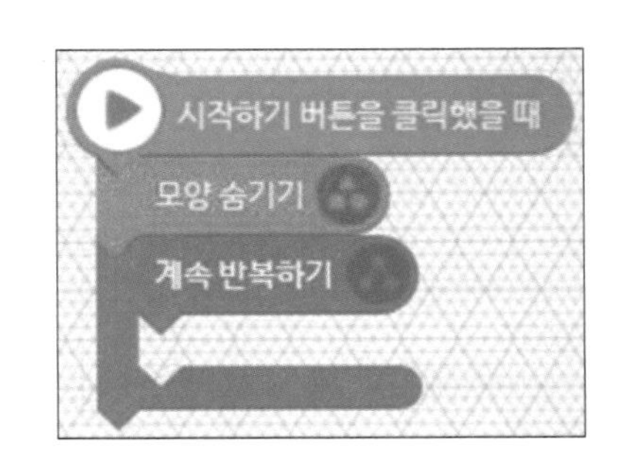

03 [시작하기]를 클릭하면 '도'가 1~5초 사이를 기다리게 하기 위해 [블록]탭-[흐름]에 있는 2 초 기다리기 블록을 연결하고, [블록]탭-[계산]에 있는 0 부터 10 사이의 무작위 수 블록을 2 부분에 삽입합니다. 그리고 0부터 10 사이의 무작위 수를 1부터 5 사이로 수정해 주세요.

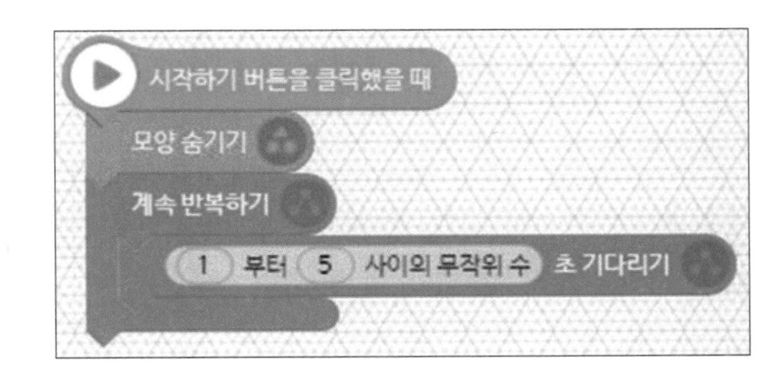

04 기다리기를 한 후 복제본을 만들 수 있도록 [블록]탭-[흐름]에 있는 자신 의 복제본 만들기 블록을 '계속 반복하기' 블록에 삽입하여 '도'가 무작위 수의 초를 기다린 후 계속 복제될 수 있도록 설정합니다.

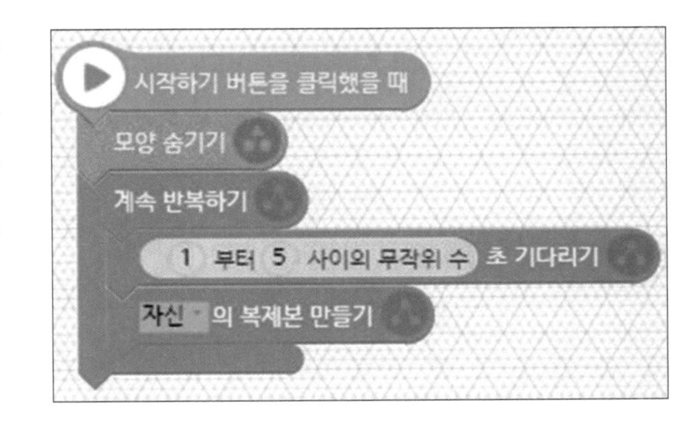

05 복제된 '도'를 화면에 나타나도록 하기 위해 [블록]탭-[흐름]에 있는 복제본이 처음 생성되었을때 블록을 삽입하고, [블록]탭-[생김새]에 있는 모양 보이기 블록을 연결해 주세요. 그리고 '도'의 위치를 설정하기 위해 [블록]탭-[움직임]에 있는 x: 10 위치로 이동하기 블록을 연결하고, [블록]탭-[계산]에 있는 0 부터 10 사이의 무작위 수 블록을 10 부분에 삽입하여 0을 −132로, 10을 240으로 바꾸면 '도'의 시작 위치가 범위 안에서 무작위로 정해집니다.

06 복제된 '도'가 아래로 반복하여 내려가도록 하기 위해 [블록]탭-[흐름]에 있는 '계속 반복하기' 블록을 연결해 주세요. 그리고 아래 방향으로 이동하도록 해야 하므로 [블록]탭-[움직임]에 있는 [y 좌표를 10 만큼 바꾸기] 블록을 삽입하여 -5로 변경하면 아래 방향으로 이동하게 돼요.

07 바구니에 '도' 가 닿았을 경우 블록을 실행할 것이므로, [블록]탭-[흐름]에 있는 '만일 참이라면' 블록을 '계속 반복하기'에 삽입해 주세요. 그리고 [블록]탭-[판단]에 있는 [마우스포인터 에 닿았는가?] 블록을 [참] 부분에 삽입하고, '마우스포인터'를 '바구니'로 변경해 주세요.

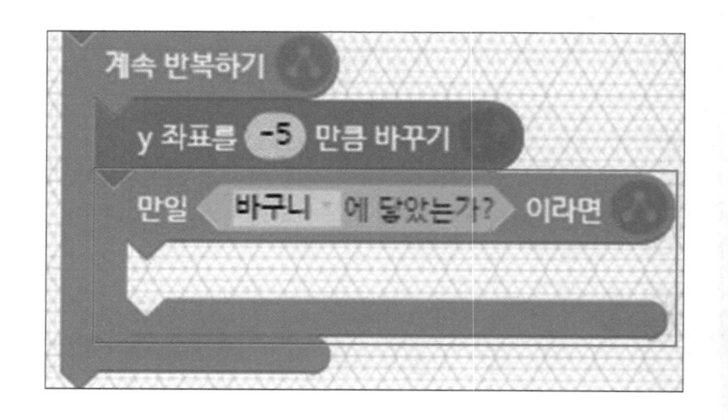

08 바구니에 닿을 경우 '획득 아이템' 리스트의 1번째 항목에 '도'를 표시해야 하므로 [블록]탭-[자료]에 있는 [획득아이템 1 번째 항목을 10 (으)로 바꾸기] 블록을 삽입하여 [10]을 '도'로 바꿔주세요.

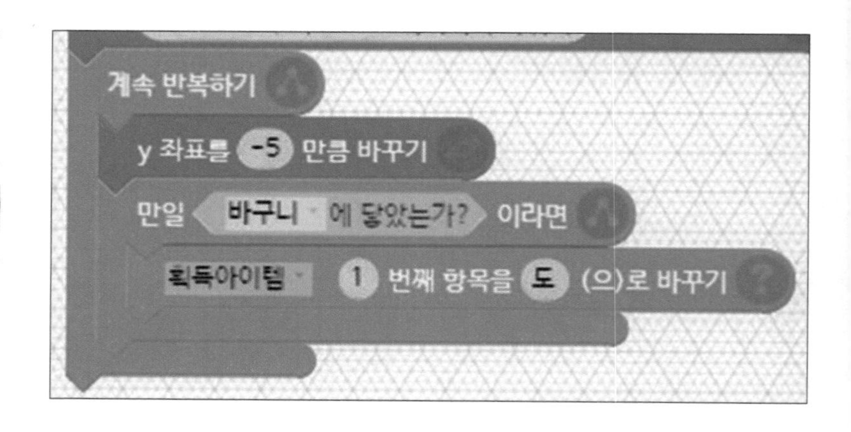

09 '바구니'에 닿으면 복제된 '도'가 사라질 수 있도록 [블록]탭-[흐름]에 있는 [이 복제본 삭제하기] 블록을 삽입해 주세요.

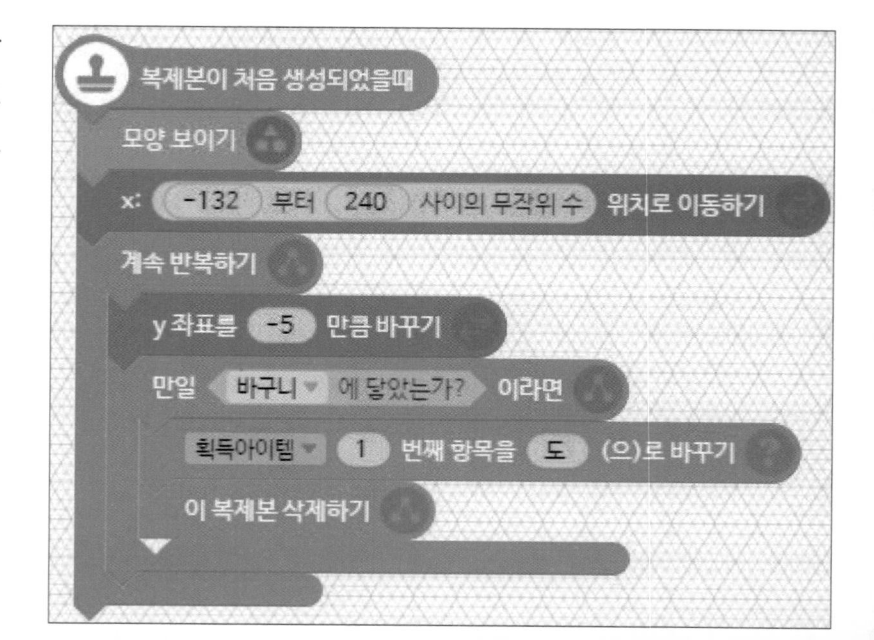

원리 이해하기

이 복제본 삭제하기 블록을 삽입하지 않으면 '바구니'에 '도'가 닿아도 사라지지 않고 '바구니'를 스쳐 내려가게 됩니다. 이를 방지하기 위해 '바구니'에 닿으면 복제본을 삭제해 주는 것이 좋아요.

10 이번에는 복제된 '도'가 화면 아래쪽 벽에 닿으면 사라지도록 하기 위해, [블록]탭-[흐름]에 있는 '만일 참이라면' 블록을 '계속 반복하기' 블록 안에 삽입해 주세요.

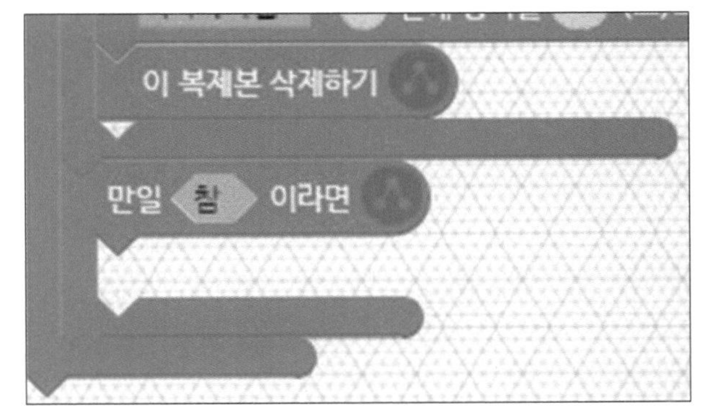

그리고 [블록]탭-[판단]에 있는 마우스포인터 에 닿았는가? 블록을 참 부분에 삽입하여 '마우스 포인터'를 '아래쪽 벽'으로 조건을 변경해 주세요. 복제본이 아래쪽 벽에 닿으면 삭제될 수 있도록 [블록]탭-[흐름]에 있는 이 복제본 삭제하기 블록을 삽입해 주세요.

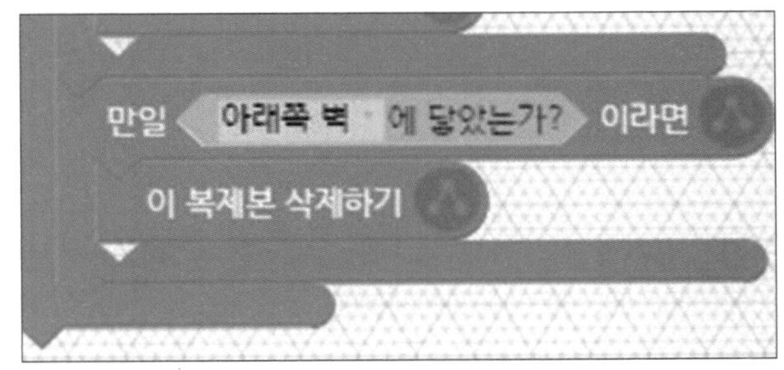

4 만들어 놓은 '도'의 블록 복제하기

01 다른 피아노 건반도 '도'와 거의 비슷한 블록을 만들어 사용하면 되는데, 만들어 놓은 '도'의 블록을 하나씩 [코드 복사]해 주세요.

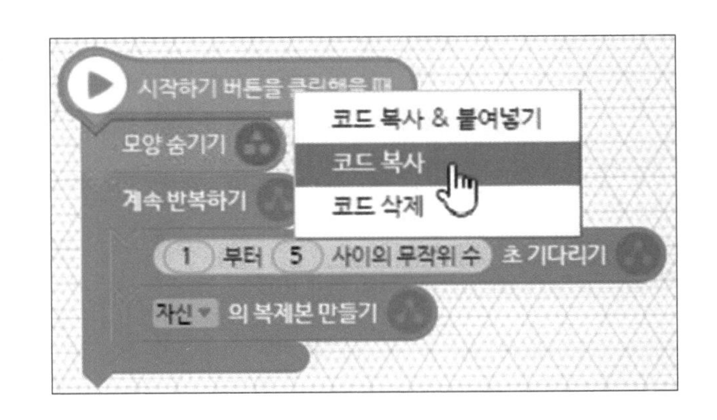

02 [오브젝트 목록]의 '레~시'와 '피아노'를 클릭하여 [코딩창]에 [붙여넣기]합니다.

03 '도'에 있는 '복제본이 처음 생성되었을 때' 블록도 동일한 방법으로 복사하여 [오브젝트 목록]의 '레~시'까지, 그리고 '피아노'에 각각 [붙여넣기]해 주세요.

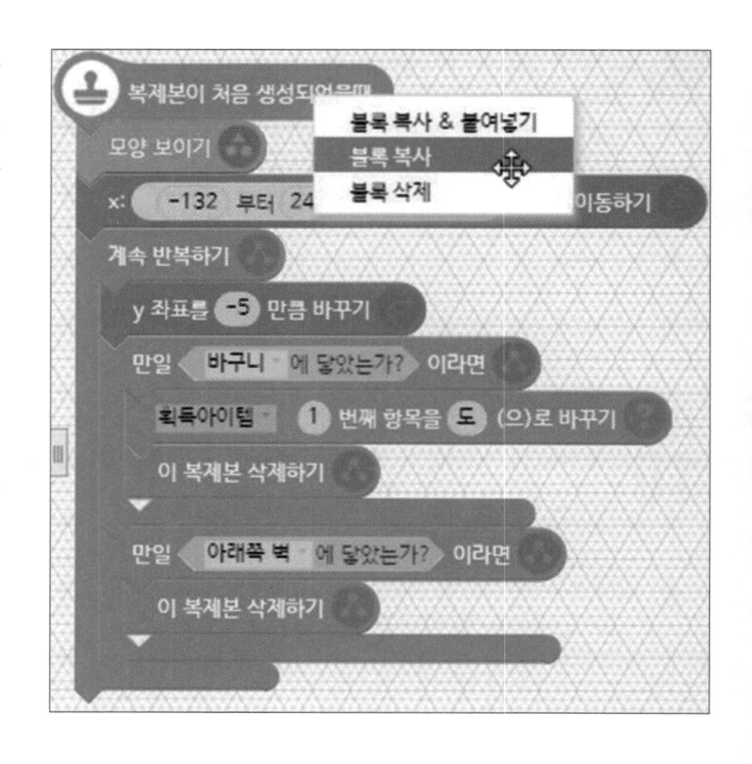

04 그리고 획득아이템 1 번째 항목을 도 (으)로 바꾸기 블록을 2번째 항목에 '레', 3번째는 '미', 4번째 '파', 5번째 '솔', 6번째 '라', 7번째 '시', 8번째 '피아노'로 변경해 주세요.

5 실행 시 '바구니'의 시작 위치와 키보드의 오른쪽과 왼쪽 방향키에 따라 이동하기

01 '바구니'를 선택하고, 시작 위치를 정해주기 위해 [블록]탭-[시작]에 있는 시작하기 버튼을 클릭했을 때 블록을 삽입하고, [블록]탭-[움직임]에 있는 x: 0 y: 0 위치로 이동하기 블록을 삽입하여 좌표값을 입력해 주세요.

02 오른쪽, 왼쪽 화살표 방향에 따라 계속 움직이기 위해 [블록]탭-[흐름]에 있는 '계속 반복하기' 블록을 연결하고, [블록]탭-[흐름]에 있는 '만일 참이라면' 블록을 삽입합니다.

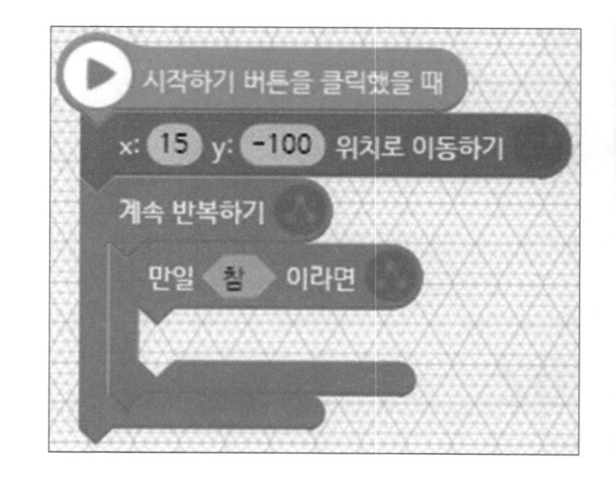

03 [블록]탭–[판단]에 있는 q 키가 눌러져 있는가? 블록을 참 부분에 삽입하여 'q'를 '오른쪽 화살표'로 변경하고, [블록]탭–[움직임]에 있는 이동 방향으로 10 만큼 움직이기 블록을 삽입해 주세요.

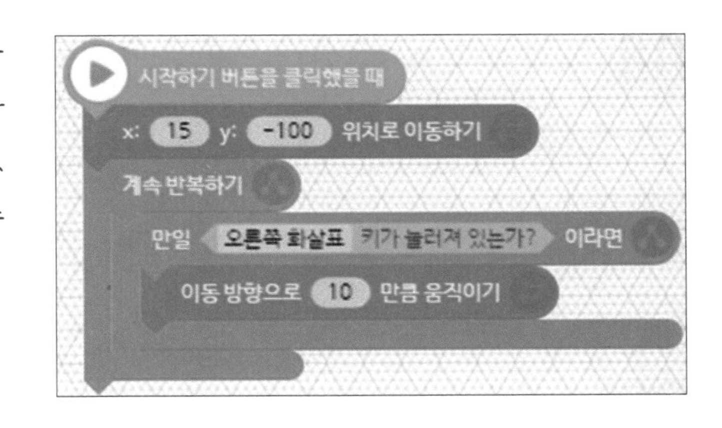

04 오른쪽 화살표 블록을 [코드복사 & 붙여넣기]를 하고, 오른쪽 화살표 블록 밑에 바로 연결하여 화살표 방향을 왼쪽으로, 이동방향을 –10으로 변경해 주세요.

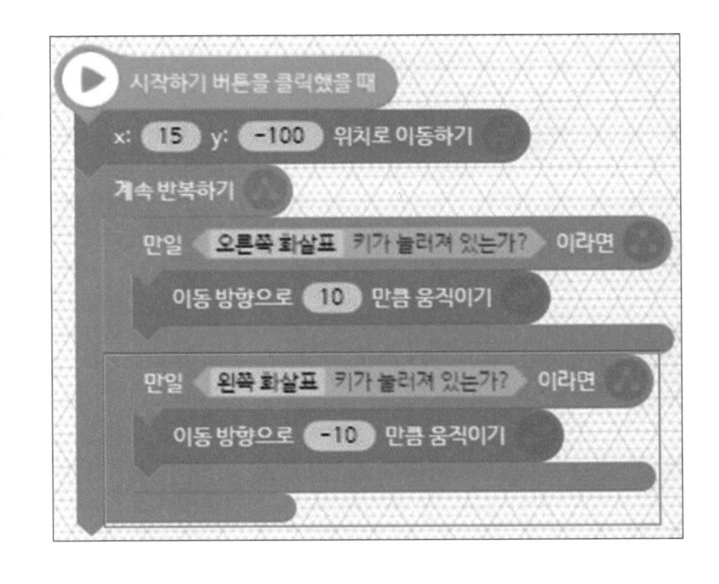

05 '획득아이템' 리스트에 '도~시'까지와 '피아노'가 포함되면 종료신호를 보내기 위해, [블록]탭–[흐름]에 있는 '만일 참 이라면' 블록을 '왼쪽 화살표' 블록 아래에 연결해 주세요.

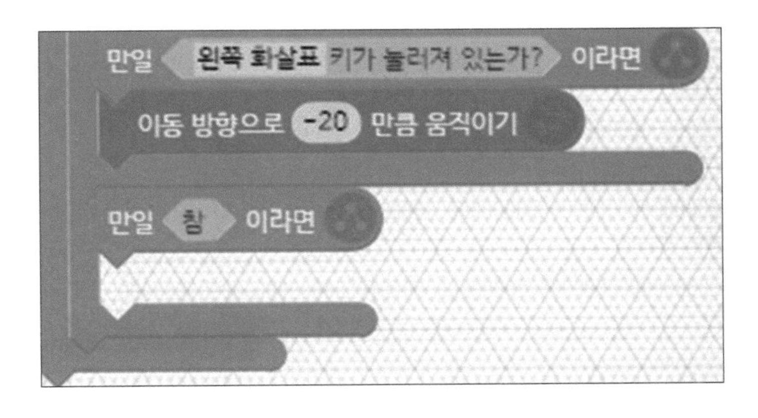

06 그리고 '도~시'까지와 '피아노'까지 총 8개의 아이템이 모두 포함되어있는지 확인해야 하므로, [블록]탭–[판단]에 있는 참 그리고 참 블록을 삽입하고, '참' 부분에 다시 [블록]탭–[판단]에 있는 참 그리고 참 블록을 삽입해 주세요.

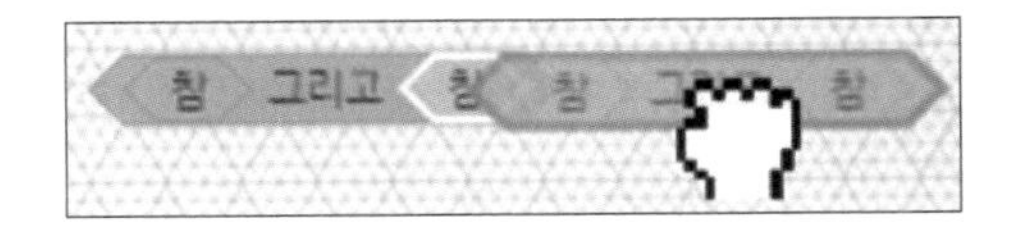

07 '참' 부분에 반복하여 참 그리고 참 블록을 삽입해 '참'이 총 8번이 되도록 해 주세요.

참 그리고 참 그리고 참 그리고 참 그리고 참 그리고 참 그리고 참 그리고 참

08 각 '참' 부분에 [블록]탭–[자료]에 있는 획득아이템 에 10 이 포함되어 있는가? 블록을 삽입하고, 10을 '도~시'로, 그리고 '피아노'까지 변경해 주세요.

09 위의 모든 조건이 참일 경우에는 실행할 [블록]탭–[시작]에 있는 종료 신호 보내기 블록을 삽입해 주세요.

6 '종료' 신호를 받으면 글상자 실행하기

01 [시작하기]를 클릭하면, 글상자가 숨겨지도록 [블록]탭–[시작]에 있는 시작하기 버튼을 클릭했을 때 블록을 삽입하고, [블록]탭–[생김새]에 있는 모양 숨기기 블록을 연결해 주세요.

02 이번에는 '종료'신호를 받으면 글상자가 화면에 보이도록 해야 하므로 [블록]탭–[시작]에 있는 종료 신호를 받았을 때 블록을 삽입하고, [블록]탭–[생김새]에 있는 모양 보이기 블록을 연결합니다.

03 모든 실행을 멈추기 위해 [블록]탭–[흐름]에 있는 모든 코드 멈추기 블록을 연결합니다.

코딩을 잘하기 위해서는 알고리즘이 무엇인지 알아야 해요. 알고리즘은 문제를 해결하기 위한 순서들을 이야기하는데, 이런 알고리즘을 알기 쉽게 기호와 그림으로 표현한 것을 순서도(flowchart)라고 해요. 즉 순서도(flowchart)는 컴퓨터로 처리하는 작업과정을 약속된 기호의 순서대로 나타낸 것으로서 많은 기호가 있지만, 우리가 사용할 순서도 기호는 아래의 표와 같습니다.

	순서도의 시작과 끝		작업의 흐름표시
	입출력을 표현		변수표시 및 사전준비
	처리해야 할 작업		반복수행
	조건을 표시		

그렇다면 위에서 했던 첫 번째 미션을 순서도로 표현해 볼까요?

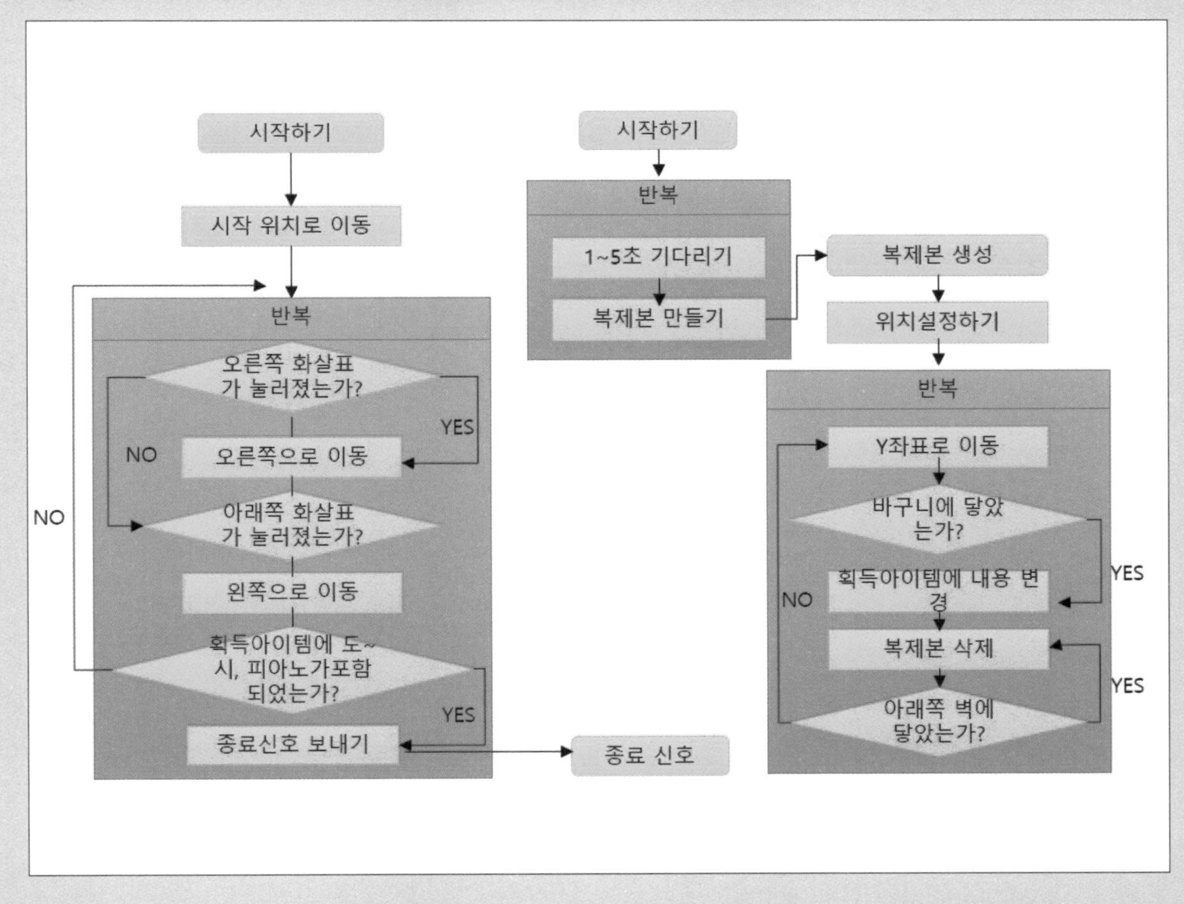

제한시간 안에 장애물을 피해 하늘에서 떨어지는 피아노 아이템을 획득하세요.

하늘에서 피아노 아이템과 장애물이 함께 떨어져요. 장애물에 닿으면 아이템이 모두 사라져 버린답니다. 제한 시간 30초 안에 장애물을 피해 피아노 아이템을 획득해 보세요.

장면 & 오브젝트목록 보기

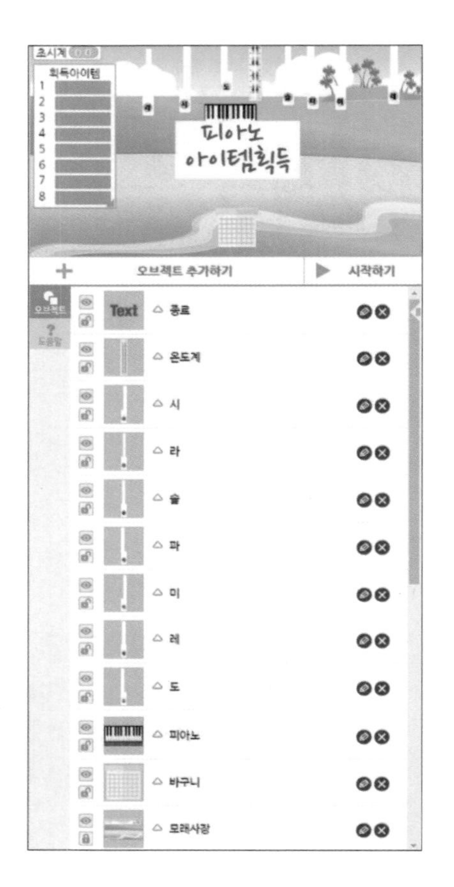

설계순서 생각해 보기

순서대로 실행하기 생각 적어보기

• 추가해야 할 오브젝트와 그 오브젝트의 속성을 어떻게 변경해야 할까요?

생각 적기

• 실제 움직일 오브젝트는 무엇이며, 어떻게 움직여야 하나요?

생각 적기

• 오브젝트를 움직이기 위해 어떤 블록을 사용해야 하나요?

생각 적기

• 실행이 잘 됐나요? 실행이 잘못되었다면 설계순서를 확인하여 어디에서 오류인지 수정해보세요. 어떤 부분을 수정했나요?

생각 적기

• 수정해서 더 좋은 프로그램이 되었나요? 다른 블록을 더 사용할 수는 없을까요? 사용할 수 있으면 직접 블록을 추가하고, 잘하지 못할 경우는 생각한 것을 적어봅니다.

생각 적기

파트 3 : 위기에 빠진 탐험대

방의 암호를 해독하고 밧줄을 획득하여 민수를 방에서 탈출하게 하자.

(밧줄획득)

- 엔트리 랜드로 항해하던 중 민수가 방에 갇혔어요. 방의 암호를 해독해 민수를 구출해요.
- 밧줄을 잡아 방에서 탈출해요.

피아노를 연주하여 풍랑을 조절하고 안개마왕의 수수께끼를 맞추어 안개를 걷어내 보자.

- 획득했던 피아노를 연주하여 풍랑을 잠재울 수 있어요. 아름다운 연주를 해 봅니다.
- 안개를 조절하는 수수께기 마왕과 멋진 퀴즈 시합을 해서 안개를 걷어내봐요.

뿅망치를 이용해 안개와 풍랑으로 어질러진 배의 쥐를 잡아보자.

- 뿅망치를 이용해 쥐를 잡아봐요.

08 민수를 구출하라.

첫 번째 미션 엔트리 랜드로 항해하던 중 민수가 방에 갇혔어요. 암호를 해독해 민수를 구출해요.

● **실습예제파일 :** 번호키.png ● **완성파일 :** 8강1미션.ent

미션 성공 화면

엔트리 랜드로 항해를 하던 중 함께 온 친구 민수가 그만 방에 갇히고 말았어요. 방문에 암호가 걸려있어 친구들도 들어가지 못하고 있어요. 암호를 해독해 민수를 구출해 보세요.

핵심 블록 힌트

블록	블록설명
안녕! 을(를) 묻고 대답 기다리기	[블록]탭-[자료]에 있는 블록, 질문과 대답을 입력할 수 있는 텍스트상자가 나오도록 하는 블록입니다.
대답	[블록]탭-[자료]에 있는 블록, 질문에 대답을 나타내는 블록입니다.
만일 참 이라면 / 아니면	[블록]탭-[흐름]에 있는 블록, 참 안에 들어 있는 조건식이 참일 경우는 바로 아래에 삽입된 블록들을 실행하고, 참이 아닐 경우는 '아니면' 안에 삽입된 블록을 실행하도록 하는 블록입니다.
반복 중단하기	[블록]탭-[흐름]에 있는 블록, 반복을 중단하도록 하는 블록입니다.

장면 & 오브젝트목록 보기

설계순서 생각해 보기

엔트리 봇 삭제 후, [오브젝트 추가하기]의 [배경]에서 '공장', [인터페이스]에서 '검은 자물쇠' 추가 및 크기와 위치 조절 → '번호키' 그림파일 추가 및 크기 조절 → '번호키 호출' 신호, '열쇠모양', '힌트1', 힌트2', 힌트3' 신호 만들고, 비밀번호 변수 선언 → [오브젝트 추가하기]의 [인터페이스]에서 '동그란 버튼'을 추가 후 힌트 1, 2, 3 버튼 만들기 → 글상자를 이용해 힌트를 만든 후 숨기기 → 힌트에 맞는 신호 보내기 → 힌트 번호에 맞는 신호를 받았을 때 내용 보이고 숨기기 → '검은 자물쇠' 클릭 시 번호키 호출 신호 보내기 및 열쇠 모양 변경 → '번호키' 설정 → '번호키'의 번호 입력 받기

설계 순서대로 실행하기

순서를 적어 봤다면 설계 순서대로 실제 코딩을 해보도록 하겠습니다.

1 엔트리 봇 삭제 후 오브젝트 추가 및 크기와 위치조절하기

01 엔트리 봇을 삭제하고, [오브젝트 추가하기]-[배경]에서 '공장', [인터페이스]에서 '검은 자물쇠'를 선택하여 [적용하기] 버튼을 클릭합니다.

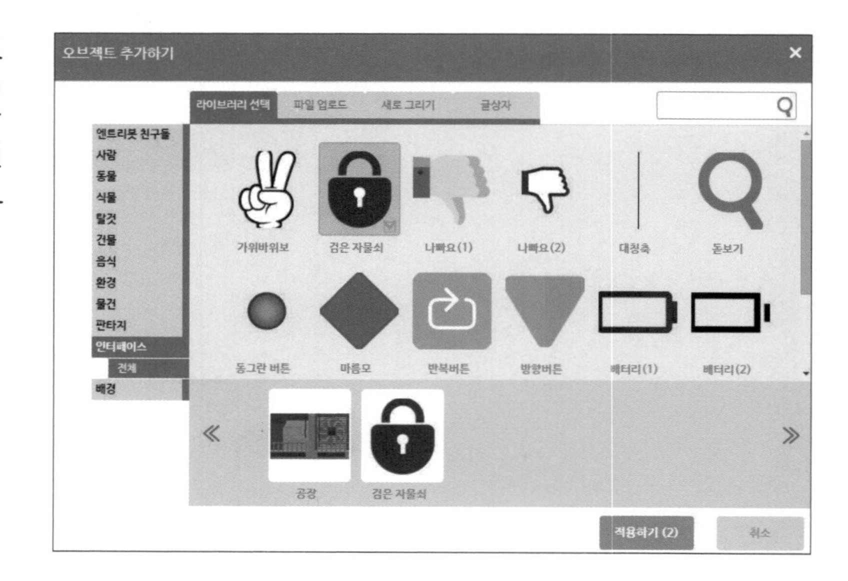

02 [오브젝트 추가하기]버튼을 클릭하여 [파일업로드] 탭을 클릭해 주세요. [파일추가]버튼을 클릭하여 예제로 주어진 '번호키' 그림 파일을 불러온 후 추가된 '번호키'를 클릭하여 [적용하기] 버튼을 클릭합니다. 자물쇠 옆에 위치시켜주세요.

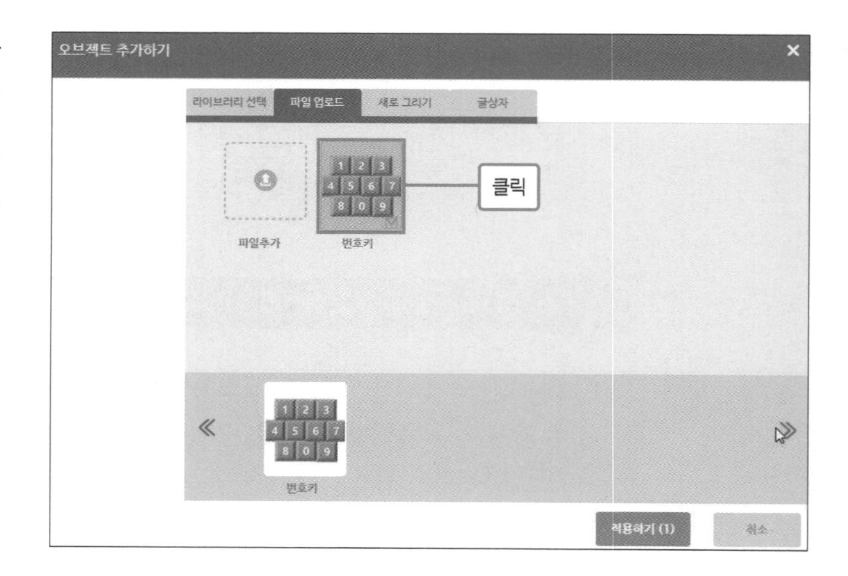

2 각 호출 신호 만들고 '비밀번호' 변수 선언하기

01 자물쇠를 클릭하면 '번호키'가 화면에 나오도록 신호를 보내기 위해 [속성] 탭-[신호]를 클릭한 후 [+신호추가]를 눌러 나타나는 '신호1'의 이름을 '번호키호출'로 설정해 주세요.

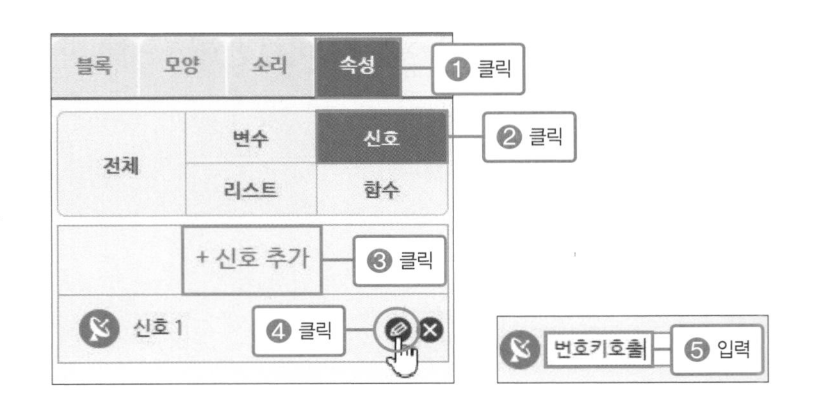

02 암호를 풀면 열쇠 모양을 변경하기 위해 다시 [+신호추가] 버튼을 클릭해 '열쇠모양'으로 신호 이름을 설정해 주세요.

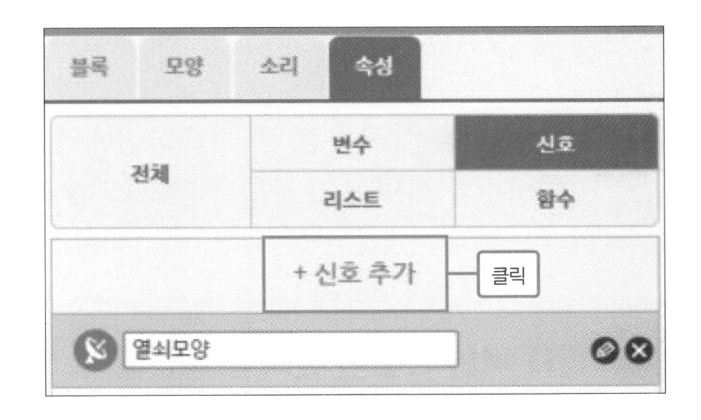

03 힌트1, 힌트2, 힌트3 호출 신호도 같은 방법으로 만들어주세요.

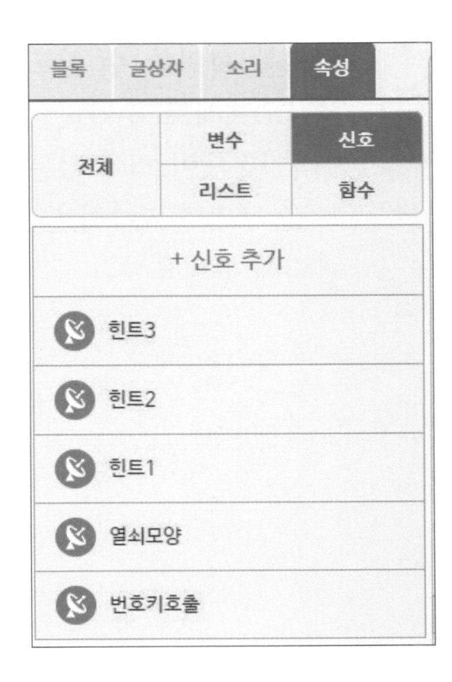

04 이번에는 비밀번호로 설정해 줄 '비밀번호' 변수를 선언해 주세요. [속성]탭-[변수]를 클릭하고, [+변수추가]를 눌러 변수의 이름을 '비밀번호'로 설정한 후 [확인] 버튼을 클릭합니다.

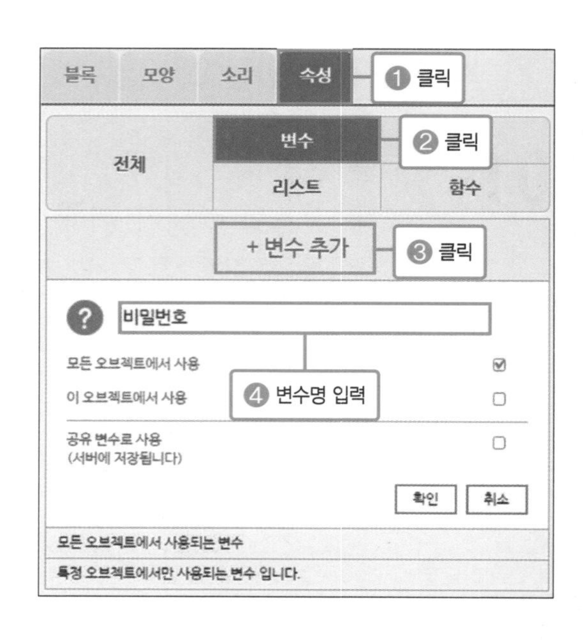

05 [확인]버튼을 클릭한 후 다음화면에서 [변수보이기]를 클릭 해제하여 '비밀번호'변수가 화면에 표시되지 않도록 해 주세요.

3 힌트 버튼 만들어 힌트를 확인할 수 있도록 하기

01 버튼을 만들어 힌트 버튼마다 해당 힌트를 확인할 수 있도록 하기 위해 [오브젝트 추가하기]를 클릭하여 [인터페이스]에 있는 '동그란 버튼'을 추가한 후 [적용하기] 버튼을 클릭해 주세요.

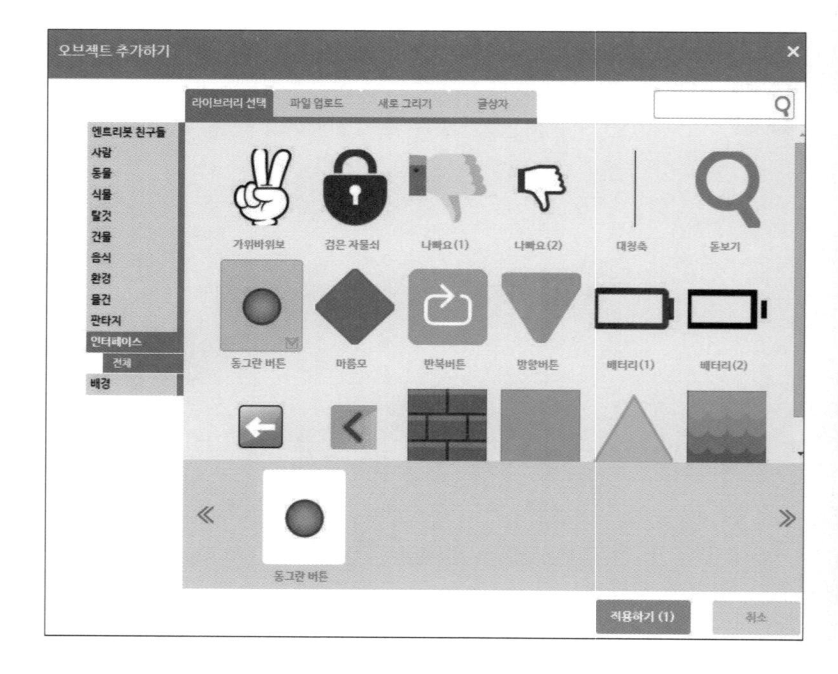

02 추가한 '동그란 버튼'안에 '힌트1' 글자를 추가하기 위해 '동그란 버튼'을 선택하여 [모양]탭의 '동그란 버튼'을 클릭해 주세요.

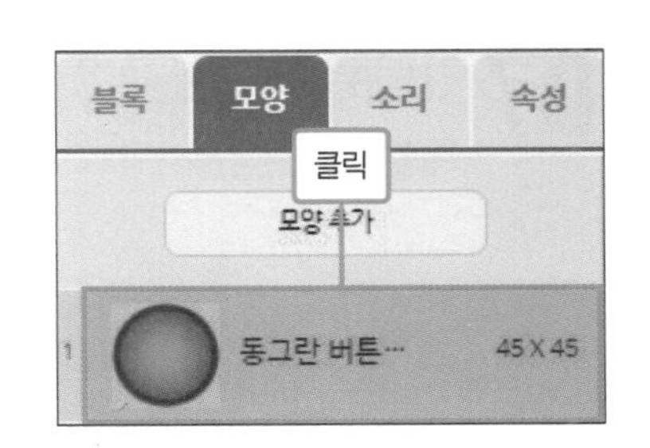

03 오른쪽의 [그림창]에 있는 왼쪽의 도구 모음 중 글자를 입력할 수 있는 [글상자] 버튼을 클릭해 주세요.

클릭

04 그리고 흰색으로 글자가 나올 수 있도록 [그림창] 하단에 있는 색깔 지정에서 배경색을 없음으로 하고, 테두리를 흰색으로 하면, 글자색이 흰색으로 지정됩니다. 이곳에서 글자체, 글자크기, 글자모양을 설정할 수 있어요.

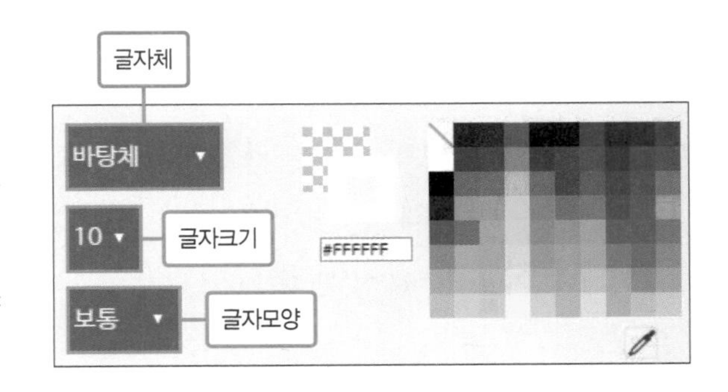

05 '동그란 버튼' 위에 마우스를 클릭하면 글자를 입력할 수 있는 글상자가 나타납니다.

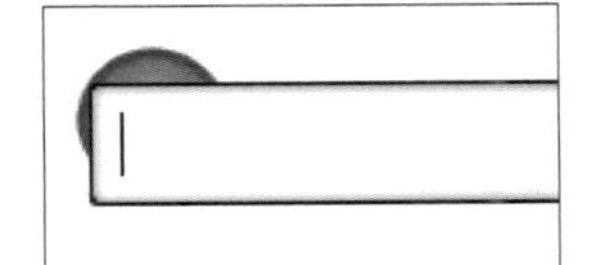

06 '힌트1'로 입력한 후 '동그란 버튼'안에 글자가 들어가도록 조절점과 글자크기 등을 이용해 조절한 후, 화면의 다른 곳을 클릭하면 클릭한 곳에 '힌트1' 글상자가 만들어집니다.

07 완성된 버튼은 [그림창] 화면 상단의 [파일]-[저장하기]를 눌러 저장해 주세요.

08 [오브젝트 속성]에서 '동그란 버튼'을 선택하고, 이름을 '힌트1버튼', 크기를 35로 변경해 주세요.

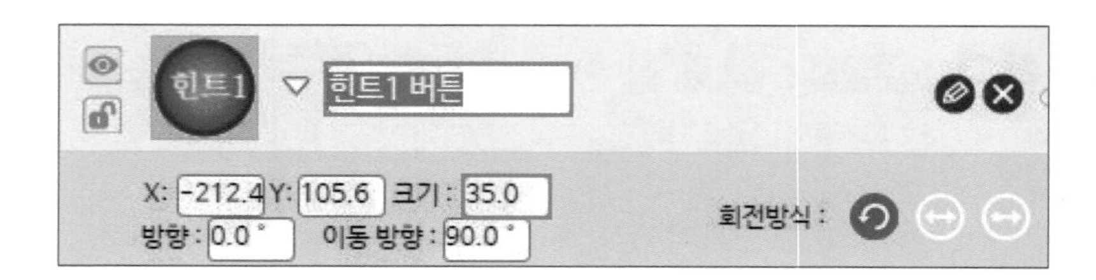

09 다시 [오브젝트 추가]를 눌러 '동그란 버튼'을 추가하고 '힌트1 버튼'을 만든 방법과 같은 방법으로 '힌트2 버튼'과 '힌트3 버튼'을 만들어 장면의 적당한 위치에 놓습니다.

4 힌트버튼에 따른 힌트 보이기

01 [오브젝트 추가하기]를 클릭하여 [글상자]탭으로 이동합니다. 첫번째 힌트인 "비밀번호는 4자리 입니다."를 입력하고 [적용하기]를 클릭해 주세요.

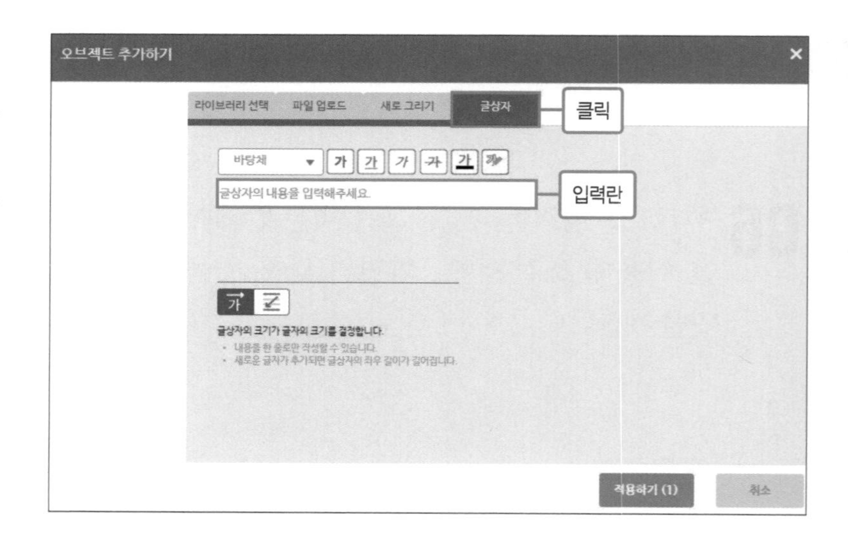

02 화면에 입력한 글상자의 내용이 나타나며, 조절점을 이용해 크기를 조절할 수 있어요.

03 [블록]탭 옆에 [모양]탭 대신 [글상자]탭이 나타나는데 [글상자]탭에서 입력한 글상자의 내용을 수정할 수 있어요.

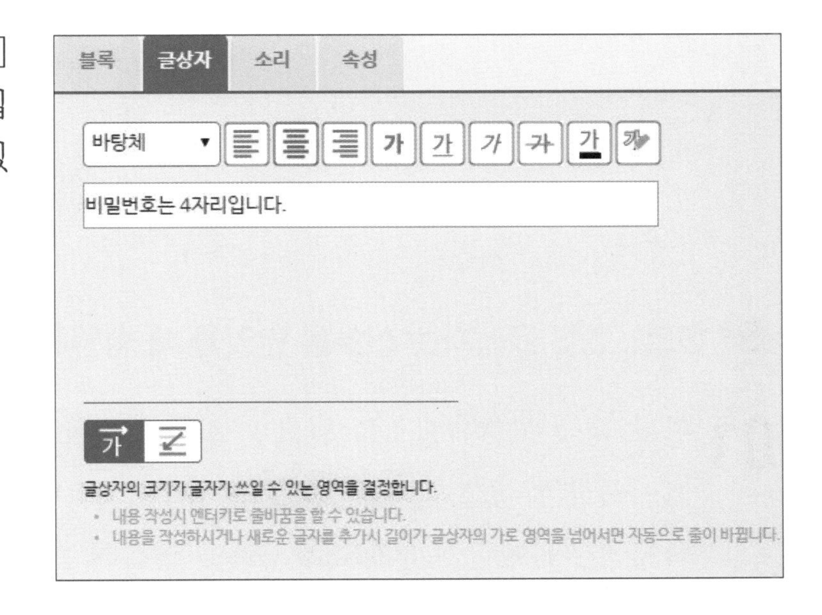

04 '힌트1'과 같은 방법으로 힌트2와 힌트3 글상자를 만들 수 있어요. 힌트2의 내용은 "5이하의 숫자입니다." 이며, 힌트3의 내용은 "5를 2로 나눠 반올림한 숫자의 반복입니다."에요. 글상자를 모두 만든 후 [오브젝트 목록]에서 힌트1, 힌트2, 힌트3으로 글상자의 이름을 설정하고, 화면에 내용이 보이지 않도록 하기 위해 눈 모양을 클릭하여 감은 눈 모양으로 바꿔주세요.

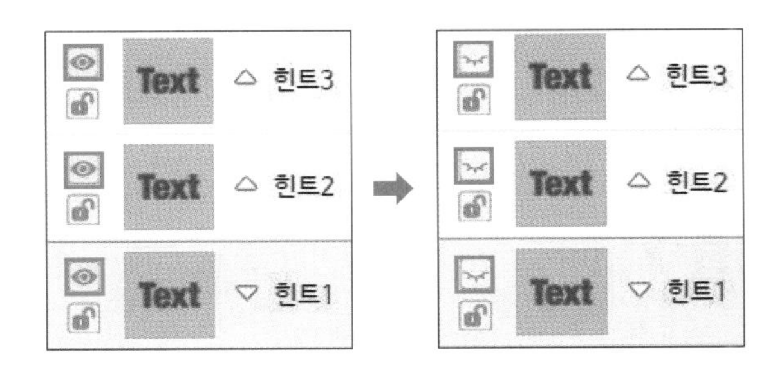

05 프로그램이 실행된 후, '힌트1버튼'을 클릭하면 '힌트1'에 신호를 보내기 위해 [오브젝트 목록]에서 '힌트1버튼'을 선택한 후 [블록]탭–[시작]에 있는 [오브젝트를 클릭했을 때] 블록을 삽입하세요. 그리고 '힌트1'에 신호를 보내 내용을 보이도록 하기 위해 [힌트3 신호 보내기] 블록을 연결한 후 목록에서 '힌트1'로 바꿔주세요.

06 '힌트1버튼'의 블록을 [코드 복사]하여 힌트2버튼과 힌트3버튼에 [붙여넣기]해 주세요.

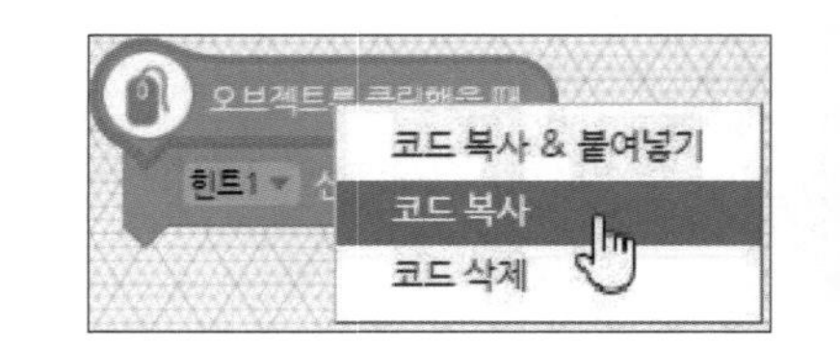

07 각 힌트 버튼에 [붙여넣기]한 후 블록을 각각 버튼번호에 맞는 '힌트2버튼'은 '힌트2', '힌트3버튼'은 '힌트3'으로 신호를 바꿔주세요.

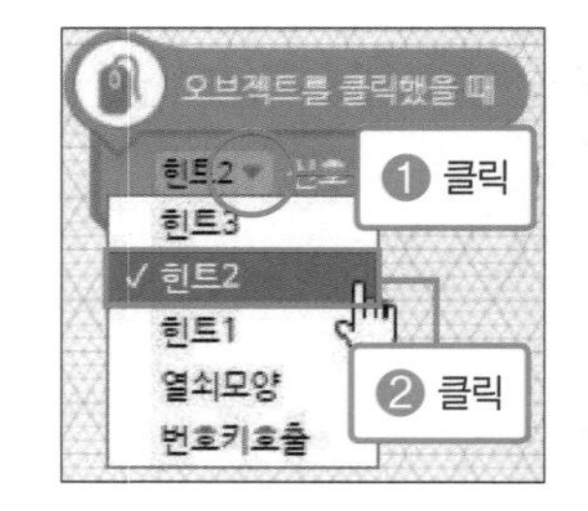

5 힌트1, 2, 3 글상자는 신호를 받았을 때 실행하기

01 힌트 글상자들이 신호를 받으면 화면에 나오도록 하기 위해, [블록]탭–[시작]에 있는 [힌트3 신호를 받았을 때] 블록을 [코딩창]에 삽입하고 [블록]탭–[생김새]에 있는 [모양 보이기] 블록을 연결해 주세요.
힌트1이 잠시 화면에 보인 후 다시 사라져야 하므로, [블록]탭–[흐름]에 있는 [2 초 기다리기] 블록을 연결하고 [블록]탭–[생김새]에 있는 [모양 숨기기] 블록을 연결하여 화면에 힌트1이 잠깐 나왔다 사라지도록 해 주세요.

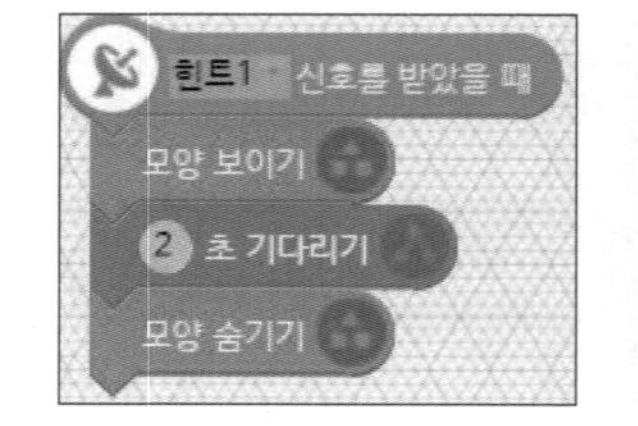

02 이렇게 만들어진 블록을 [코드 복사]하여 힌트2와 힌트3에 [붙여넣기]한 후 [힌트3 신호를 받았을 때] 블록만 각 힌트번호에 맞게 바꿔주세요.

6 '검은 자물쇠'에 대해 설정하기

01 '검은 자물쇠'를 클릭하면 [파일업로드]해 놓았던 '번호키'가 화면에 나타나도록 하기 위해 [오브젝트 목록]의 '검은 자물쇠'를 클릭한 후 [블록]탭-[시작]에 있는 오브젝트를 클릭했을 때 블록을 [코딩]창에 삽입해 주세요. 그리고 [블록]탭-[시작]에 있는 힌트3 신호 보내기 블록을 연결한 후 목록에서 '번호키 호출'로 바꿔주세요.

02 암호를 풀었을 때 열쇠의 모양이 열린 열쇠 모양으로 변경되도록 하기 위해 [블록]-[시작]에 있는 힌트3 신호를 받았을 때 블록을 삽입하고, 목록에서 '열쇠모양'으로 변경해 줍니다.

03 '열쇠모양'신호를 받으면 열쇠 모양이 '검은자물쇠_열림' 모양이 되어야 하므로, [블록]탭-[생김새]에 있는 검은자물쇠_닫힘 모양으로 바꾸기 블록을 연결한 후 '검은자물쇠_열림'으로 모양을 변경해 주세요.

7 '번호키' 설정하기

01 [시작하기]를 클릭했을 때 '번호키'를 숨기기 위해 [오브젝트 목록]에서 '번호키'를 선택하고 [블록]탭-[시작]에 있는 시작하기 버튼을 클릭했을 때 블록을 삽입하고, [블록]탭-[생김새]에 있는 모양 숨기기 블록을 연결해 주세요.

02 '번호키호출' 신호를 받으면 화면에 모양을 보여야 하므로, [블록]탭-[시작]에 있는 힌트3 신호를 받았을 때 블록을 삽입하고 목록에서 '번호키호출'로 바꿔주세요. [블록]탭-[생김새]에 있는 모양 보이기 블록을 연결합니다. '번호키'의 비밀번호를 설정하기 위해 [블록]탭-[자료]에 있는 비밀번호 를 10 로 정하기 블록을 연결하고 비밀번호를 3333으로 설정합니다. 그리고 [블록]탭-[자료]에 있는 안녕! 을(를) 묻고 대답 기다리기 블록을 연결하여 "안녕!"을 "비밀번호를 입력하세요."로 바꿔주세요.

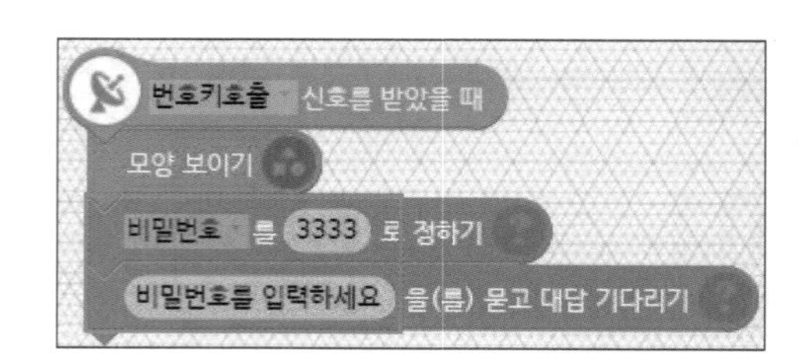

03 설정해 놓은 비밀번호 값과 대답으로 받은 비밀번호의 값이 같은지 반복해서 확인하기 위해, [블록]-[흐름]에 있는 '계속 반복하기'를 연결한 후, 조건식이 참이면, 참일 때의 블록을 실행하고, 거짓일 때는 거짓일 때의 블록을 실행하도록 합니다. [블록]탭-[흐름]에 있는 '만일 참이라면, 아니면' 블록을 삽입해 주세요

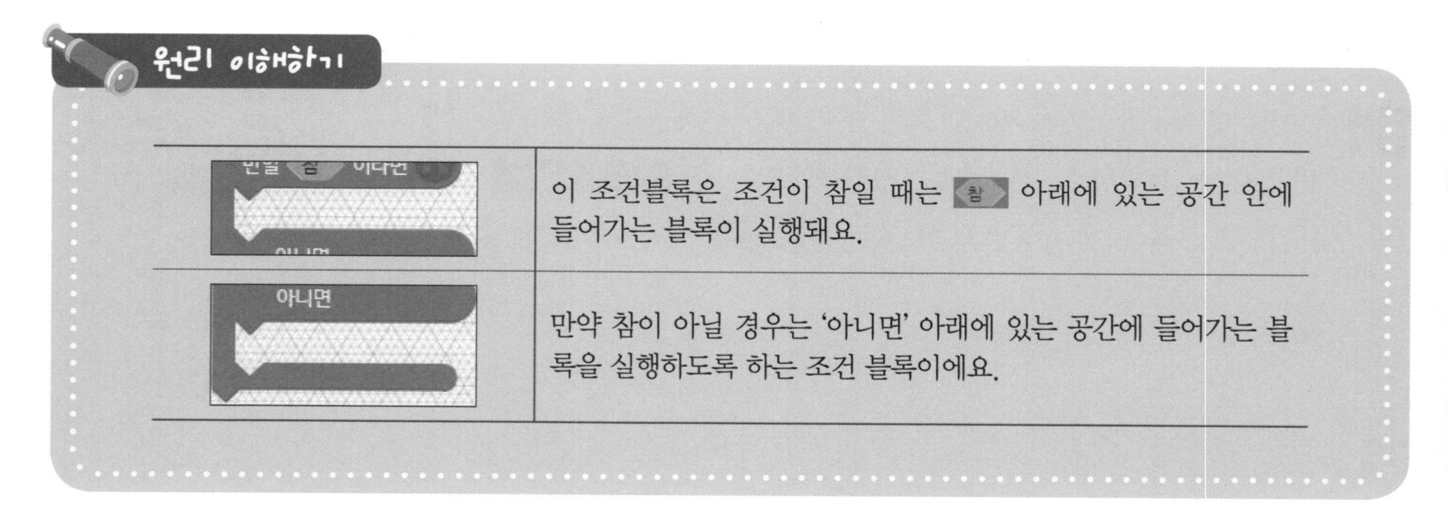

원리 이해하기

	이 조건블록은 조건이 참일 때는 참 아래에 있는 공간 안에 들어가는 블록이 실행돼요.
아니면	만약 참이 아닐 경우는 '아니면' 아래에 있는 공간에 들어가는 블록을 실행하도록 하는 조건 블록이에요.

04 참 부분에 들어갈 조건은 "비밀번호의 값과 대답의 값이 같은가?"에요. 이를 조건식으로 만들기 위해 [블록]탭-[판단]에 있는 10 = 10 블록을 참 부분에 삽입한 후 [블록]탭-[자료]에 있는 비밀번호 값 블록과 대답 블록을 10 = 10 블록의 10 부분에 삽입해 주세요.

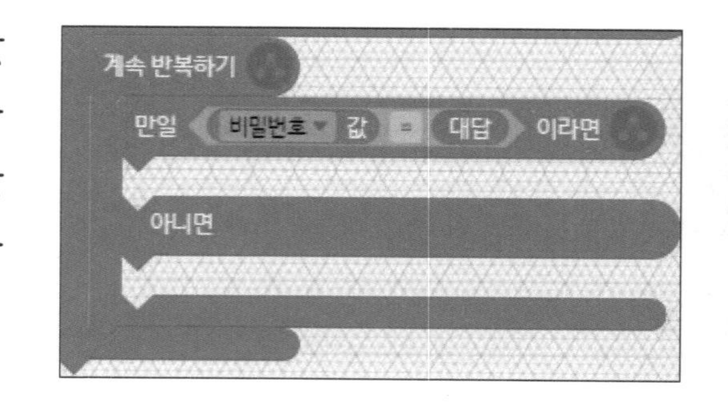

05 조건이 참일 경우를 위해 그리고 [블록]탭-[생김새]에 있는 `안녕! 을(를) 4 초 동안 말하기` 블록을 삽입하여 “안녕!"을 “방문이 열립니다.”로, 4초를 1초로 변경하여 주세요. 그리고 ‘검은 자물쇠’의 모양이 열린 모양으로 변경되도록 [블록]탭-[시작]에 있는 `힌트3 신호 보내기` 블록을 연결하여 목록에서 ‘열쇠모양’으로 변경해 주세요. 그리고 반복을 중단하기 위해, [블록]-[흐름]에 있는 `반복 중단하기` 블록을 연결해 주세요.

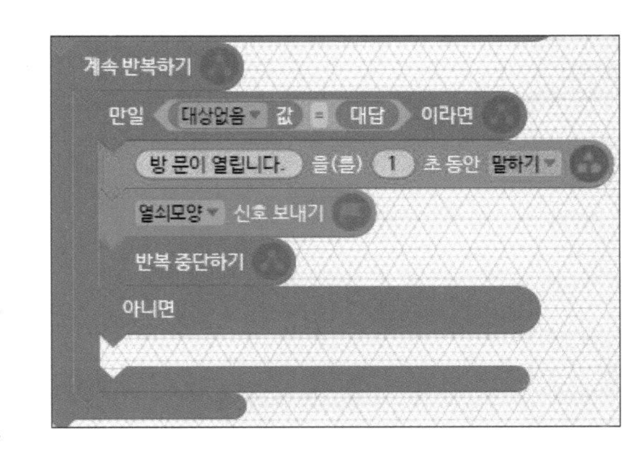

06 만약 ‘비밀번호’의 값과 ‘대답’의 값이 다를 경우 조건블록의 ‘아니면’ 밑에 [블록]탭-[생김새]에 있는 `안녕! 을(를) 4 초 동안 말하기` 블록을 삽입하여 “안녕!”을 “틀렸습니다.”로 변경하고, 4초를 2초로 변경해 주세요. 그리고 [블록]탭-[자료]에 있는 `안녕! 을(를) 묻고 대답 기다리기` 블록을 삽입하고 “안녕!”을 “비밀번호를 입력하세요.”로 변경해 주세요.

민수는 방문이 닫힌 줄도 모르고 밧줄을 잡기 위해 노력 중이에요. 장애물을 넘어 딱 10번만 나오는 밧줄을 잡아보세요.

● **실습예제파일 :** 밧줄.png ● **완성파일 :** 8강2미션.ent

미션 성공 화면

핵심 블록 힌트

블록	블록설명
중력 에 10 만큼 더하기	[블록]탭-[자료]에 있는 블록, 선언된 변수값에 원하는 값을 더하는 블록입니다.
10 번 반복하기	[블록]탭-[흐름]에 있는 블록, 이 블록 안에 들어 있는 실행 블록을 원하는 만큼 반복합니다.

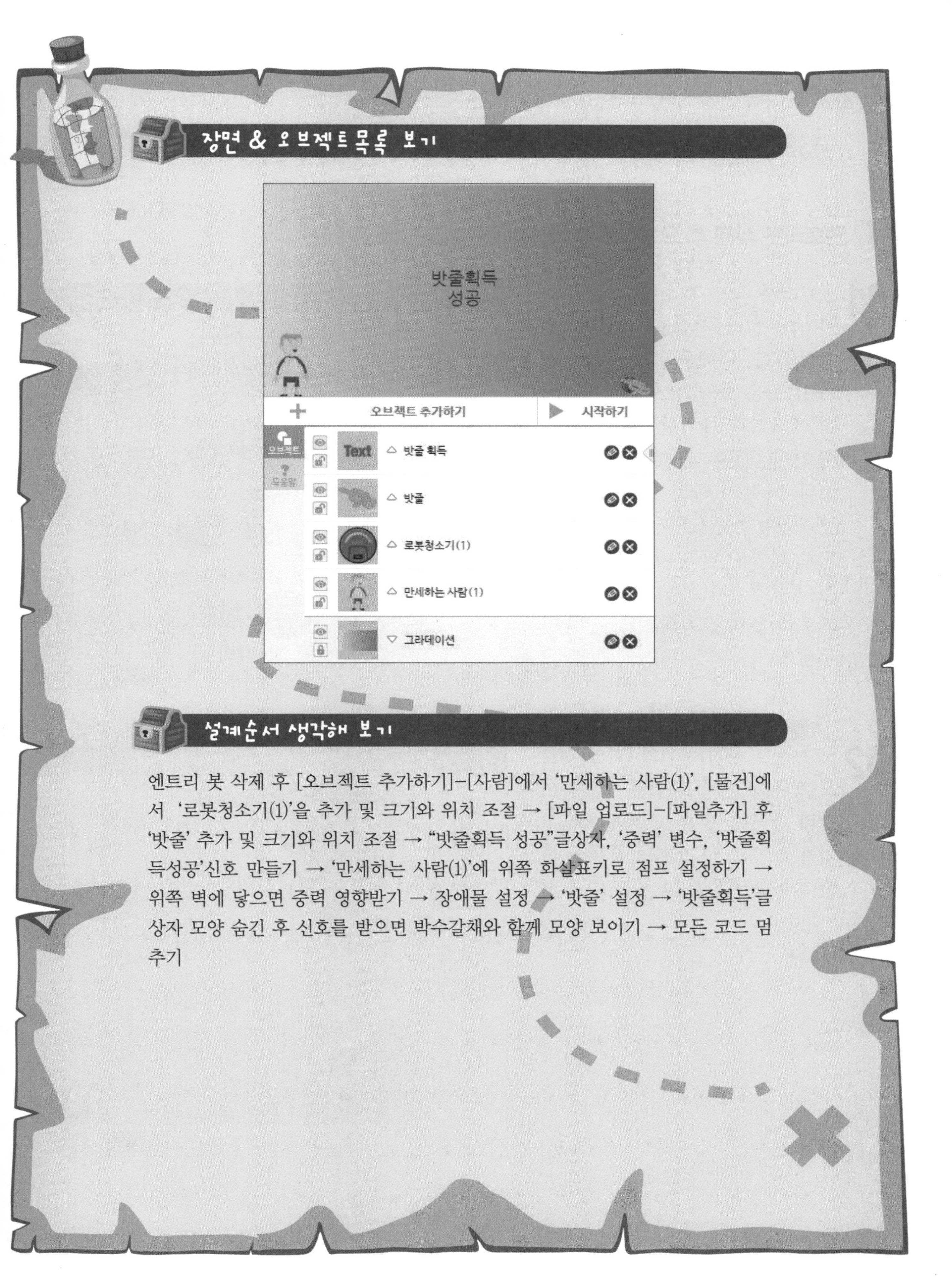

장면 & 오브젝트 목록 보기

설계순서 생각해 보기

엔트리 봇 삭제 후 [오브젝트 추가하기]–[사람]에서 '만세하는 사람(1)', [물건]에서 '로봇청소기(1)'을 추가 및 크기와 위치 조절 → [파일 업로드]–[파일추가] 후 '밧줄' 추가 및 크기와 위치 조절 → "밧줄획득 성공"글상자, '중력' 변수, '밧줄획득성공'신호 만들기 → '만세하는 사람(1)'에 위쪽 화살표키로 점프 설정하기 → 위쪽 벽에 닿으면 중력 영향받기 → 장애물 설정 → '밧줄' 설정 → '밧줄획득'글상자 모양 숨긴 후 신호를 받으면 박수갈채와 함께 모양 보이기 → 모든 코드 멈추기

설계 순서대로 실행하기

순서를 적어 봤다면 설계 순서대로 실제 코딩을 해보도록 하겠습니다.

1 엔트리봇 삭제 후 오브젝트 추가 및 위치와 크기 조절하기

01 엔트리봇 삭제 후 [오브젝트 추가하기]를 눌러 [사람]에서 '만세하는 사람(1)'을, 장애물이 될 '로봇청소기(1)' 등은 [물건]에서, 그리고 [배경]에서 '그라데이션'을 추가해 주세요.(장애물은 많으면 더 재미있으니, 더 추가 해 보세요)
'만세하는 사람(1)'의 크기는 65정도로 화면의 왼쪽 아래에, 장애물인 '로봇청소기(1)'는 약 20정도 크기로 화면의 오른쪽 아래에 놓아 주세요.

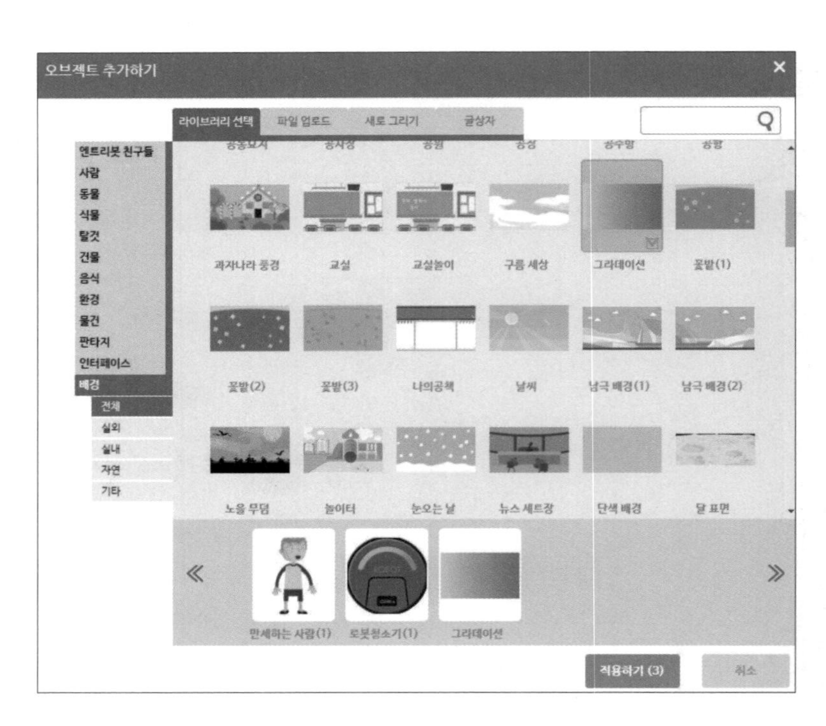

02 [오브젝트 추가하기]의 [파일 업로드]탭에서 [파일추가]를 클릭하여 미리 제공된 '밧줄'을 추가하고 크기를 30으로 하고 화면 오른쪽 하단에 놓습니다.

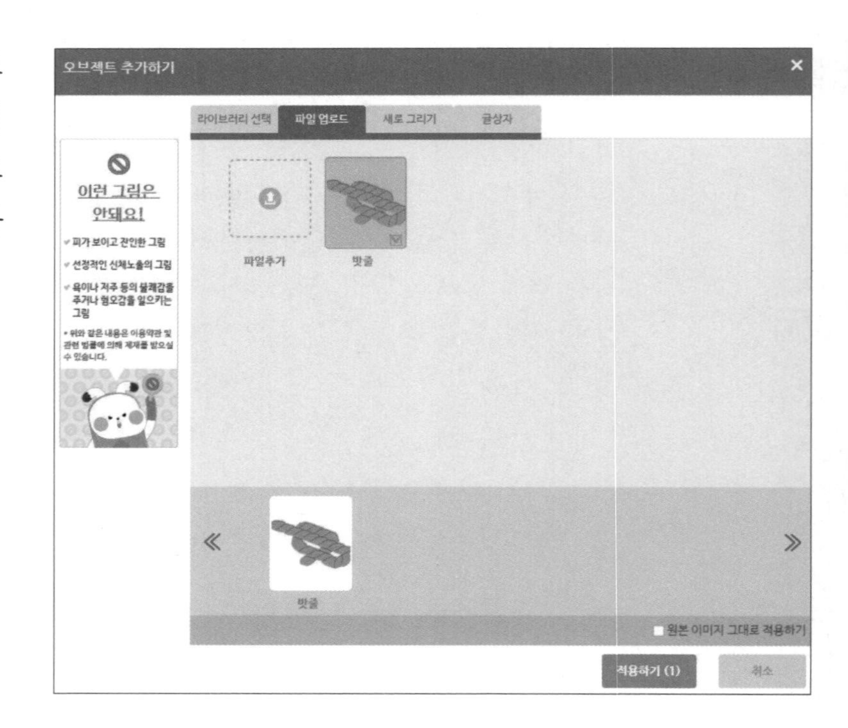

2 "밧줄획득 성공" 글상자와 변수, 신호 만들기

01 [오브젝트 추가하기]의 [글상자]탭을 클릭하고 입력란에 "밧줄획득 성공"을 입력한 후 글꼴을 수정해 주세요. 그리고 글자가 두 줄로 표시될 수 있도록 줄바꿈 버튼을 클릭한 후 [적용하기]를 클릭하면 됩니다.

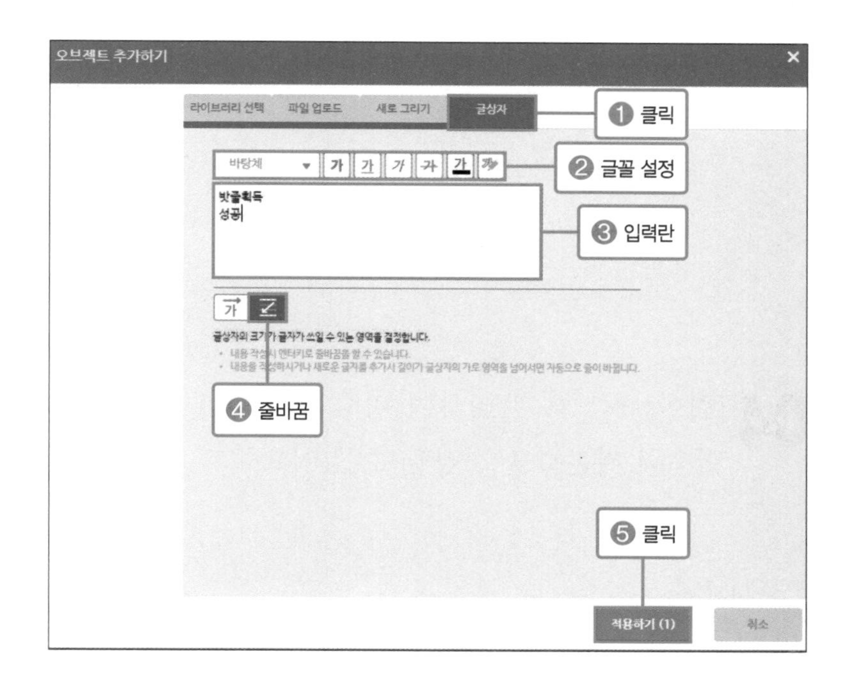

02 [적용하기] 후 화면에 나타난 글상자의 크기를 조절해 글상자의 글자 전체가 보이도록 해 주세요.

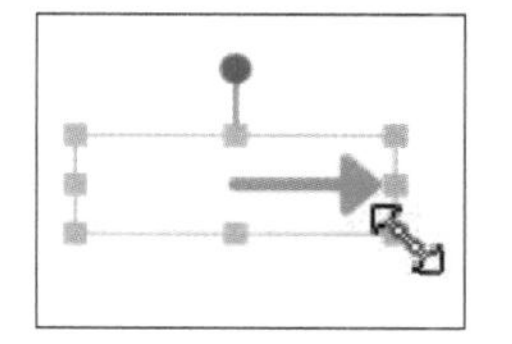

03 변수를 선언하기 위해 [속성]탭–[변수]–[+변수 추가]를 클릭하고 변수명을 '중력'으로 입력한 후 [확인]버튼을 클릭합니다.

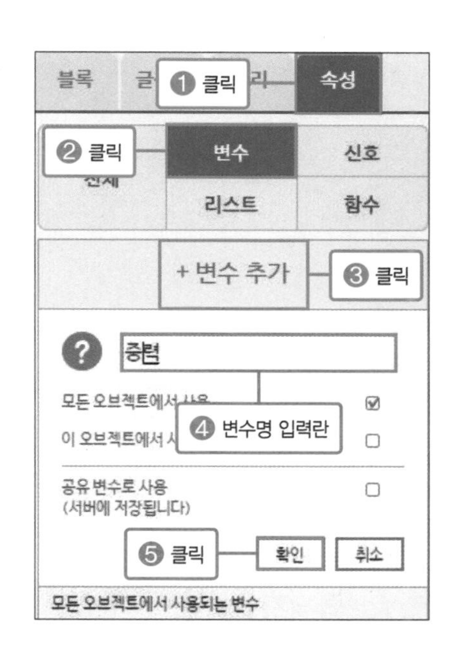

변수 선언 시 [모든 오브젝트에서 사용], [이 오브젝트에서 사용], [공유변수로 사용]을 설정할 수 있으며, [모든 오브젝트에서 사용]은 '전역변수'로 현재 프로젝트 전체에서 사용할 수 있고 [이 오브젝트에서 사용]은 '지역변수'로 특정 오브젝트에서만 사용 가능한 변수입니다. [공유변수로 사용]은 엔트리 서버에 저장되어 사용할 수 있습니다.

04 [확인] 버튼을 클릭하면 변수가 화면에 보이도록 할 것인지와 변수의 기본값을 결정할 수 있어요.

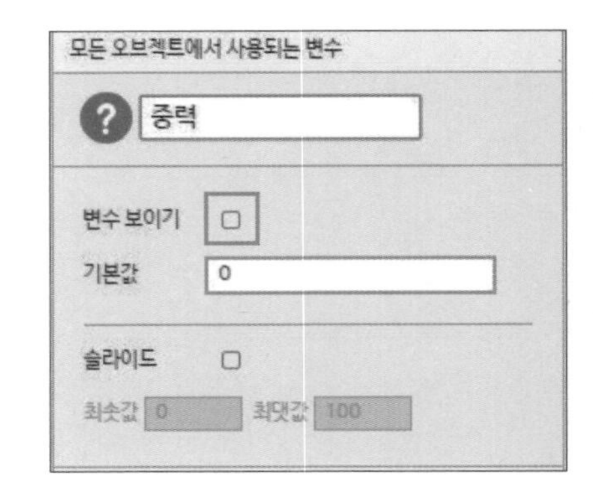

05 [속성]탭-[신호]-[+신호 추가]를 클릭하여 신호의 이름을 '밧줄획득성공'으로 입력 후 모양을 클릭해 신호를 완성해 주세요.

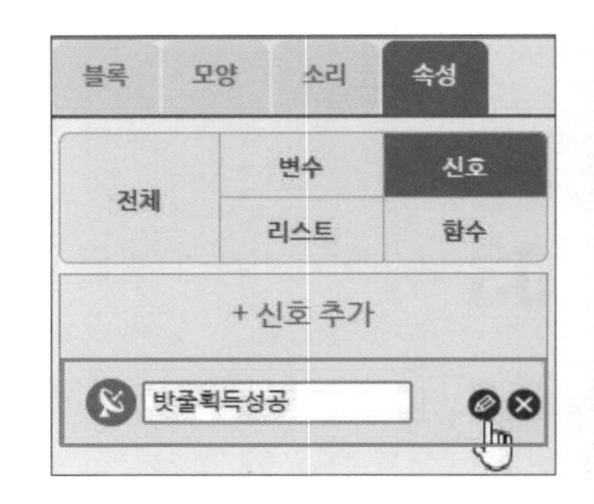

3 '만세하는 사람(1)'을 위쪽 화살표키에 따라 점프하도록 설정하기

01 '만세하는 사람(1)'을 선택하고 [블록]탭-[시작]에 있는 [시작하기 버튼을 클릭했을 때] 블록을 삽입하고 선언해 놓은 '중력' 변수의 값을 정해주기 위해 [블록]탭-[자료]에 있는 [중력 를 10 로 정하기] 블록을 연결하여 '10'을 '0'으로 변경해 주세요. 그리고 [블록]탭-[흐름]에 있는 '계속 반복하기' 블록을 연결하고 [블록]탭-[움직임]에 있는 [y 좌표를 10 만큼 바꾸기] 블록을 삽입해 주세요.

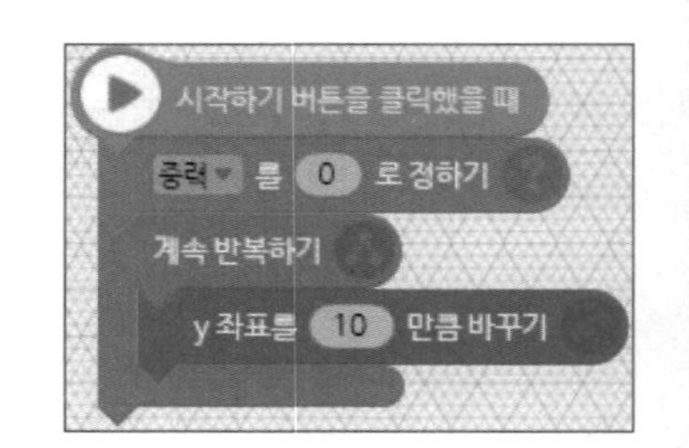

02 그리고 10 부분에 [블록]탭-[자료]에 있는 중력 값 블록을 삽입해 y 좌표를 중력 값 만큼 바꾸기 y좌표에 '중력'변수의 값을 넣어 주세요.

03 만약 바닥에 닿았으면 중력 값을 0으로 정하고, 아니면 중력값을 -10으로 정하기 위해 [블록]탭-[흐름]에 있는 '만일 참이라면, 아니면' 조건 블록을 사용해야 해요.

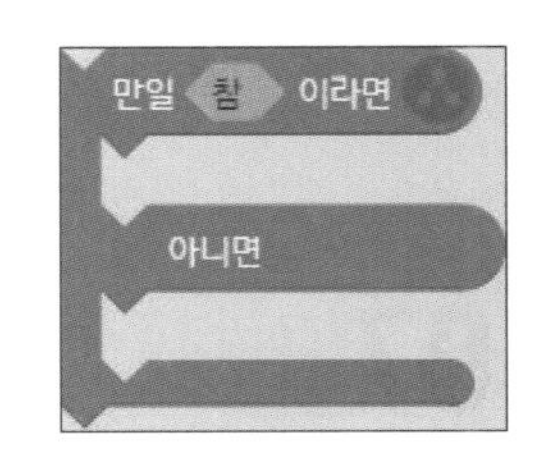

04 참 부분에 [블록]탭-[판단]에 있는 마우스포인터 에 닿았는가? 블록을 삽입하고, '마우스포인터'를 '아래쪽 벽'으로 변경해 주세요. 그리고 [블록]탭-[자료]에 있는 중력 를 10 로 정하기 블록을 조건 블록 안에 삽입하여 10을 0으로 변경해 '아래쪽 벽'에 닿았을 경우 중력을 0으로 설정하고, 아닐 경우 '아니면' 밑에 다시 [블록]탭-[자료]에 있는 중력 를 10 로 정하기 블록을 삽입하여 10을 -10으로 바꿔주세요.

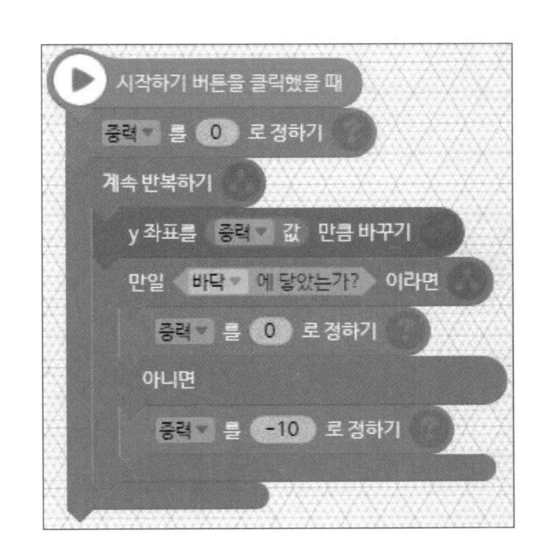

원리 이해하기

이 원리는 우리가 알고 있는 중력의 원리를 이용한 것이에요. 만약 아래쪽 벽에 닿아 있지 않고, 점프를 하고 있을 때는 아래로 내려오도록 중력값을 -10으로 정한 후 반복해서 y좌표 값을 중력값인 -10만큼 정해 주도록 합니다. '만세하는 사람(1)'이 아래쪽 벽에 닿아있을 때는 중력의 값을 0으로 설정하여 화면 아래로 더 내려가지 않도록 합니다.

05 중력값이 0인 상태에서 만약 위쪽 화살표키가 눌러지면 점프하기 위해 [블록]탭-[흐름]에 있는 "만일 ~이라면" 조건 블록을 중력 를 10 로 정하기 블록 밑에 연결하고 [블록]탭-[판단]에 있는 q 키가 눌러져 있는가? 블록을 참 부분에 삽입하여 'q'를 '위쪽화살표'로 바꿔주세요. 그리고 [블록]탭-[자료]에 있는 중력 에 10 만큼 더하기 블록을 삽입하여 '10'을 '20'으로 변경해 주세요.

06 이번에는 점프하고 있는 상태에서 다시 점프할 수 있도록 하기 위해서는 '위쪽 화살표' 조건블록을 [코드 복사 & 붙여넣기]를 해 주세요.

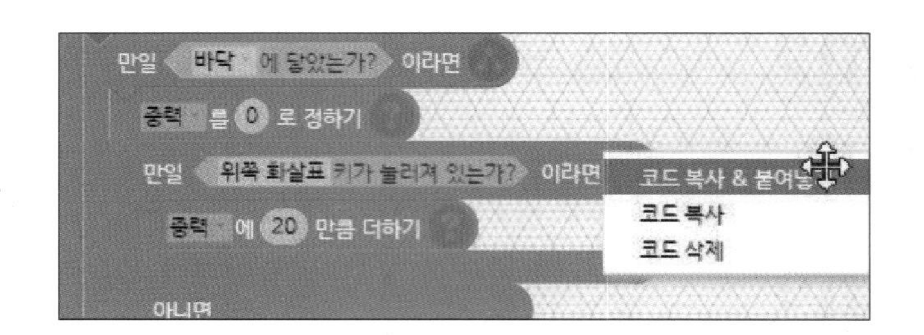

07 그리고 붙여넣게 된 블록을 "아니면" 안에 삽입해 놓은 중력 를 -10 로 정하기 블록 아래 삽입해 주세요.

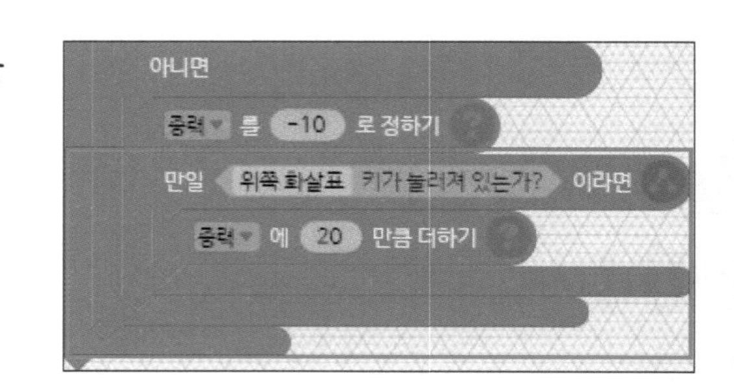

원리 이해하기

'만세하는 사람(1)'이 바닥에 닿아 있을 때 '위쪽 화살표키'를 누르면 '0' 이었던 y좌표값에 '20'이 더해지면서 점프를 하게 돼요. 이때 바닥에 닿아 있지 않기 때문에 계속 반복해서 y좌표값에 −10이 더해지면서 아래로 떨어지도록 실행되어 y좌표값에 −10을 하게 됩니다. 그런데 이때 다시 위쪽 화살표 키를 누르면 다시 중력에 20이 더해지면서 y좌표값이 변하여 다시 점프하게 되는 것입니다.

08 '만세하는 사람(1)'이 점프하다가 화면의 위쪽 벽에 닿으면 더 이상 올라가지 않고 내려오도록 하기 위해 [블록]탭−[흐름]에 있는 "만약~이라면" 조건을 "계속 반복하기"블록 안에 삽입한 후 참 부분에 [블록]탭−[판단]에 있는 마우스포인터 에 닿았는가? 블록을 삽입하여 "마우스포인터"를 "위쪽 벽"으로 바꿔주세요. 그리고 [블록]탭−[자료]에 있는 중력 에 10 만큼 더하기 블록을 조건블록 안에 삽입하여 10을 −10 또는 −20으로 변경하여 더 이상 올라가지 못하고 밑으로 내려오도록 해 주세요.

4 장애물이 될 '로봇청소기(1)' 등이 반복해서 나오도록 하기

01 장애물이 될 오브젝트들 중 하나인 '로봇청소기(1)'을 선택하고 [시작하기]를 누르면 모양을 숨기기를 할 수 있도록 [블록]탭-[시작]에 있는 [시작하기 버튼을 클릭했을 때] 블록을 삽입하고 [블록]탭-[생김새]에 있는 [모양 숨기기] 블록을 연결해 주세요.

02 장애물 자신을 반복해서 복제할 수 있도록 [블록]탭-[흐름]에 있는 "계속 반복하기" 블록을 연결하고 [블록]탭-[흐름]에 있는 [2 초 기다리기] 블록을 삽입합니다. 그리고 [2]부분에 [블록]탭-[계산]에 있는 [0 부터 10 사이의 무작위 수] 블록을 삽입하여 0부터 5 사이의 무작위 수로 변경한 후 [블록]탭-[흐름]에 있는 [자신 의 복제본 만들기] 블록을 연결해 주세요.

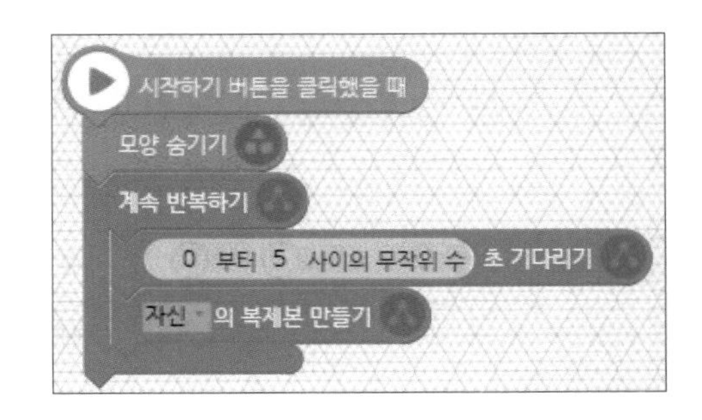

원리 이해하기

프로그램이 처음 실행되면 모양을 숨기고, 숨겨진 상태로 0~5초를 기다린 후 장애물이 자기 자신을 복제하게 되는 원리입니다.

03 생성된 복제본이 실행될 수 있도록 [블록]탭-[흐름]에 있는 [복제본이 처음 생성되었을때] 블록을 삽입하고, [블록]탭-[생김새]에 있는 [모양 보이기] 블록을 연결하여 화면에 보여지도록 합니다. 그리고 '만세하는 사람(1)'이 있는 방향으로 계속해서 움직일 수 있도록 [블록]탭-[흐름]에 있는 "계속 반복하기" 블록을 연결하고 [블록]탭-[움직임]에 있는 [x 좌표를 10 만큼 바꾸기] 블록을 삽입하여 10을 −2로 변경해 주세요.

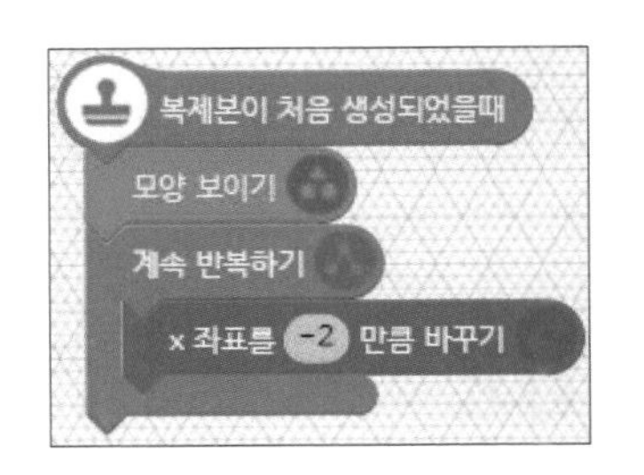

04 만약 '만세하는 사람(1)'에 닿으면 다시 시작하도록 해야 하므로, '계속 반복하기' 블록 안에 [블록]탭-[흐름]에 있는 "만약 ~이라면" 조건 블록을 삽입해 주세요.

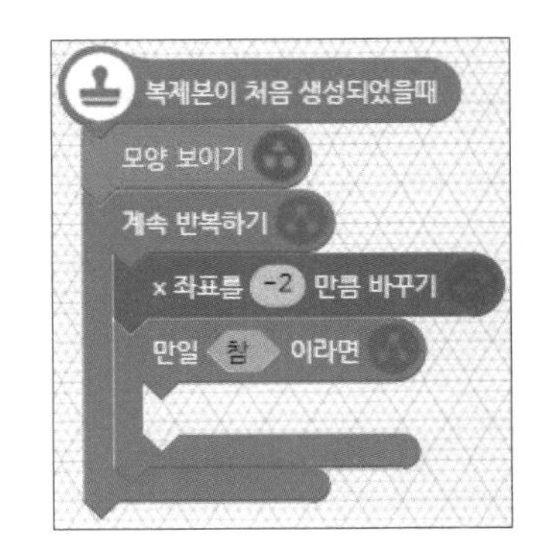

05 [블록]탭-[판단]에 있는 (마우스포인터 에 닿았는가?) 블록을 삽입하여 "마우스포인터"를 "만세하는 사람(1)"로 바꿔주세요. 그리고 [블록]탭-[흐름]에 있는 (처음부터 다시 실행하기) 블록을 삽입합니다.

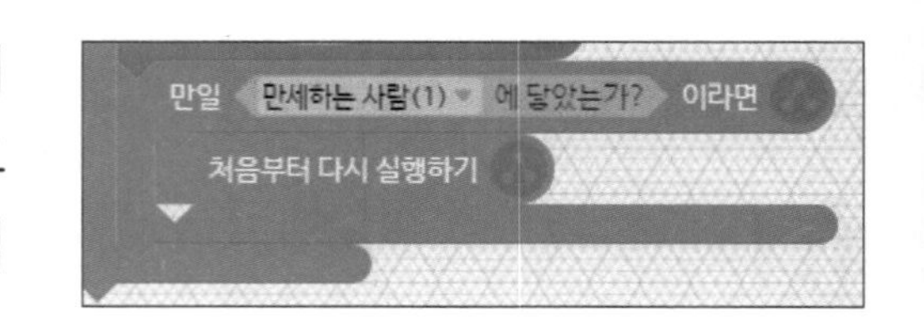

06 이번에는 장면의 왼쪽 끝에 장애물이 왔을 때 멈춰있으면 안 되므로, '계속 반복하기' 블록 안에 [블록]탭-[흐름]에 있는 "만약 ~이라면" 블록을 다시 삽입하고 (참) 부분에 [블록]탭-[판단]에 있는 (마우스포인터 에 닿았는가?) 블록을 삽입하여 "마우스포인터"를 "왼쪽 벽"으로 바꿔주세요. 그리고 복제본이 삭제되도록 조건 블록 안에 [블록]탭-[흐름]에 있는 (이 복제본 삭제하기) 블록을 삽입해 주세요.

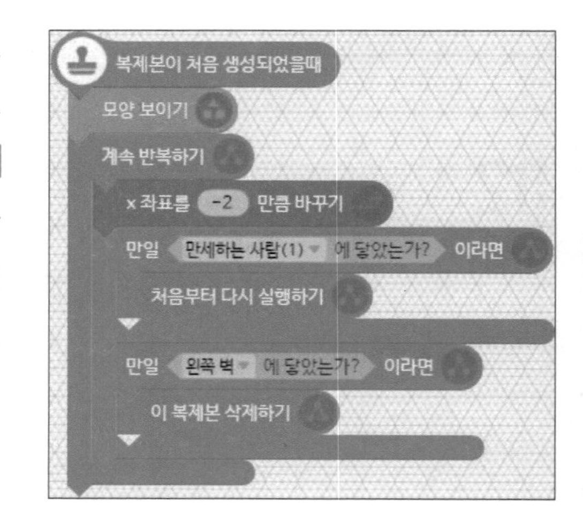

5 '밧줄'에 장애물 오브젝트의 코드 복사하여 사용하기

01 '밧줄'도 장애물들과 비슷한 방법으로 실행되도록 하기 위해 장애물 중 하나인 '로봇청소기(1)'의 블록을 [코드 복사]해 주세요.

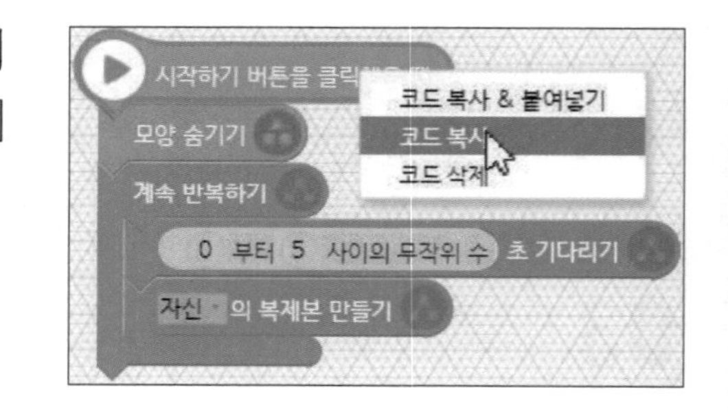

02 그리고 [오브젝트 목록]의 '밧줄'을 클릭한 후 [코딩]창에 마우스 오른쪽 버튼의 [붙여넣기]를 합니다.

03 다시 '로봇청소기(1)'의 다른 블록을 [코드 복사]해 주세요.

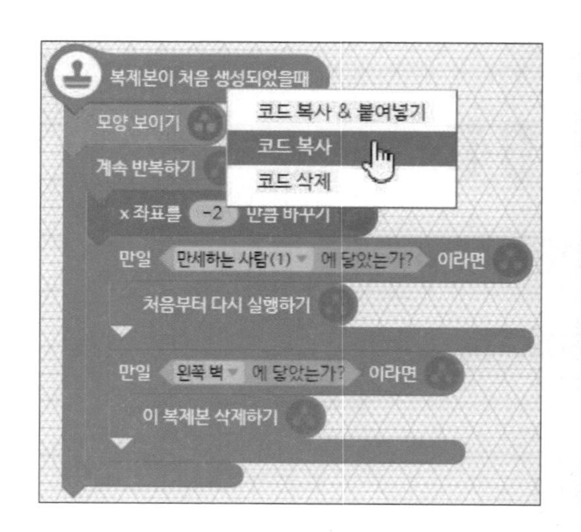

04 그리고 다시 [오브젝트 목록]의 '밧줄'을 클릭한 후 [코딩]창에 마우스 오른쪽 버튼의 [붙여넣기]를 합니다.

05 장애물들은 0~5초 사이를 기다렸다가 복제본을 만들지만, '밧줄'은 시작 후 조금 더 늦게 나오게 하기 위해 [붙여넣기]한 '밧줄' 블록의 기다리는 시간을 조절합니다. 10~15로 변경해 주세요.

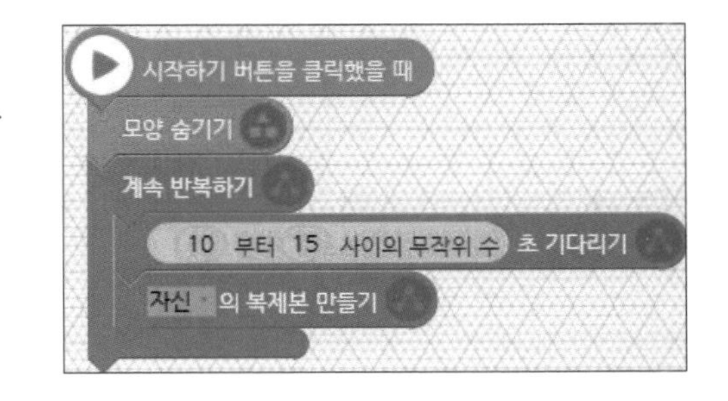

06 그리고 만약 '만세하는 사람(1)'에 '밧줄'이 닿으면 '처음부터 다시 실행하기'가 아닌, [블록]탭-[시작]에 있는 밧줄획득성공 신호 보내기 블록을 삽입해 주세요.

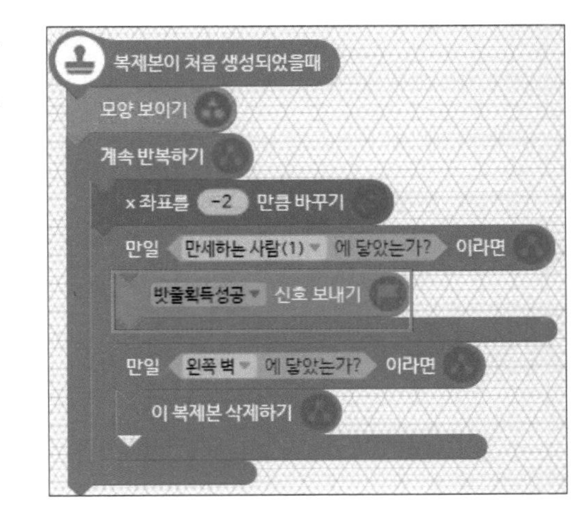

6 '밧줄획득성공' 글상자 화면에 표시하기

01 미리 만들어 놓은 '밧줄획득성공' 글상자를 선택하고, [시작하기] 버튼을 클릭하면 화면에서 숨겨지도록 [블록]탭-[시작]에 있는 시작하기 버튼을 클릭했을 때 블록을 삽입하고 [블록]탭-[생김새]에 있는 모양 숨기기 블록을 연결해 주세요.

02 그리고 '밧줄획득성공' 신호를 받으면 화면에 나타내기 위해 [블록]탭-[시작]에 있는 밧줄획득성공 신호를 받았을 때 블록을 삽입하고 [블록]탭-[생김새]에 있는 모양 보이기 블록을 연결합니다.

03 밧줄을 획득하면 박수 소리를 내기 위해 '밧줄획득성공' 글상자를 선택하여 [소리추가] 버튼을 클릭해 주세요.

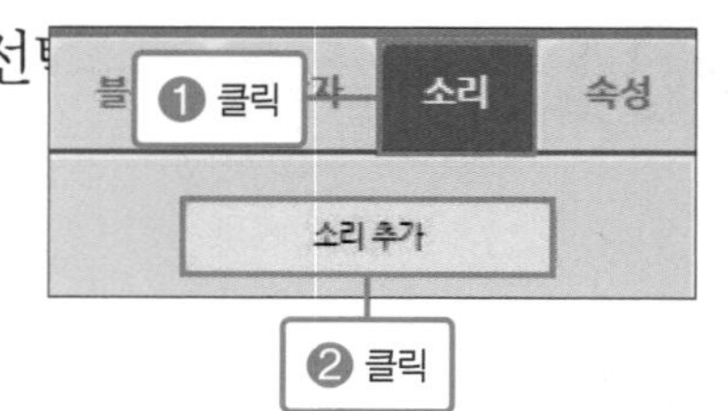

04 [소리추가]창이 열리면 '박수갈채'를 클릭하고 [적용하기]를 클릭해 주세요.

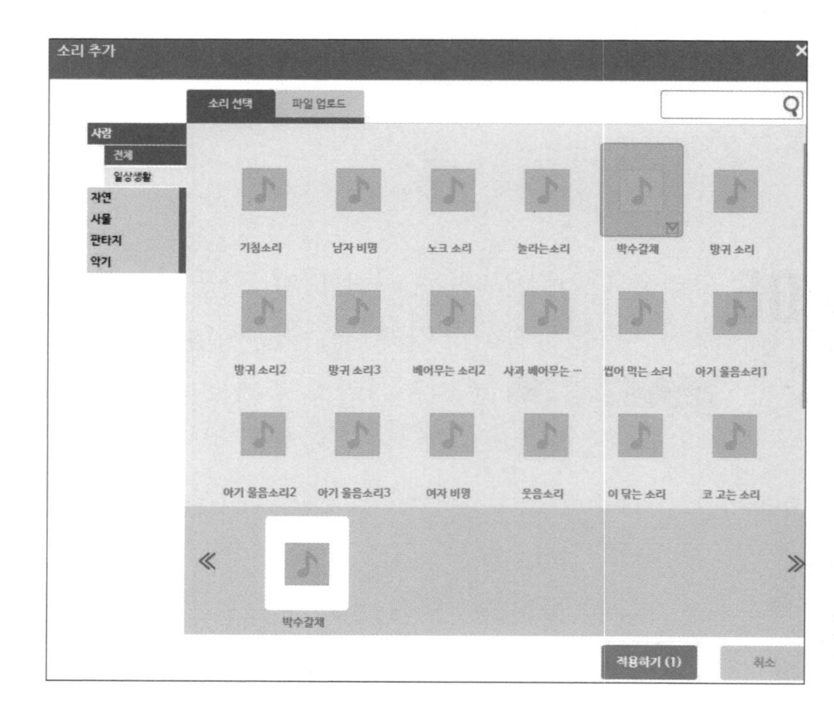

05 소리가 추가되면 다시 [코딩]창 '모양 보이기' 블록 아래에 [블록]탭-[소리]에 있는 [소리 박수갈채 재생하기] 블록을 연결하고, 프로그램이 멈출 수 있도록 [블록]탭-[흐름]에 있는 [모든 코드 멈추기] 블록을 연결해 주세요.

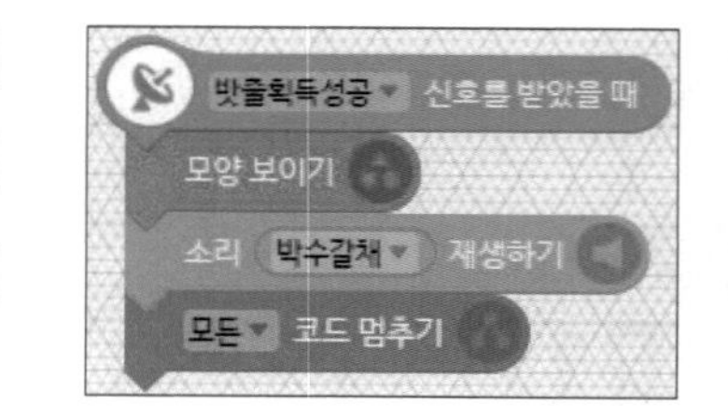

제한 시간 안에 여러 장애물을 넘어 밧줄을 잡아 봅시다.

민수가 밧줄을 잡을 때 제한시간을 두고 장애물도 더 많이 만들어 보세요. 더 재미있는 게임이 완성될 것입니다.

장면 & 오브젝트목록 보기

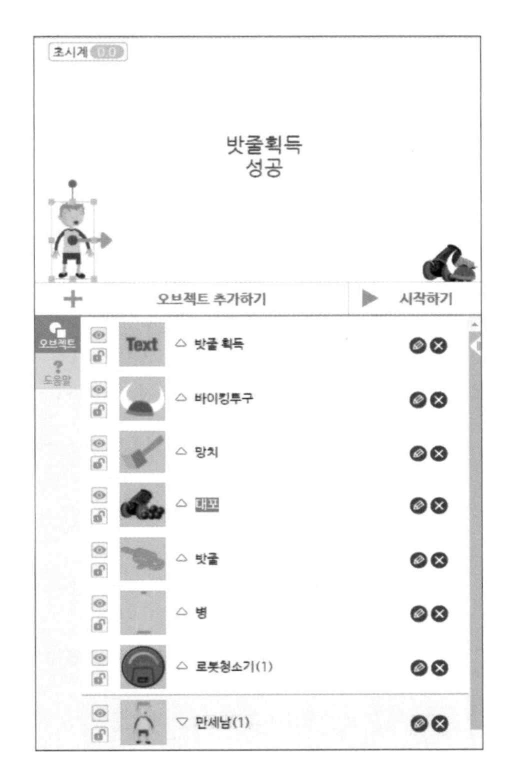

설계순서 생각해 보기

순서대로 실행하기 생각 적어보기

• 추가해야 할 오브젝트와 그 오브젝트의 속성을 어떻게 변경해야 할까요?

생각 적기

• 실제 움직일 오브젝트는 무엇이며, 어떻게 움직여야 하나요?

생각 적기

• 오브젝트를 움직이기 위해 어떤 블록을 사용해야 하나요?

생각 적기

• 실행이 잘 됐나요? 실행이 잘못되었다면 설계순서를 확인하여 어디에서 오류인지 수정해보세요. 어떤 부분을 수정했나요?

생각 적기

• 수정해서 더 좋은 프로그램이 되었나요? 다른 블록을 더 사용할 수는 없을까요? 사용할 수 있으면 직접 블록을 추가하고, 잘하지 못할 경우는 생각한 것을 적어봅니다.

생각 적기

09 풍랑과 안개를 조절하자.

첫 번째 미션 피아노 아이템을 연주해서 풍랑을 잠재워 보세요.

● **실습예제파일 :** piano1.png, 작은별악보.png ● **완성파일 :** 9강1미션.ent

미션 성공 화면

7번째 미션에서 획득했었던 피아노 아이템을 드디어 사용할 시간이 왔어요. 잔잔하던 바다가 갑자기 거센 풍랑 속에 빠지게 되었거든요. 멋지게 피아노 연주를 해서 풍랑을 잠재워 보세요.

핵심 블록 힌트

블록	블록설명
오브젝트를 클릭했을 때	[블록]탭-[시작]에 있는 블록, 특정 오브젝트를 클릭하면 아래에 연결되어 있는 블록들이 실행됩니다.
소리 대상없음 재생하기	[블록]탭-[소리]에 있는 블록, 추가해 놓은 소리가 재생되도록 하는 블록입니다.

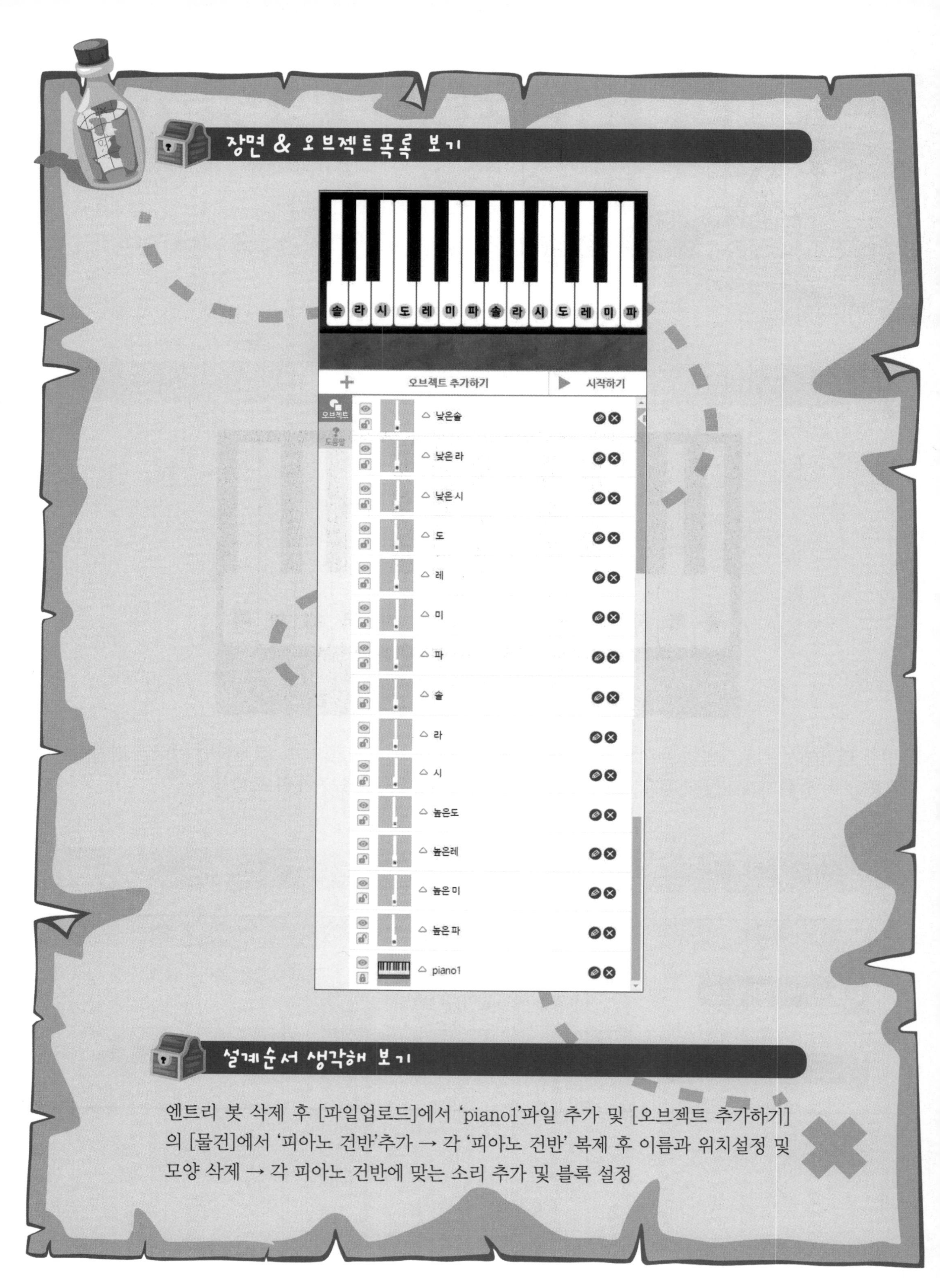

장면 & 오브젝트목록 보기

설계순서 생각해 보기

엔트리 봇 삭제 후 [파일업로드]에서 'piano1'파일 추가 및 [오브젝트 추가하기]의 [물건]에서 '피아노 건반'추가 → 각 '피아노 건반' 복제 후 이름과 위치설정 및 모양 삭제 → 각 피아노 건반에 맞는 소리 추가 및 블록 설정

설계 순서대로 실행하기

순서를 적어 봤다면 설계 순서대로 실제 코딩을 해보도록 하겠습니다.

1 엔트리 봇 삭제 후 파일과 오브젝트 추가하기

01 엔트리에서 제공하는 '피아노'오브젝트는 낮은 도부터 높은도까지 두 번 반복되도록 되어 있어 좋긴 하지만, 소리가 낮은 솔부터, 높은 파까지만 있어서 건반을 조금 수정해 봤어요. 엔트리봇을 삭제 후 제공된 파일을 받아서 [오브젝트 추가하기]-[파일 업로드]탭-[파일추가]버튼을 클릭해 주세요. 파일이 있는 위치를 찾아서 'piano1' 파일을 열기 하면 그림이 추가 되는데, 이때 그림을 클릭한 후 [적용하기] 버튼을 클릭하면 [오브젝트 목록]에 추가돼요

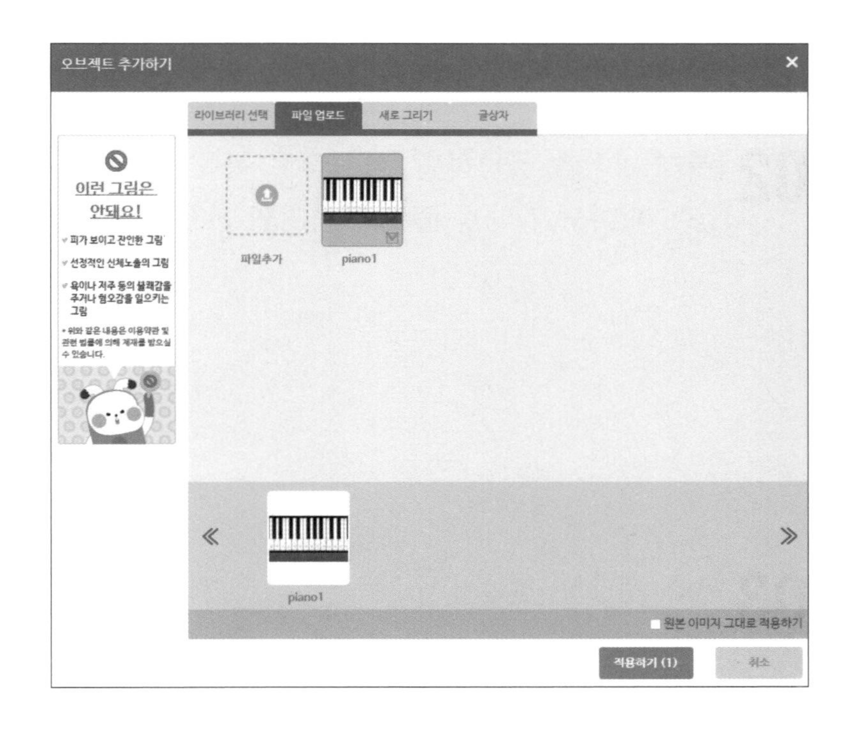

02 피아노의 각 건반에 맞게 '피아노 건반'을 놓기 위해 [오브젝트 추가하기]를 클릭하고, [물건]에서 '피아노 건반'을 찾아 [적용하기]를 클릭합니다. 업로드한 piano1은 화면에 가득하도록 크기를 조절하고, [오브젝트 속성]에서 자물쇠가 잠긴 모양이 되도록 해 주세요.

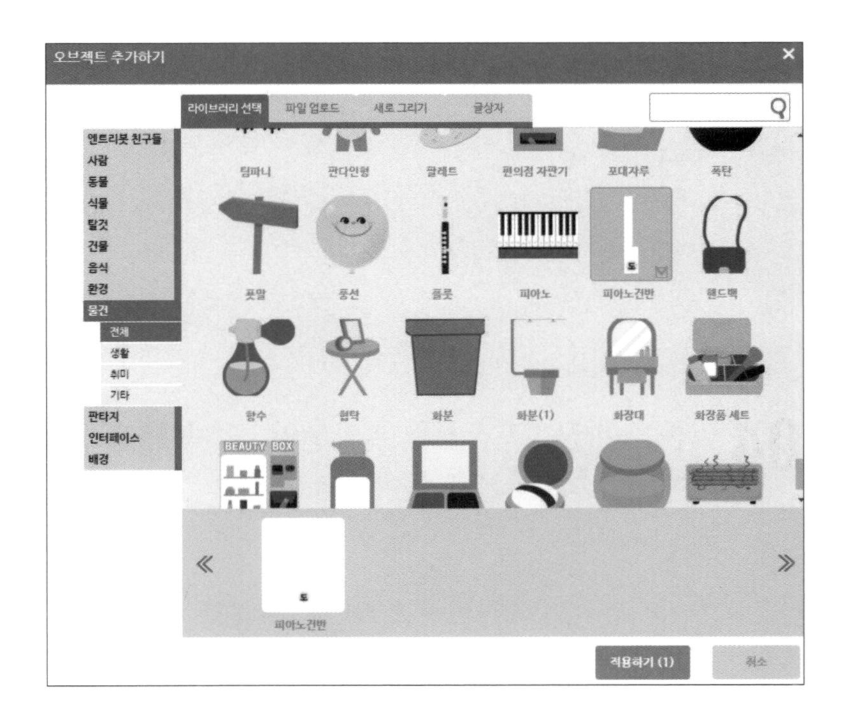

2 각 '피아노 건반'의 이름과 위치 정하기

01 [오브젝트 목록]에 새롭게 추가된 '피아노 건반'을 마우스 오른쪽 단추로 클릭하여 [복제]를 합니다.

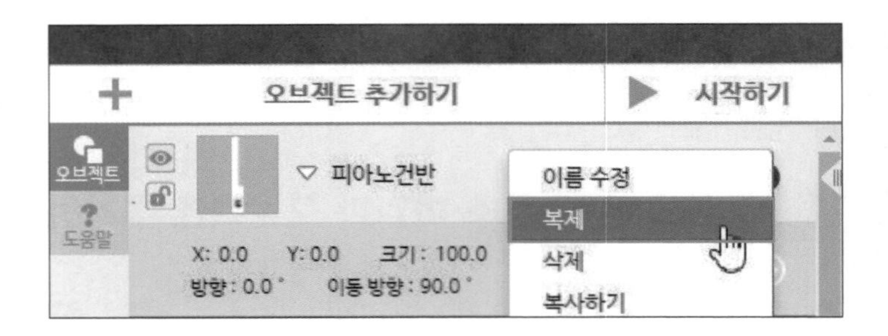

02 [복제]버튼을 클릭하면 [오브젝트 목록]에 '피아노 건반1'이 만들어지고 화면에 있는 '피아노 건반'을 옆으로 옮기면 복제된 '피아노 건반1'이 옮겨져요.

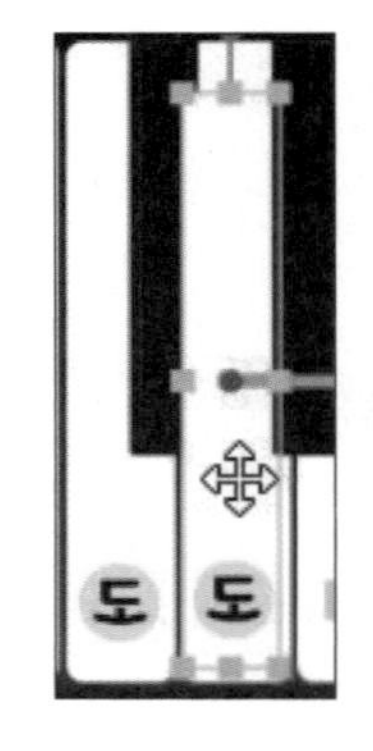

03 이때 복제한 건반과 쉽게 구분하기 위해 '피아노 건반'의 이름을 [오브젝트 목록]에서 '도'로 바꿔 주도록 해요.

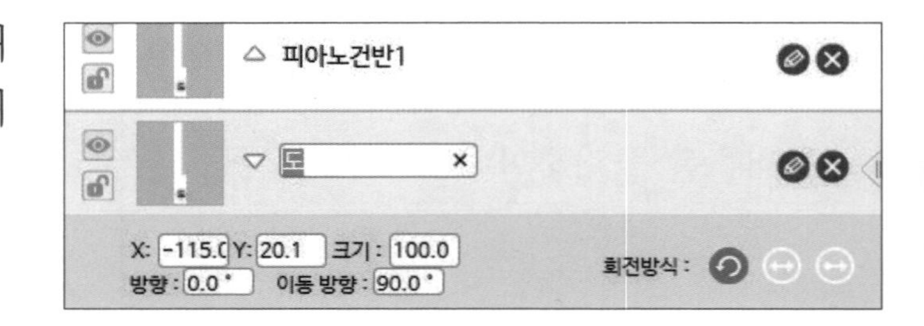

원리 이해하기

'피아노 건반' 오브젝트는 [모양]탭에 도, 레, 미, 파, 솔, 라, 시 모양이 모두 들어 있기 때문에 복제해놓고 사용하면 [오브젝트 추가하기]에서 다시 '피아노 건반'을 추가할 필요가 없어요.

04 이름을 바꾼 '도'건반을 피아노의 '도' 부분에 놓고 '피아노 건반1'은 피아노의 '레' 부분에 놓아주세요.

05 '도' 건반을 선택한 후 [모양]탭을 클릭하면 도~시까지 피아노 건반의 모양이 들어 있고 각 모양을 클릭하면 화면에서 건반의 모양이 바뀌어요. 우리는 '도'만 사용하므로 '피아노건반_도'만 남기고 모두 삭제해 보도록 해요.

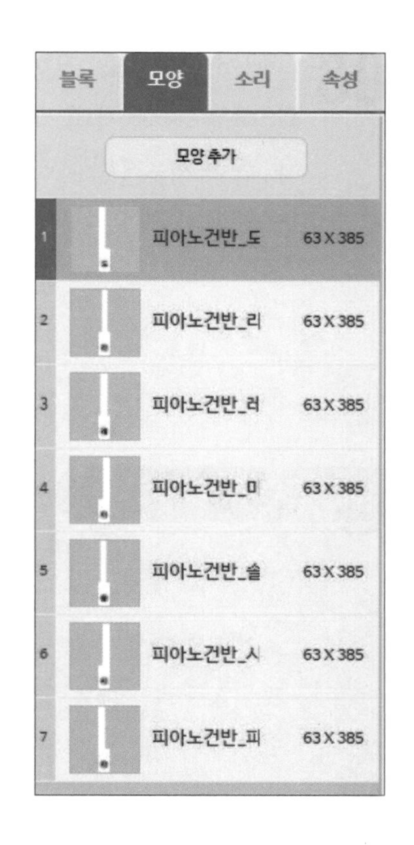

06 삭제할 건반 모양에서 마우스 오른쪽 단추를 클릭해 [삭제]를 클릭하면 돼요. 이때 삭제하지 않고 건반에 맞는 모양을 클릭해 모양만 바꿔도 괜찮아요.

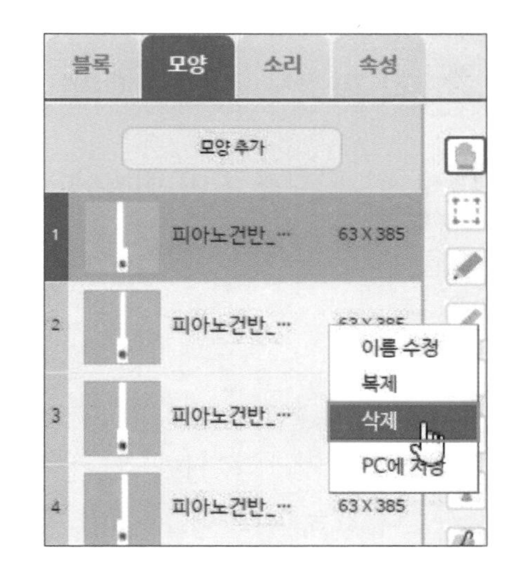

07 '레' 건반을 만들기 위해 다시 '피아노 건반1'에서 복제하도록 해요. 복제된 '피아노건반2'는 장면에서 옆으로 옮겨 놓고 [오브젝트 목록]에서 '피아노건반1'을 다시 선택해 이름을 '레'로 바꾸고 피아노의 '레'부분에 놓습니다.
[모양]탭에서 '피아노건반_레'만 빼고 모두 삭제해 주거나, '피아노건반_레'를 클릭해 모양을 맞춰 주세요.

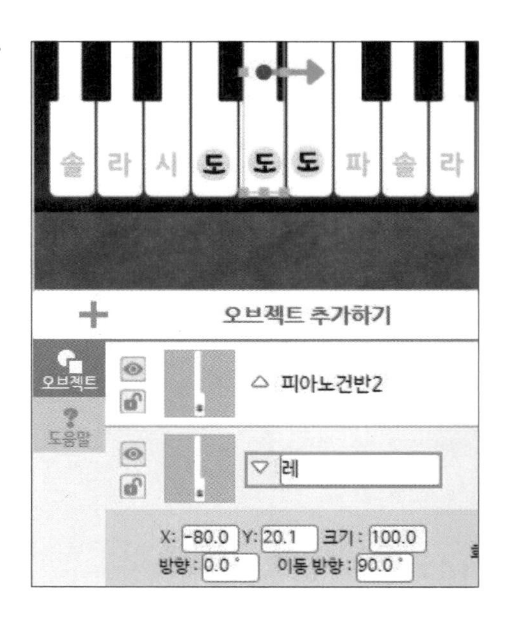

08 앞에서 '피아노 건반'을 복제하고 이름을 바꿨던 것처럼 똑같이 반복하고 [모양]탭에서 건반이름에 맞는 건반으로 모양을 바꿔 피아노를 완성하세요.

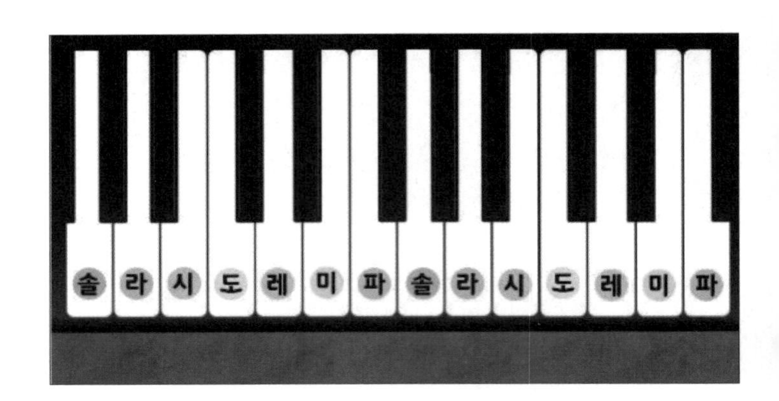

원리 이해하기

각 건반모양에 맞게 '피아노' 오브젝트에 '피아노건반'을 모두 복제하여 놓는 이유는 '피아노 건반' 오브젝트를 클릭하면 건반 이름에 맞는 소리를 나오도록 하기 위해서예요. 만약 '피아노' 오브젝트만 삽입하고 건반의 이름을 클릭한다면 오브젝트가 하나이기 때문에 하나의 소리만 나오게 되겠죠?

3 각 피아노 건반의 이름에 맞게 소리 추가하기

01 이제는 각 건반 이름에 맞게 소리를 추가해야 해요. 먼저 '도'를 선택하고 [소리]탭을 클릭하여 [소리추가] 버튼을 클릭해 주세요.

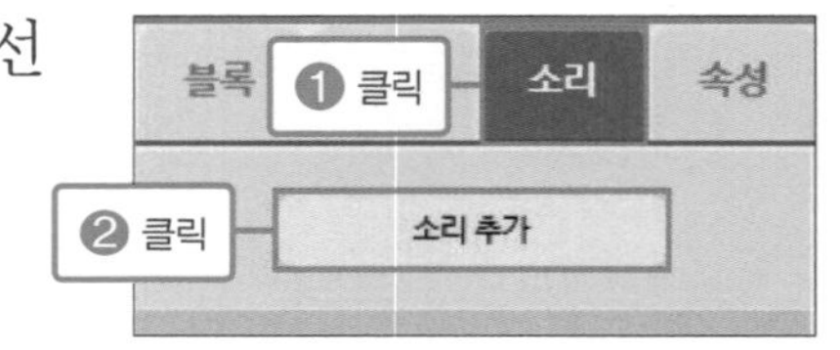

02 목록의 [악기]에 있는 [피아노]를 선택하면 피아노 건반 소리만 나오게 돼요. 이때 각각의 건반마다 건반에 맞는 소리를 추가해야 하므로 '피아노_04도'를 선택하고 [적용하기]를 클릭해 주세요. 다른 건반에도 건반에 맞는 소리를 추가해 주세요.

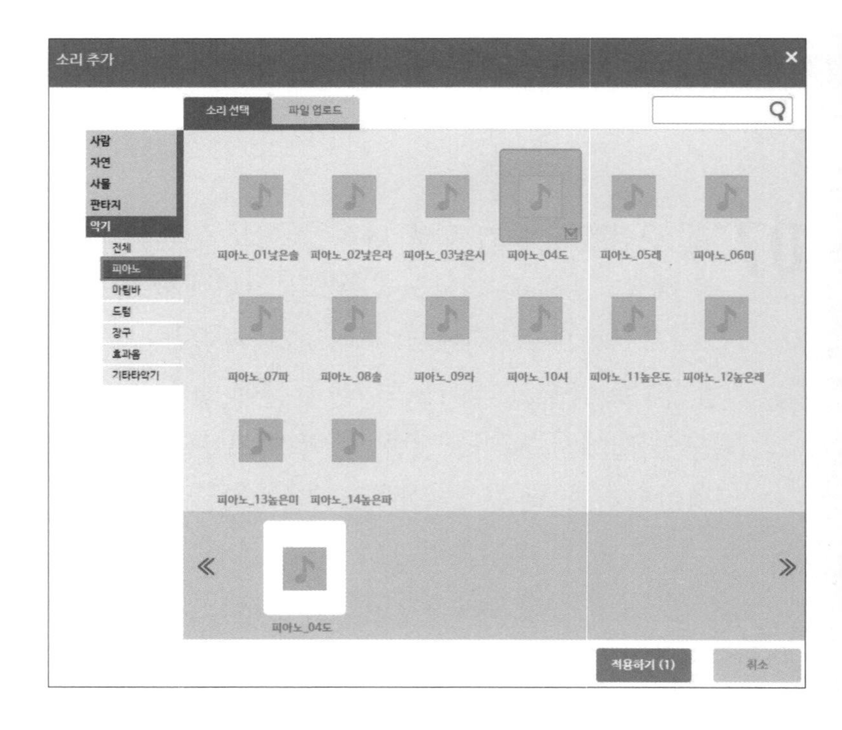

03 이제는 소리를 실행시키기 위해, [코딩창]에 [블록]탭-[시작]에 있는 오브젝트를 클릭했을 때 블록을 삽입해 주세요. 그리고 [블록]탭-[소리]에 있는 소리 대상없음 재생하기 블록을 연결하고 목록을 선택하여 소리를 추가해주면 됩니다.

04 각 건반에 맞는 소리가 들리도록 하기 위해 '도'에 만들어 놓은 블록의 제일 위에 있는 블록에서 마우스 오른쪽 단추를 클릭해 [코드 복사]를 클릭해 주세요.

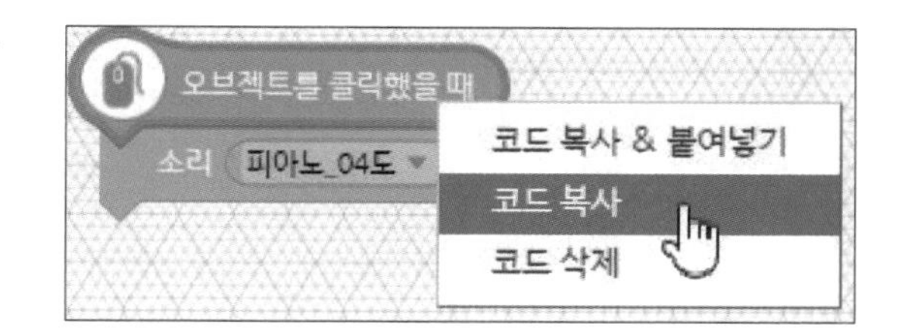

05 그리고 [오브젝트 목록]에서 각 건반을 클릭한 후 [코딩창]에서 마우스 오른쪽 단추를 클릭하고 [붙여넣기]를 해주면 블록을 쉽게 만들 수 있어요.

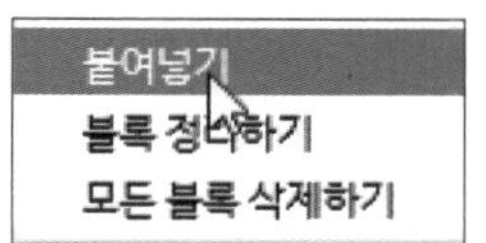

06 블록을 모두 붙여넣기 한 후에는 각 피아노 건반에서 추가해놓은 소리를 선택해 주세요.

07 이렇게 건반 전체에 소리를 넣어주면 블록코딩은 끝난 것입니다. 이제 시작하기를 눌러 아래의 악보에 있는 음악을 연주해 볼까요?

두 번째 미션 안개를 조절하는 안개마왕과 수수께끼 시합으로 안개를 걷어보세요.

● **완성파일 :** 9강2미션.ent

미션 성공 화면

안개를 조절하는 안개마왕이 나타났어요. 안개마왕은 수수께끼를 좋아한답니다. 안개마왕이 내는 수수께끼를 3개 이상 맞춰 안개를 걷어내 보세요.

핵심 블록 힌트

블록	블록설명
10 번 반복하기	[블록]탭–[흐름]에 있는 블록, 블록 안에 삽입되어 있는 블록들을 정한 횟수만큼 반복하는 블록입니다.
만일 참 이라면 아니면	[블록]탭–[흐름]안에 있는 블록, 참 안에 있는 조건이 참일 경우는 바로 아래에 삽입되어 있는 블록을 실행하고, 조건이 거짓일 때는 '아니면' 아래에 있는 블록을 실행합니다.

장면 & 오브젝트목록 보기

설계순서 생각해 보기

엔트리봇 삭제 후 [오브젝트 추가하기]를 눌러 [배경]에서 '그라데이션', [사람]에서 '만세하는 사람(1)'과 '걷고있는 사람(1)', [탈것]에서 '제트선', [판타지]에서 '용(2)'를 추가하여 크기 및 위치조절 → 배경 모양 설정 → '문제' 리스트, '정답수' 변수와 '문제번호' 변수, '햇살배경' 신호 만들기 → '걷고있는 사람(1)'과 '용(2)'가 대화하며 퀴즈 시작하기 → '문제' 리스트에 있는 내용을 질문 후 정답이 맞으면, 정답 수에 점수를 더하고, 정답이 아닐 경우 다음 문제로 넘어가기를 5회 반복하기 → 반복 후 정답 수 값이 30 이상이면 배경 변경하기

설계 순서대로 실행하기

순서를 적어 봤다면 설계 순서대로 실제 코딩을 해보도록 하겠습니다.

1 엔트리봇 삭제 후 오브젝트 추가하여 크기 및 위치 정하기

01 엔트리 봇을 삭제했으면, [오브젝트 추가하기] 버튼을 클릭해 [배경]에서 '그라데이션',[사람]에서 '만세하는 사람(1)', '걷고있는 사람(1)', [탈 것]에서 '제트선', [판타지]에서 '용(2)'를 선택한 후 적용하기를 눌러주세요.
〈장면 & 오브젝트목록 보기〉처럼 크기와 위치를 조절해 주세요.

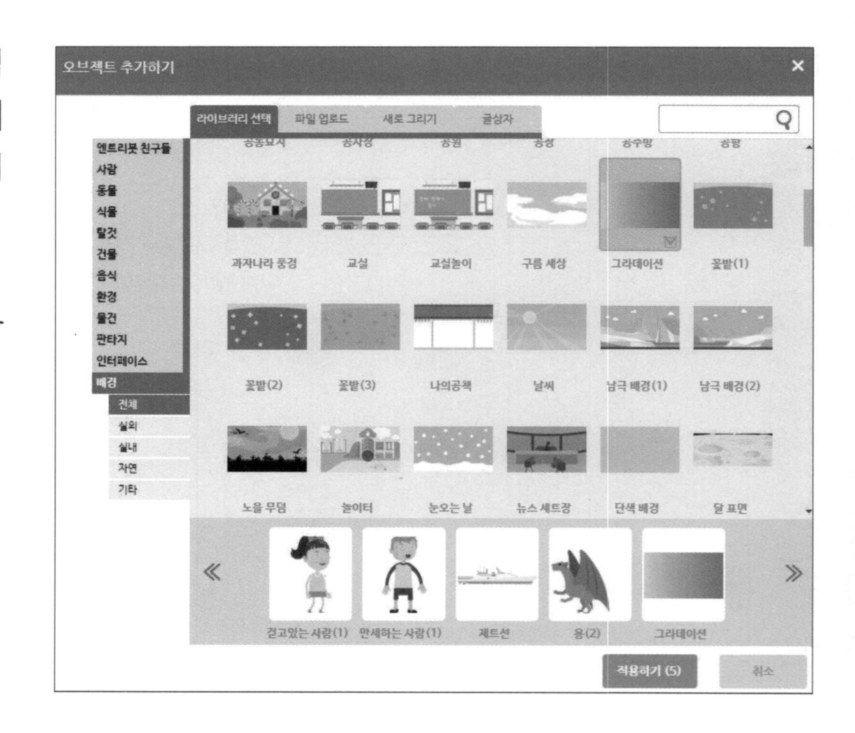

2 배경 모양 설정 및 추가하기

01 배경이 된 '그라데이션'을 클릭하고 [모양]탭을 눌러보면 배경 모양이 많이 있는 것을 확인할 수 있어요. 마우스 오른쪽 단추의 [삭제]버튼을 눌러 '그라데이션_1'만 남기고 모두 삭제해 주세요.

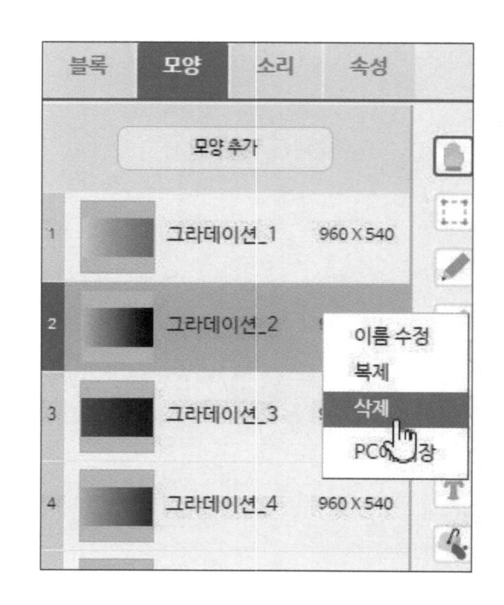

02 '그라데이션_1'만 남기고 모두 삭제했으면 [모양]탭-[모양 추가]를 클릭해서 밝은 배경 하나를 추가해보도록 하겠습니다.

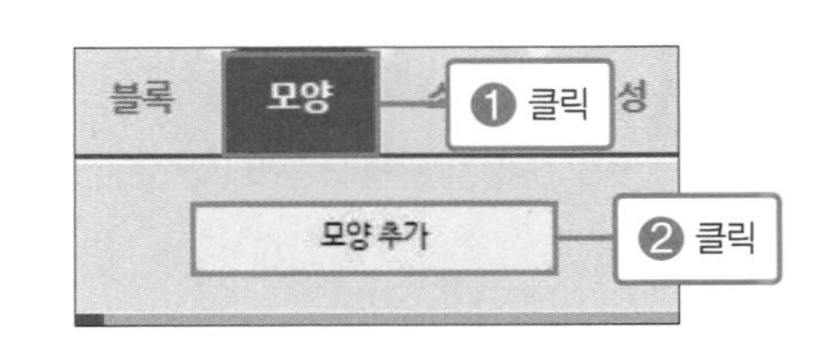

03 [모양]탭-[모양추가]-[배경] 안에 있는 '날씨_맑음'을 선택하고 적용하기를 눌러주세요. '그라데이션_1' 바로 밑에 '날씨_맑음'이 들어가 있는 것을 볼 수 있어요.

추가가 되었으면, 처음 시작할 때는 '그라데이션_1'이 먼저 나와야 하므로, '그라데이션_1'을 다시 클릭해 주세요.

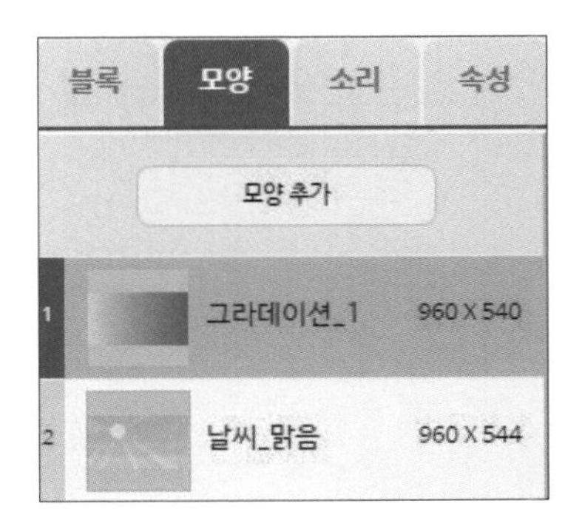

3 '문제' 리스트, '정답수' 변수와 '문제번호' 변수, '햇살배경' 신호 만들기

01 '문제' 리스트를 만들기 위해 [속성]탭-[리스트]-[+리스트 추가]를 클릭하여 이름을 '문제'로 입력하고 [확인]버튼을 클릭한 후 변수보이기에는 체크해제 해 주세요.

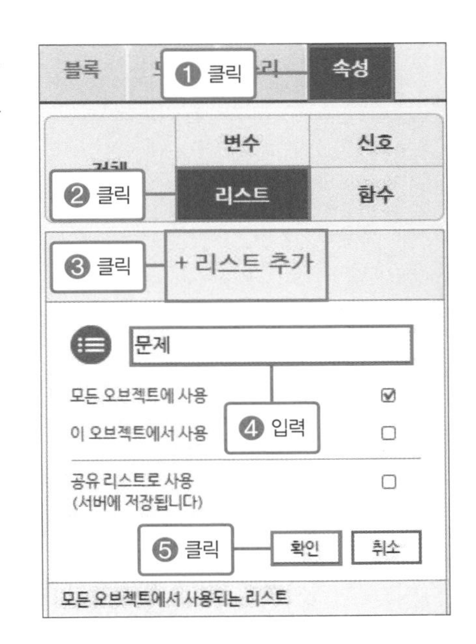

02 [확인]을 클릭하여 리스트보이기에 체크 해제해 주세요. 그리고 리스트의 항목수를 조절 할 수 있으며, 문제 개수만큼 늘려주면 글자를 입력할 수 있는 공란이 늘어나게 되는데 이때 문제내용을 입력해 주세요.

리스트 항목 · 번호에 문제를 하나씩 넣어 주세요.

❶ 날씨가 더우면 키가 커지고, 날씨가 추우면 키가 작아지는 것은?

❷ 닦으면 닦을수록 더러워지는 것은?

❸ 어릴 때는 울지 못하고 어른이 돼서야 우는 것은?

❹ 왕이 넘어지면?

❺ 때리면 살고, 안 때리면 죽는 것은?

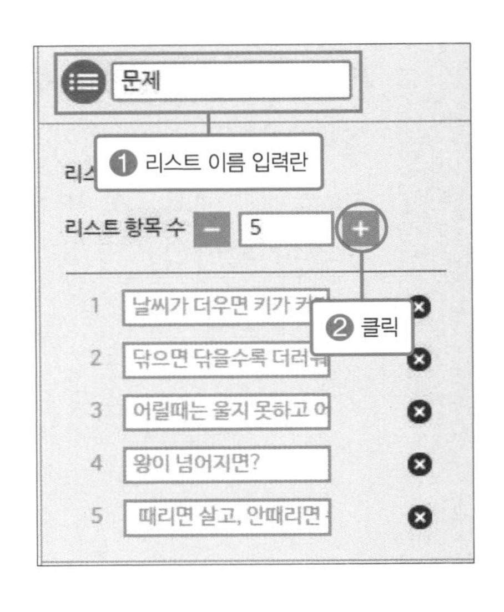

03 문제를 랜덤으로 내기 위해 '문제번호'와 '정답수' 변수를 만들어 줘야 해요. [속성]탭-[변수]-[+변수 추가]를 클릭하여 변수 이름을 '문제번호'로 하고, [확인]버튼을 클릭한 후 변수 보이기를 체크해제 해 주세요. 그리고, 맞춘 정답의 수를 세기 위해 [속성]탭-[변수]-[+변수 추가]를 클릭하여 '정답수' 변수를 만들어 주세요. 선언된 두 개의 변수를 목록에서 확인할 수 있습니다.

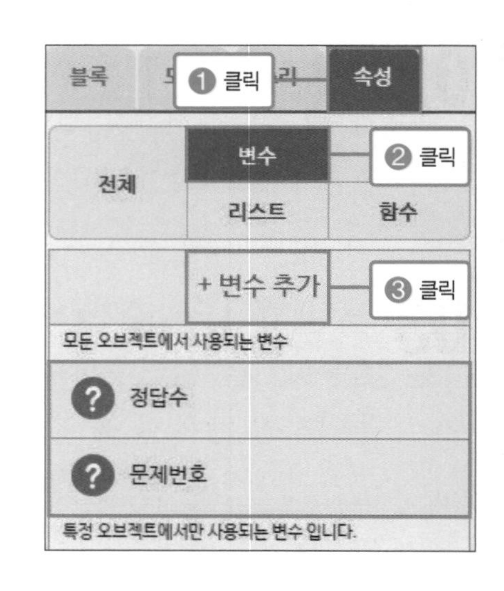

04 정답을 3개 이상 맞췄을 때 배경을 바꾸기 위해 [속성]탭-[신호]-[+신호 추가]를 눌러 '햇살배경' 신호를 만들어 주세요.

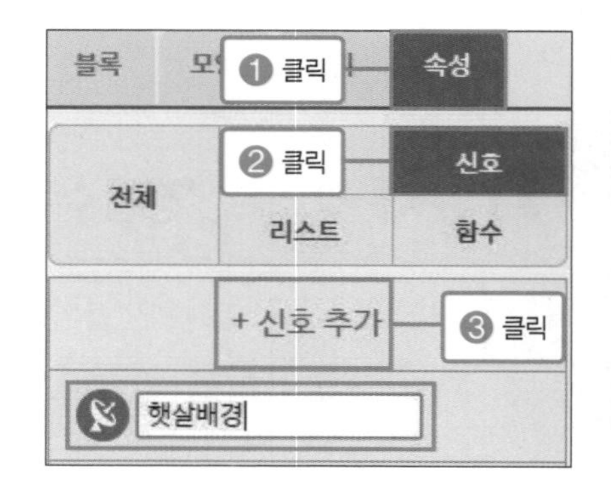

4 '걷고있는 사람(1)'과 '용(2)'가 대화하며 퀴즈 시작하기

01 프로그램이 실행되면 '걷고있는 사람(1)'이 '용(2)'에게 안개를 없애달라고 이야기하도록 만들기 위해 '걷고있는 사람(1)'을 선택합니다. 그리고 [코딩창]에 [블록]탭-[시작]에 있는 [시작하기 버튼을 클릭했을 때] 블록을 삽입하고 [블록]탭-[생김새]에 있는 [안녕! 을(를) 4 초 동안 말하기] 블록을 연결하여 "안녕!"을 "안개마왕! 우리 배가 앞으로 갈 수 있도록 안개를 없애주세요."로 바꾼 후 3초 동안 말하기로 바꿔주면 됩니다.

02 이번에는 '용(2)'가 대답하도록 하기 위해, '용(2)'를 선택한 후 [코딩창]에 [블록]탭-[시작]에 있는 시작하기 버튼을 클릭했을 때 블록을 삽입하고 [블록]탭-[흐름]에 있는 2 초 기다리기 블록을 연결하여 '걷고있는 사람(1)'가 말하는 시간과 똑같이 2초를 3초로 바꿔주세요. 그리고 [블록]탭-[생김새]에 있는 안녕! 을(를) 4 초 동안 말하기 블록을 연결하고 "안개를 없애달라고? 좋다 내가 내는 문제를 모두 풀면 그렇게 해주지."를 3초 동안 말하기로 바꿔주세요.

03 위에 기다리기 블록에서 마우스 오른쪽 버튼을 클릭하여 [코드 복사 & 붙여넣기]를 클릭해 주세요.

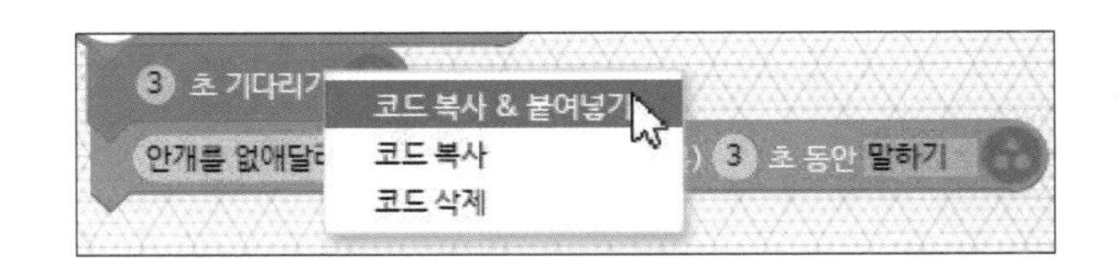

04 똑같은 블록이 하나 더 생긴 것을 확인할 수 있어요. 이 블록을 위에 말하기 블록에 연결해 주세요.

05 그리고 3초를 0.5초로 설정한 후 말하기 블록에는 "문제는 모두 5개야! 3개 이상의 문제를 맞추면 되는 거야! 시작하겠다~."라고 넣어 주세요.

시작하기 버튼을 클릭했을 때
3 초 기다리기
안개를 없애달라고? 좋다 내가 내는... 을(를) 3 초 동안 말하기
0.5 초 기다리기
문제는 모두 5개야! 3개 이상의 문... 을(를) 3 초 동안 말하기

원리 이해하기

[코드 복사]는 선택한 블록부터 아래에 연결되어 있는 모든 블록을 복사합니다. 하지만 [코드 삭제]를 클릭하면 선택한 블록만 삭제가 됩니다.

5 '문제'리스트에 있는 문제를 무작위로 내도록 설정하기

01 5문제 중 3문제를 맞추면 배경을 바꿔줄 것이에요. 그렇기 때문에 위의 말하기 블록에 [블록]탭-[흐름]에 있는 '10번 반복하기' 블록을 연결해 주세요. 그리고 10번을 5번으로 바꿔주세요.

02 문제변수에 있는 번호를 1부터 5까지 무작위로 나올 수 있도록 '~번 반복하기' 블록 안에 [블록]탭-[자료]에 있는 [문제번호 를 10 로 정하기] 블록을 삽입하고 목록에서 '문제번호'로 변경해 주세요. 그리고 [10] 부분에 [블록]탭-[계산]에 있는 [0 부터 10 사이의 무작위 수] 블록을 삽입하여 문제번호에 맞춰 1부터 5 사이로 바꿔주세요.

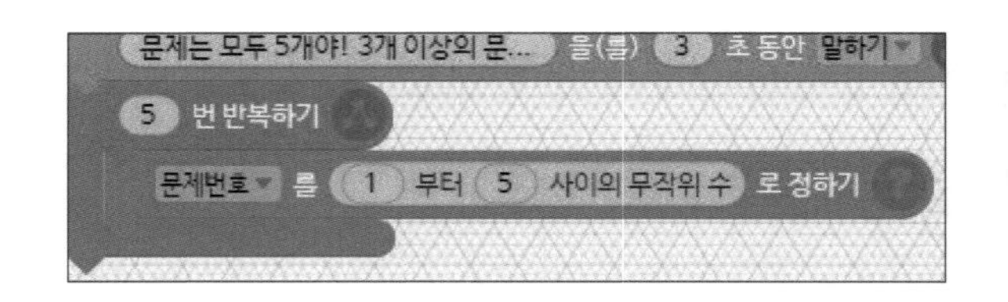

03 이제 문제를 물어볼 수 있도록 [블록]탭-[자료]에 있는 [안녕! 을(를) 묻고 대답 기다리기] 블록을 연결해 주세요. 그리고 [안녕!] 부분에 [블록]탭-[자료]에 있는 [문제 의 1 번째 항목] 블록을 삽입하세요.

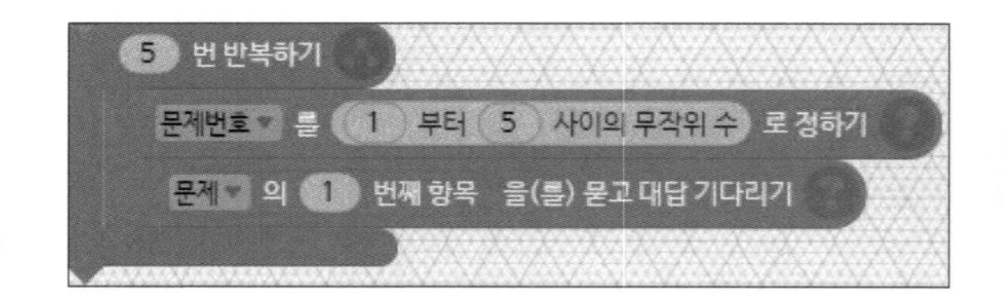

04 무작위로 정해 놓은 '문제번호'를 받기 위해 [1] 부분에 [블록]탭-[자료]에 있는 [정답수 값] 블록을 삽입하고 목록에서 '문제번호'로 변경해 주세요.

원리 이해하기

'문제번호' 변수의 값을 1~5사이의 무작위 수로 정해 준 후, '문제' 리스트에서 무작위로 정해진 문제 번호에 해당하는 문제가 나오도록 하는 것이에요.

6 문제의 답이 정답일 때와 오답일 때 블록을 설정하기

01 문제를 물어 봤으니, 문제에 대한 대답이 맞는지 확인해야겠지요? [블록]탭–[흐름]에 있는 '만일 참이라면, 아니면' 조건블록을 '5번 반복하기' 블록 안에 삽입해 주세요.

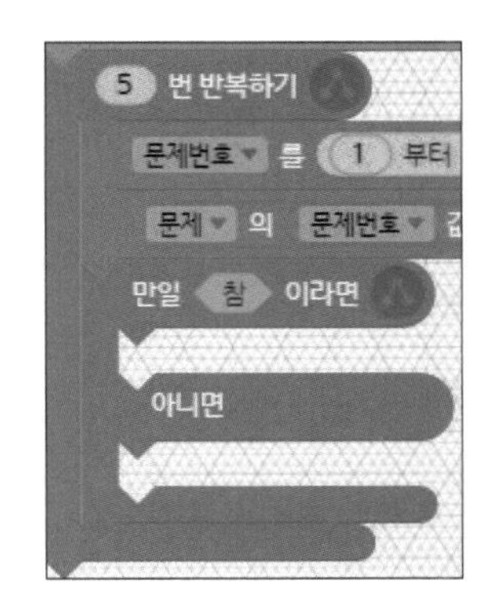

02 조건식을 만들기 위해 [블록]탭–[판단]에 있는 참 그리고 참 블록을 조건 블록의 참 부분에 삽입해 주세요.

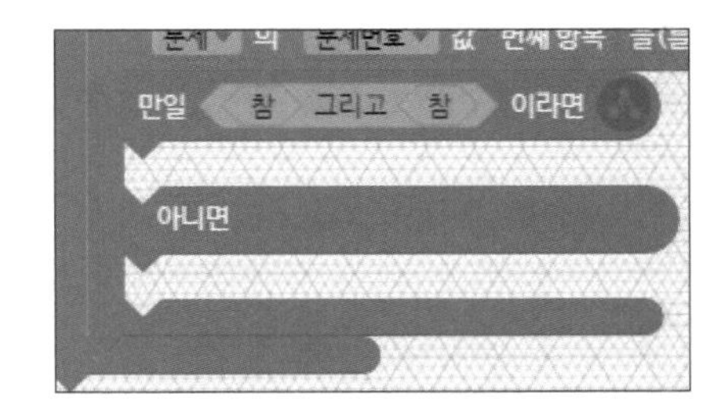

03 첫 번째 조건을 '문제번호가 1과 같다'라고 표현하기 위해 [블록]탭–[판단]에 있는 10 = 10 블록을 참 부분에 삽입하고 앞에 있는 10 부분에 [블록]탭–[자료]에 있는 정답수 값 블록을 삽입해 주세요. 그리고 목록에서 정답 수를 '문제번호'로 바꾸고, 뒤에 10 부분은 10을 1로 바꿔주세요.

04 두 번째 조건은 [대답이 '온도계'이다.]로 하기 위해 뒤에 참 부분에 [블록]탭–[판단]에 있는 10 = 10 블록을 삽입하고 앞에 있는 10 부분에 [블록]탭–[자료]에 있는 정답수 값 블록을 삽입하세요. 그리고 뒤에 있는 10 부분의 10은 1번 문제의 답인 '온도계'로 바꿔주세요.

원리 이해하기

위에서는 '문제번호' 변수값과 '문제' 리스트의 문제 번호가 같은지 확인하고 같을 경우 그 문제 번호에 맞는 정답이 맞는지 확인하는 조건을 설정한 것입니다.

05 두 개의 조건을 완성했으면 이제 이 조건이 모두 참일 때 실행할 블록인 [블록]탭–[생김새]에 있는 `안녕! 을(를) 4 초 동안 말하기` 블록을 삽입하고 “안녕!”을 “정답이야! 이제 다음 문제야! 정답을 맞춰봐!”로 바꾸고 4초를 2초 말하기로 바꿔주세요. 그리고 정답이 맞았으니 정답 수에 10점을 더해주기 위해 [블록]탭–[자료]에 있는 `정답수 에 10 만큼 더하기` 블록을 연결해 주세요.

06 이제는 ‘문제번호’ 변수값이 1번이 아닐 경우에 ‘아니면’ 부분에 1번이 아닐 경우는 2번이 맞는지, 또 아닐 경우는 3번이 맞는지 하나씩 확인해서 5번까지 확인해야 합니다. 먼저 만들어 놓은 위의 블록을 [코드 복사 & 붙여넣기]합니다.

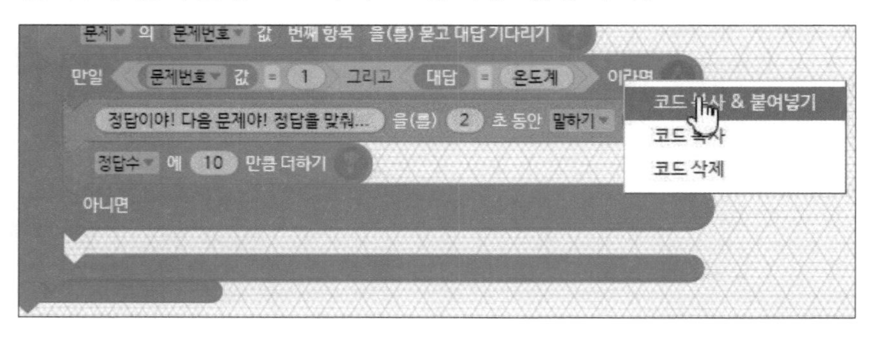

07 ‘붙여넣기’ 된 블록은 ‘아니면’ 부분에 삽입해 주세요.

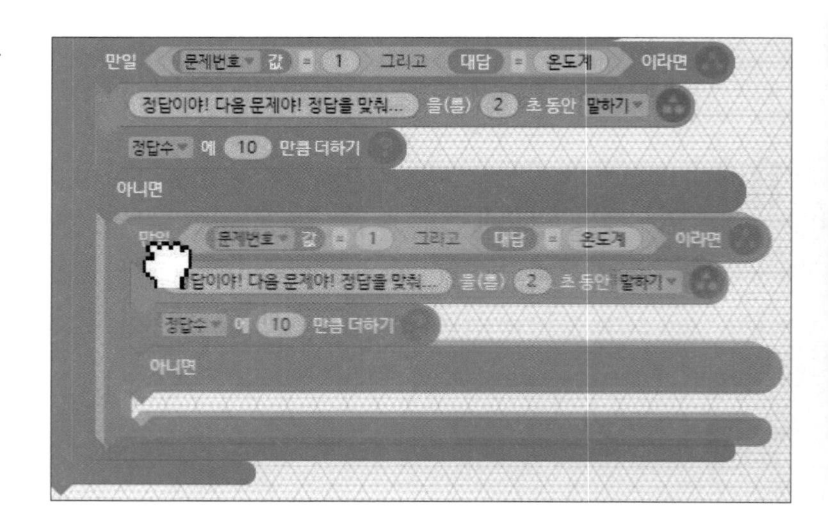

08 이제 ‘문제번호’값=‘2’로 변경하고 대답=“걸레”로 바꿔주세요.

09 다시 이 조건 블록을 [코드 복사 & 붙여넣기]하여 '아니면'부분에 삽입하고 '문제번호'값=3으로 변경하고 대답="개구리"로 변경해 주세요. 그리고 다시 이 조건 블록을 [코드 복사 & 붙여넣기]하여 '아니면'부분에 삽입하고 '문제번호'값=4로 변경하고 대답="킹콩"으로 변경해 주세요. 문제번호 5에 대한 조건도 마찬가지로 다시 이 조건 블록을 [코드 복사 & 붙여넣기]하여 '아니면'부분에 삽입하고 '문제번호'값=5로 변경하고 대답="팽이"로 변경해 주세요.
그리고 만약 출제된 문제번호와 문제번호에 맞는 대답인지 확인했지만, 어느 것에도 맞지 않았을 경우는 문제번호 5번에 대한 조건 블록의 '아니면' 부분에 [블록] 탭–[생김새]에 있는 [안녕! 을(를) 4 초 동안 말하기] 블록을 이용하여 "안녕"부분에 "틀렸군! 다음 문제는 잘 맞춰봐!"로 변경하고 2초 동안 말하기로 바꿔주세요.

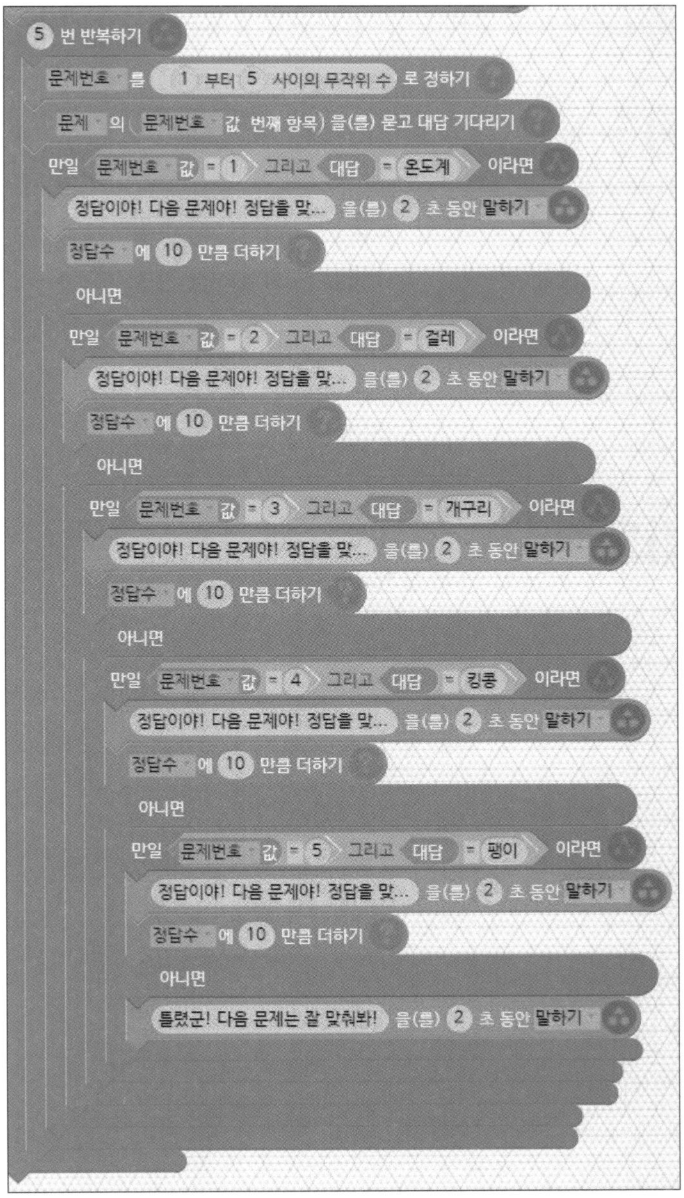

```
5 번 반복하기
  문제번호 를 1 부터 5 사이의 무작위 수 로 정하기
  문제 의 문제번호 값 번째 항목 을(를) 묻고 대답 기다리기
  만일 문제번호 값 = 1 그리고 대답 = 온도계 이라면
    정답이야! 다음 문제야! 정답을 맞... 을(를) 2 초 동안 말하기
    정답수 에 10 만큼 더하기
  아니면
    만일 문제번호 값 = 2 그리고 대답 = 걸레 이라면
      정답이야! 다음 문제야! 정답을 맞... 을(를) 2 초 동안 말하기
      정답수 에 10 만큼 더하기
    아니면
      만일 문제번호 값 = 3 그리고 대답 = 개구리 이라면
        정답이야! 다음 문제야! 정답을 맞... 을(를) 2 초 동안 말하기
        정답수 에 10 만큼 더하기
      아니면
        만일 문제번호 값 = 4 그리고 대답 = 킹콩 이라면
          정답이야! 다음 문제야! 정답을 맞... 을(를) 2 초 동안 말하기
          정답수 에 10 만큼 더하기
        아니면
          만일 문제번호 값 = 5 그리고 대답 = 팽이 이라면
            정답이야! 다음 문제야! 정답을 맞... 을(를) 2 초 동안 말하기
            정답수 에 10 만큼 더하기
          아니면
            틀렸군! 다음 문제는 잘 맞춰봐! 을(를) 2 초 동안 말하기
```

7 정답 수 값이 30 이상이면 배경 변경하기

01 정답을 맞출 때마다 10점씩 더해 줬던 '정답 수' 변수의 값이 30 이상인지 확인하기 위해 [블록]탭–[흐름]에 있는 조건 블록을 사용해 주세요. 이때도 "만일 참이라면, 아니면" 조건블록을 블록들의 맨 끝에 연결해 주세요.

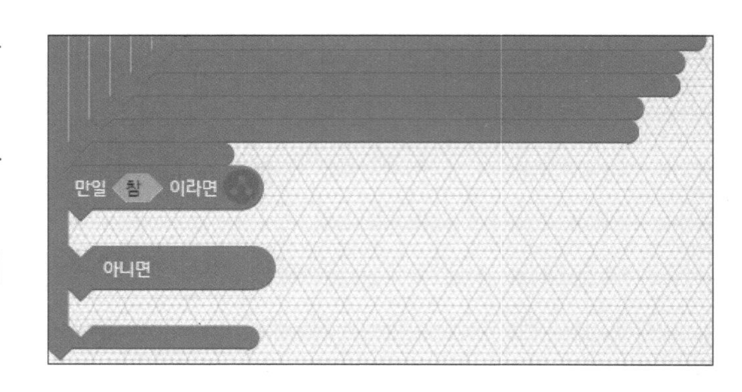

02 참 부분에 '정답수'가 30 이상인지 확인하기 위해, [블록]–[판단]에 있는 10 ≥ 10 블록을 삽입하고, 앞쪽 10 부분에 [블록]탭–[자료]에 있는 정답수 값 블록을 삽입하세요. 그리고 뒤쪽 10 부분을 30으로 변경해 주세요. 그리고 30 이상일 경우 [블록]탭–[생김새]에 있는 안녕! 을(를) 4 초 동안 말하기 블록을 삽입하고 "안녕"을 "3문제 이상을 맞췄군! 그렇다면 안개를 없애주지."로 변경하고 2초 동안 말하기로 만들어주세요.
그리고 안개마왕은 사라져야 하니 [블록]탭–[생김새]에 있는 모양 숨기기 블록을 연결하고 배경을 밝게 바꾸기 위해 [블록]탭–[시작]에 있는 햇살배경 신호 보내기 블록을 연결해 주세요.

03 정답 수가 30 이하일 때는 '아니면' 부분에 [블록]탭–[생김새]에 있는 안녕! 을(를) 4 초 동안 말하기 블록을 삽입하고, "안녕"을 "아쉽군! 3문제만 맞췄어도 되는데..."로 변경하고 2초 동안 말하기로 설정해 주세요.

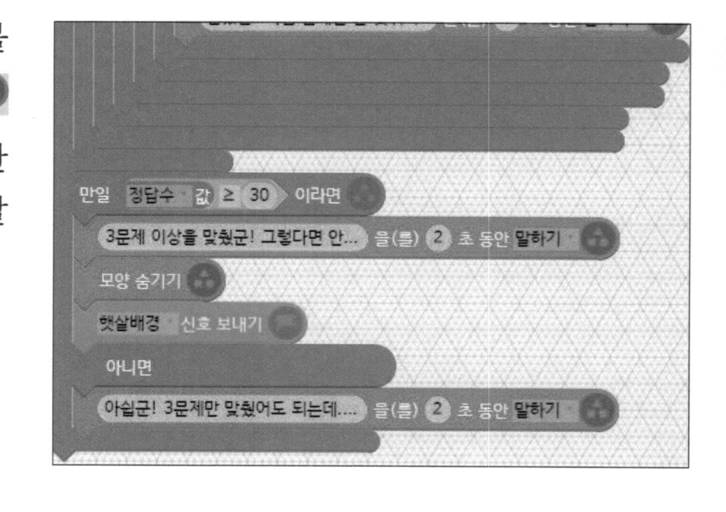

8 배경 바꾸기

01 신호를 받으면 배경을 바꾸기 위해 [오브젝트 목록]의 '그라데이션'을 선택하고 [블록]탭-[시작]에 있는 햇살배경 신호를 받았을 때 블록을 삽입해 주세요. 그리고 [블록]탭-[생김새]에 있는 그라데이션_1 모양으로 바꾸기 블록을 연결해 그라데이션_1을 '날씨_맑음'으로 바꿔주면 돼요.

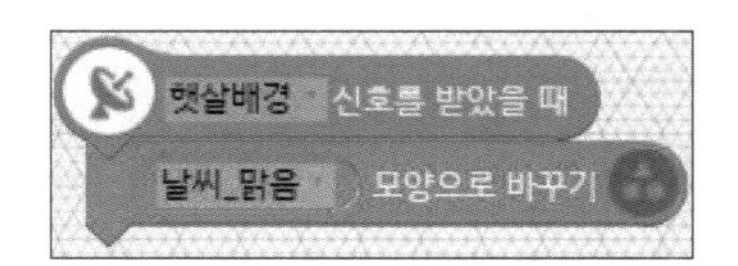

02 이제는 '만세하는 사람(1)'을 선택하여 [블록]탭-[시작]에 있는 햇살배경 신호를 받았을 때 블록을 삽입하고 [블록]탭-[생김새]에 있는 안녕! 을(를) 4 초 동안 말하기 블록을 연결해서 "안녕!"을 "와 다시 밝아졌어!! 이제 다시 출발!"로 바꾸고 2초 동안 말하기로 바꿔주세요.

안개를 조절하는 안개마왕의 수수께끼에 다시 한 번 도전할 수 있도록 해 보세요.

안개마왕이 내는 수수께끼를 3개 이상 맞춰야 안개를 없앨 수 있지만, 실패하면 다시 도전할 수 있도록 만들어보세요.

장면 & 오브젝트목록 보기

설계순서 생각해 보기

순서대로 실행하기 생각 적어보기

• 추가해야 할 오브젝트와 그 오브젝트의 속성을 어떻게 변경해야 할까요?

생각 적기

• 실제 움직일 오브젝트는 무엇이며, 어떻게 움직여야 하나요?

생각 적기

• 오브젝트를 움직이기 위해 어떤 블록을 사용해야 하나요?

생각 적기

• 실행이 잘 됐나요? 실행이 잘못되었다면 설계순서를 확인하여 어디에서 오류인지 수정해보세요. 어떤 부분을 수정했나요?

생각 적기

• 수정해서 더 좋은 프로그램이 되었나요? 다른 블록을 더 사용할 수는 없을까요? 사용할 수 있으면 직접 블록을 추가하고, 잘하지 못할 경우는 생각한 것을 적어봅니다.

생각 적기

10 어질러진 배를 정리하고 먹을 것을 구하자.

첫 번째 미션 배에서 뿅망치를 발견했어요. 어질러진 배에 나타나는 쥐를 잡아보세요.

● **완성파일 :** 10강1미션.ent

미션 성공 화면

풍랑과 안개가 사라지자 배가 많이 어질러져 있었어요. 어질러진 배에 쥐가 나타나네요. 배에서 찾은 뿅망치로 10마리 이상의 쥐를 잡으면 성공이에요.

핵심 블록 힌트

블록	블록설명
x: 0 y: 0 위치로 이동하기	[블록]탭-[움직임]에 있는 블록, 오브젝트를 정해놓은 X, Y위치로 이동시킵니다.
마우스 x 좌표	[블록]탭-[계산]에 있는 블록, 마우스의 X좌표 또는 Y좌표의 값을 갖는 블록입니다.

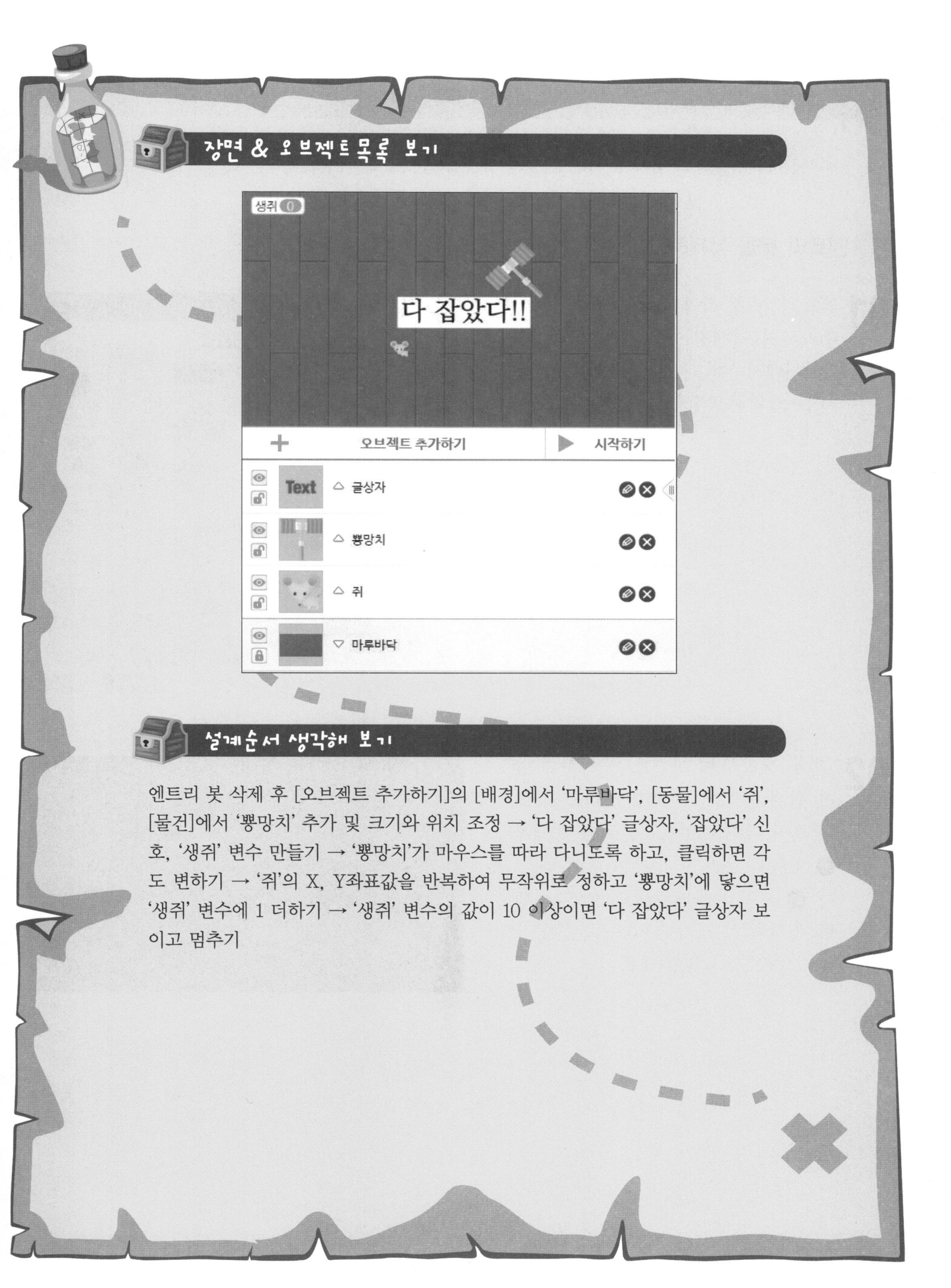

엔트리 봇 삭제 후 [오브젝트 추가하기]의 [배경]에서 '마루바닥', [동물]에서 '쥐', [물건]에서 '뿅망치' 추가 및 크기와 위치 조정 → '다 잡았다' 글상자, '잡았다' 신호, '생쥐' 변수 만들기 → '뿅망치'가 마우스를 따라 다니도록 하고, 클릭하면 각도 변하기 → '쥐'의 X, Y좌표값을 반복하여 무작위로 정하고 '뿅망치'에 닿으면 '생쥐' 변수에 1 더하기 → '생쥐' 변수의 값이 10 이상이면 '다 잡았다' 글상자 보이고 멈추기

설계 순서대로 실행하기

순서를 적어 봤다면 설계 순서대로 실제 코딩을 해보도록 하겠습니다.

1 엔트리 봇을 삭제하고 오브젝트 추가 및 크기와 위치 조절하기

01 엔트리 봇을 삭제하고 [오브젝트 추가하기]-[배경]에서 '마루바닥', [동물]에서 '쥐', [물건]에서 '뿅망치'를 선택하고 [적용하기]를 눌러 주세요.

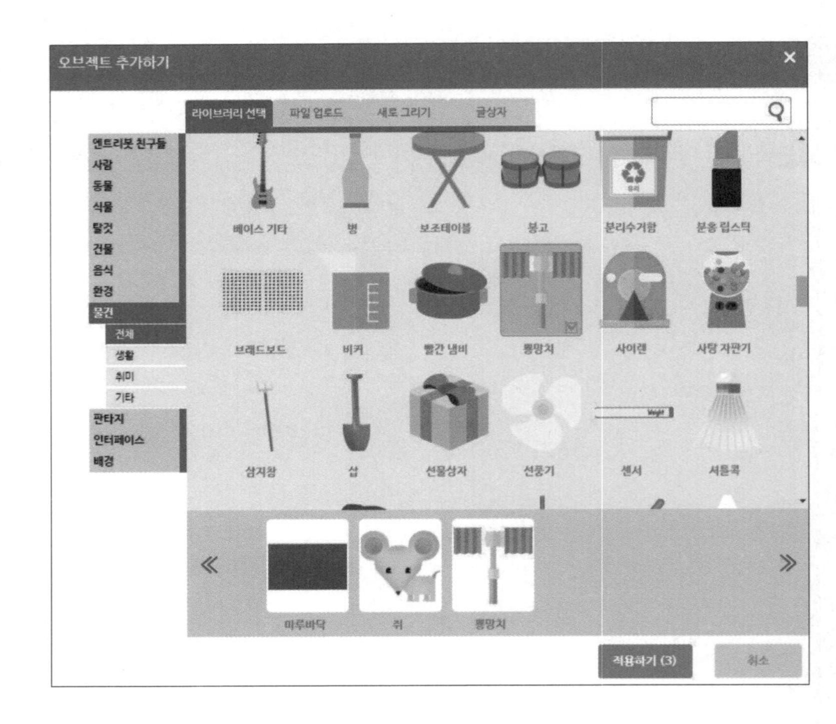

02 '쥐'와 '뿅망치'의 크기를 조금 작게 만들어 쉽게 잡히거나 잡지 못하도록 해주는 것이 더 재미있어요. '쥐'를 선택하고 모양을 눌러 크기를 20으로 하고 다시 모양을 눌러주세요. 같은 방법으로 '뿅망치'의 크기를 60으로 줄이고 방향도 315도로 바꿔주세요.

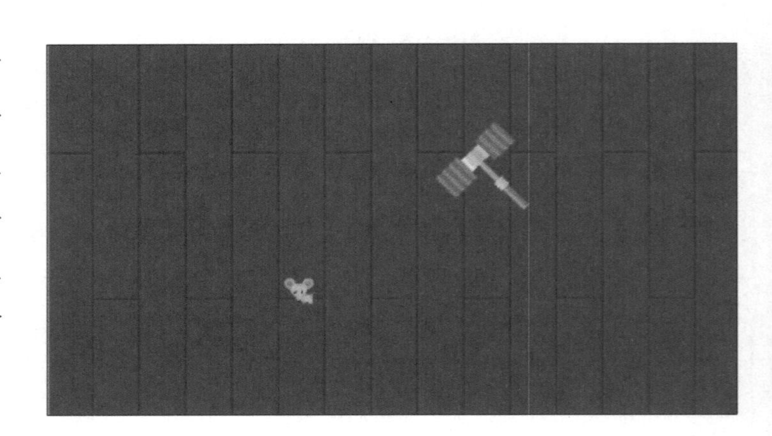

2 '다 잡았다' 글상자, '잡았다'신호, '생쥐' 변수 만들기

01 미션이 완료되면 "다 잡았다!!"라는 메시지를 만들기 위해 [오브젝트 추가하기]-[글상자]탭을 클릭해 주세요. 그리고 입력란에 "다 잡았다!!"를 입력한 후 [적용하기]를 눌러주세요.
입력한 '글상자'를 클릭하면 [블록]탭 옆에 [모양]탭이 나타나고 글꼴, 정렬 방식, 글자강조 등을 수정할 수 있어요.

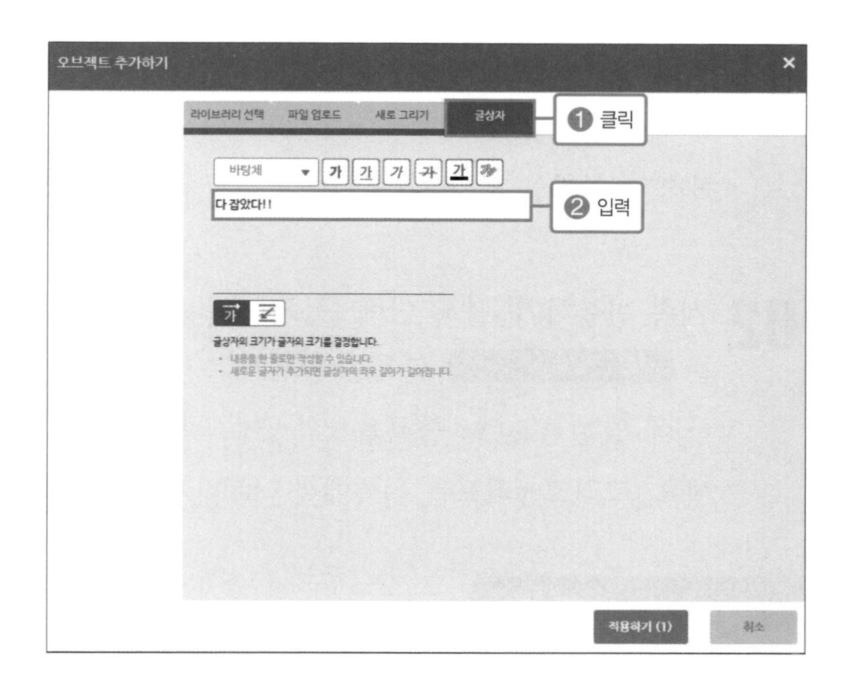

02 이번에는 글상자가 화면에 나타날 수 있도록 신호를 만들기 위해 [속성]탭-[신호]-[+신호 추가]를 클릭한 후 입력란에 신호 이름을 '잡았다'로 입력하고 ✎ 모양을 클릭하면 신호가 완성돼요.

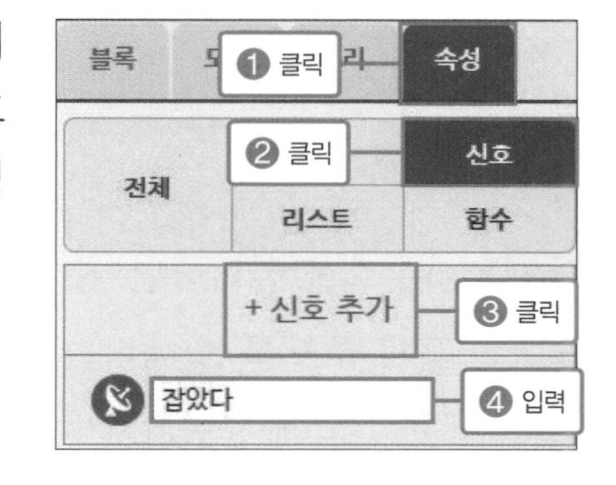

03 이번에는 쥐를 몇 마리 잡았는지 확인하기 위해 변수를 만들려고 해요. 변수도 [속성]탭-[변수]-[+변수 추가]를 클릭하고 이름을 '생쥐'라고 입력한 후 [확인]을 클릭해 주세요.
그리고 변수 보이기에 체크 하고 ✎ 모양을 클릭하면 변수가 완성돼요.

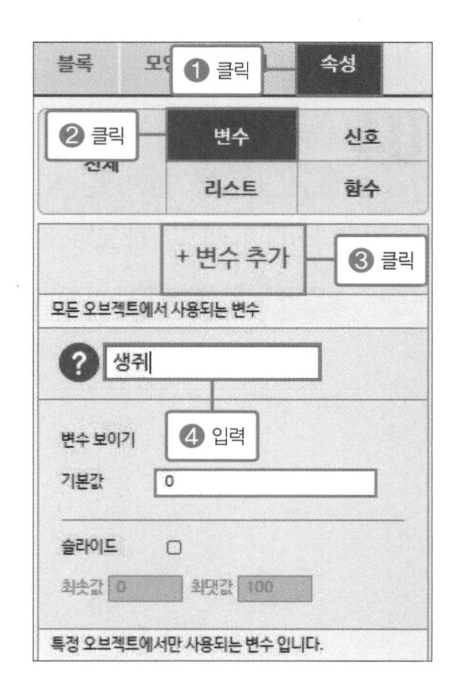

3 '뿅망치'가 마우스를 따라 이동하고 클릭하면 각도 변경하기

01 '뿅망치'가 마우스를 따라 움직이도록 하기 위해 [블록]탭-[시작]에 있는 [시작하기 버튼을 클릭했을 때] 블록을 삽입하고 [블록]탭-[흐름]에 있는 '계속 반복하기' 블록을 연결해 주세요.

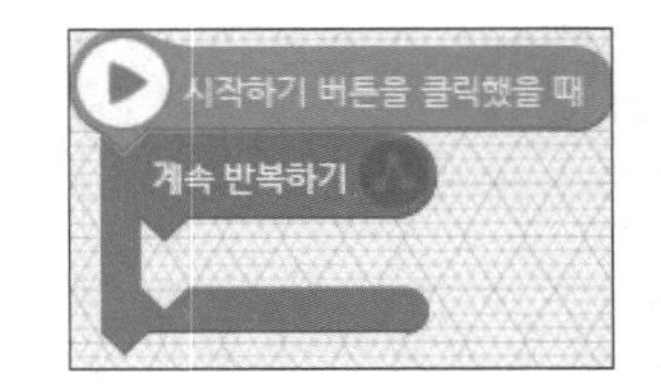

02 '계속 반복하기' 블록 안에 [블록]탭-[움직임]에 있는 [x: 0 y: 0 위치로 이동하기] 블록을 삽입하고 [블록]탭-[계산]에 있는 [마우스 x 좌표] 블록을 x와 y에 각각 삽입해 주세요. 그리고 y좌표는 목록에서 y로 바꿔주세요.

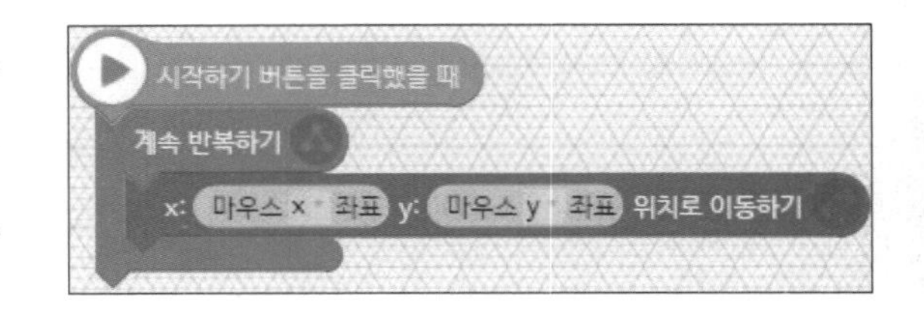

원리 이해하기

'뿅망치'에 마우스의 x좌표값과, y좌표값을 입력받아 마우스 포인터 대신 움직이도록 한 것이에요.

03 마우스를 클릭하면 '뿅망치'가 '쥐'를 치는 것처럼 보이도록 각도를 변경해 주도록 합니다. [블록]탭-[시작]에 있는 [마우스를 클릭했을 때] 블록을 [코딩창]에 삽입하고 [블록]탭-[움직임]에 있는 [방향을 90° (으)로 정하기] 블록을 연결하여 각도를 270도로 변경해 주세요.

04 그리고 약간의 시간 간격을 두기 위해 [블록]탭-[흐름]에 있는 [2 초 기다리기] 블록을 연결하고 0.1초로 변경해 주세요. '뿅망치'가 다시 원래의 각도로 올라올 수 있도록 [블록]탭-[움직임]에 있는 [방향을 90° (으)로 정하기] 블록을 연결하여 원래의 각도인 315도로 변경해 주세요.

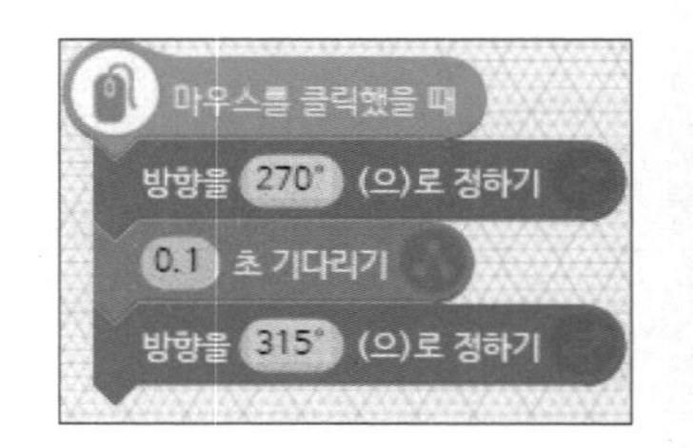

4 '쥐'의 X, Y 좌표 값을 무작위로 정하고 '뿅망치'에 닿으면 '생쥐' 변수에 1 더하기

01 [오브젝트 목록]에서 '쥐'를 선택하고 '쥐'가 여기저기에서 나타나도록 코딩을 해 보도록 해요. 먼저 [블록]탭–[시작]에 있는 시작하기 버튼을 클릭했을 때 블록을 [코딩]창에 삽입하세요. 그리고 모양을 숨기기 위해 [블록]탭–[생김새]에 있는 모양 숨기기 블록을 연결해 주세요.

02 '쥐'가 나타나는 위치를 무작위로 하기 위해 먼저 [블록]탭–[움직임]에 있는 x: 0 y: 0 위치로 이동하기 블록을 연결하고 x좌표 값에 [블록]탭–[계산]에 있는 0 부터 10 사이의 무작위 수 블록을 삽입해 주세요. 그리고 화면에 보이는 x좌표의 끝인 –240부터 240 사이의 무작위 수로 바꿔주세요. y좌표 값에도 [블록]탭–[계산]에 있는 0 부터 10 사이의 무작위 수 블록을 삽입하고 –130부터 130 사이의 무작위 수로 바꿔주세요.

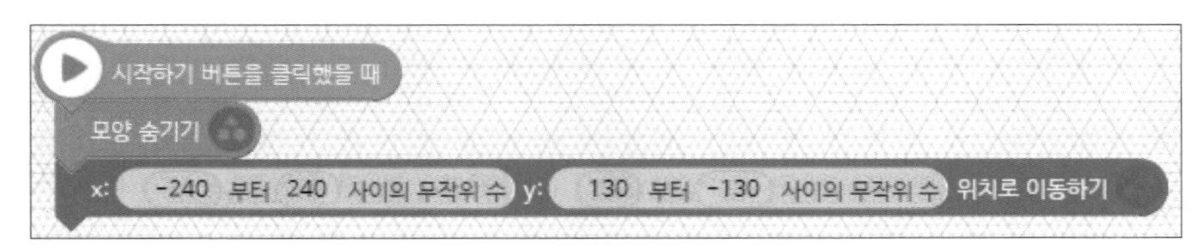

03 위치를 정하고 약간의 시간간격을 두기 위해 [블록]탭–[흐름]에 있는 2 초 기다리기 블록을 연결하고 1초로 바꿔주세요. 그리고 [블록]탭–[생김새]에 있는 모양 보이기 블록을 연결해 1초 기다린 후 화면에서 '쥐'가 나타날 수 있도록 해 주세요.

04 이제는 '쥐'가 나타났다 바로 사라지지 않도록 다시 [블록]탭–[흐름]에 있는 2 초 기다리기 블록을 연결하고 1초로 바꿔주세요. '쥐'가 화면에 나와 있는 시간을 길게 하거나 또는 짧게 조절해 주어도 재미있어요.

시작하기 버튼을 클릭했을 때
모양 숨기기
x: -240 부터 240 사이의 무작위 수 y: 130 부터 -130 사이의 무작위 수 위치로 이동하기
1 초 기다리기
모양 보이기
1 초 기다리기

05 쥐가 만약 '뿅망치'에 닿으면 좌우로 두 번 흔들기 위해 [블록]탭–[흐름]에 있는 '만일 참이라면' 조건블록을 연결해 주세요.

06 그리고 [블록]탭–[판단]에 있는 마우스포인터 에 닿았는가? 블록을 참 부분에 삽입하여 '마우스포인터'를 '뿅망치'로 변경해 주세요. 이제는 '쥐'를 좌우로 두 번 움직이기 위해 조건 블록 안에 [블록]탭–[흐름]에 있는 '10번 반복하기' 블록을 삽입하고 반복 횟수를 2번으로 변경해 주세요.

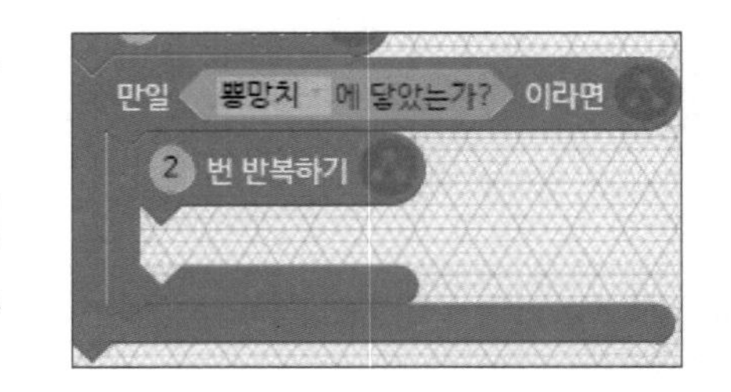

07 '반복하기' 블록에 [블록]탭–[움직임]에 있는 x 좌표를 10 만큼 바꾸기 블록을 삽입하고 [블록]탭–[흐름]에 있는 2 초 기다리기 블록을 연결하여 0.1초로 변경해 주세요. 그리고 다시 [블록]탭–[움직임]에 있는 x 좌표를 10 만큼 바꾸기 블록을 연결하여 10을 –10으로 변경하여 반대로 움직이게 합니다.

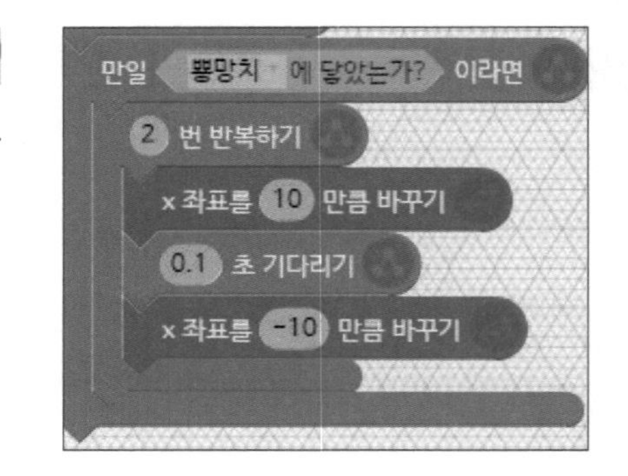

08 '뿅망치'에 '쥐'가 닿으면 생쥐 변수가 1을 더해주면 '쥐'를 몇 마리 잡았는지 확인할 수 있어요. [블록]탭–[자료]에 있는 생쥐 에 10 만큼 더하기 블록을 '만일 뿅망치에 닿았는가?' 블록 안에 삽입하고 10을 1로 바꿔주세요.

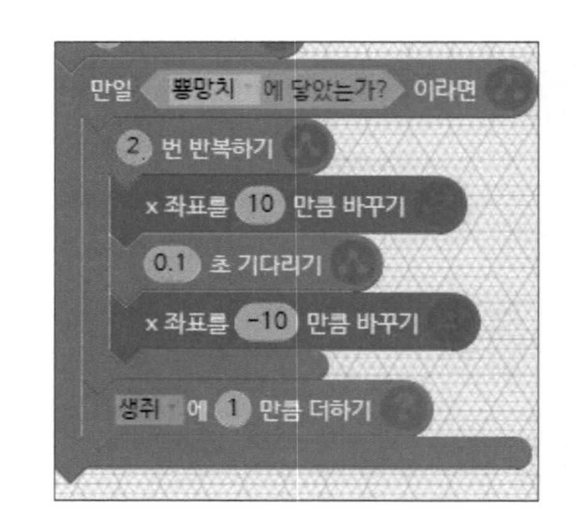

5 '쥐'를 10마리 이상 잡으면 신호 보내고 끝내기

01 '쥐'를 잡을 때마다 더해 줬던 '생쥐' 변수의 값이 10 이상이 되면 글상자를 나타내기 위해 [블록]탭–[흐름]에 있는 '만일 참이라면' 조건 블록을 연결하고 참 부분에 [블록]탭–[판단]에 있는 10 ≥ 10 블록을 삽입해 주세요. 그리고 앞에 있는 10 부분에 [블록]탭–[자료]에 있는 생쥐 값 블록을 삽입해 주세요.

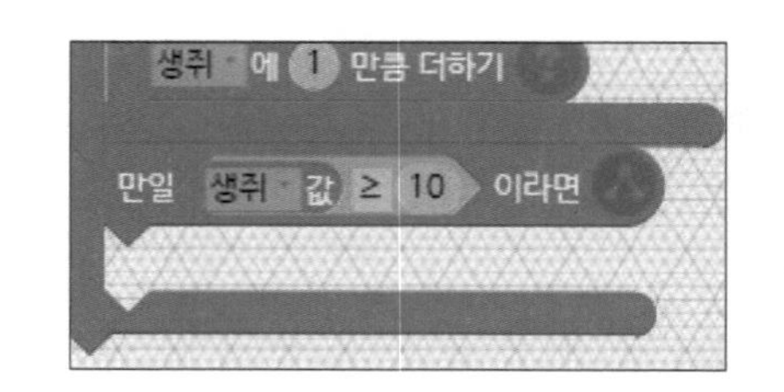

02 만약 조건식이 참일 경우 글상자가 나타나도록 신호를 보내야 하므로 [블록]탭-[시작]에 있는 [잡았다 신호 보내기] 블록을 삽입해 줍니다.

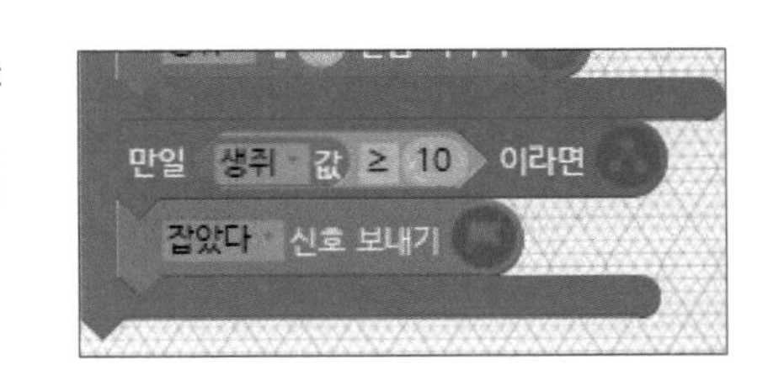

03 지금까지 코딩한 것을 실행하면 1번만 실행돼요. 그래서 반복해서 실행될 수 있도록 [블록]탭-[흐름]에 있는 '계속 반복하기' 블록을 [시작하기 버튼을 클릭했을 때] 블록 아래에 연결한 후 [모양 숨기기] 블록부터 블록전체를 '계속 반복하기' 안으로 이동해 주세요.

```
시작하기 버튼을 클릭했을 때
계속 반복하기
  모양 숨기기
  x: -240 부터 240 사이의 무작위 수 y: 130 부터 -130 사이의 무작위 수 위치로 이동하기
  1 초 기다리기
  모양 보이기
  1 초 기다리기
  만일 뿅망치 에 닿았는가? 이라면
    2 번 반복하기
      x 좌표를 10 만큼 바꾸기
      0.1 초 기다리기
      x 좌표를 -10 만큼 바꾸기
    생쥐 에 1 만큼 더하기
  만일 생쥐 값 ≥ 10 이라면
    잡았다 신호 보내기
```

6 글상자 설정하기

01 프로그램이 처음 실행되었을 때 글상자가 화면에서 보이지 않도록 하기 위해 '다 잡았다.' 글상자를 선택하고, [블록]탭-[시작]에 있는 [시작하기 버튼을 클릭했을 때] 블록을 삽입합니다. 그리고 [블록]탭-[생김새]에 있는 [모양 숨기기] 블록을 연결한 후 [시작하기] 버튼을 누르면 화면에서 숨겨지게 돼요.

02 그리고 미션이 완료되어 신호를 받으면 화면에 표시되도록 하기 위해 [블록]탭-[시작]에 있는 [잡았다 신호를 받았을 때] 블록을 삽입하고 [블록]탭-[생김새]에 있는 [모양 보이기] 블록을 연결하세요. 그리고 '다 잡았다' 라는 글상자가 나타나면 모든 실행을 정지하기 위해 [블록]탭-[흐름]에 있는 [모든 코드 멈추기] 블록을 연결해 주세요.

단계별로 '쥐' 개수와 크기를 조절해 잡아 주세요.

단계마다 '쥐'의 개수나, '쥐'의 크기를 조절해 더 재미있는 프로그램을 만들 수 있어요. 단계를 만들어 더 복잡한 게임을 즐겨 보세요.

장면 & 오브젝트목록 보기

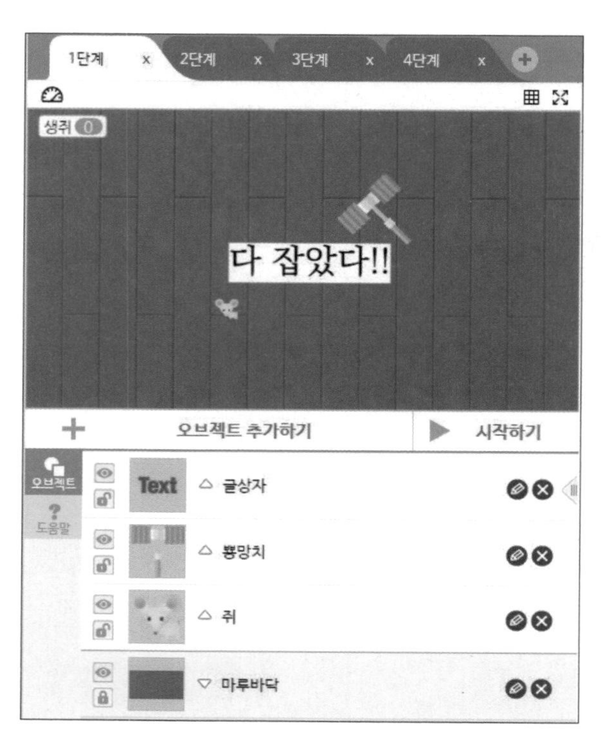

설계순서 생각해 보기

순서대로 실행하기 생각 적어보기

• 추가해야 할 오브젝트와 그 오브젝트의 속성을 어떻게 변경해야 할까요?

생각 적기

• 실제 움직일 오브젝트는 무엇이며, 어떻게 움직여야 하나요?

생각 적기

• 오브젝트를 움직이기 위해 어떤 블록을 사용해야 하나요?

생각 적기

• 실행이 잘 됐나요? 실행이 잘못되었다면 설계순서를 확인하여 어디에서 오류인지 수정해보세요. 어떤 부분을 수정했나요?

생각 적기

• 수정해서 더 좋은 프로그램이 되었나요? 다른 블록을 더 사용할 수는 없을까요? 사용할 수 있으면 직접 블록을 추가하고, 잘하지 못할 경우는 생각한 것을 적어봅니다.

생각 적기

파트 4 :

엔트리 랜드에 도착! 보물을 찾아라.

원숭이의 공격을 피해 밧줄을 타고 나무 위를 올라가 보물을 발견한 후 아기새를 타고 이동한다.

(체력20%상승)

- 밧줄을 이용해 섬 전체가 내려다 보이는 나무 위로 올라 갈 수 있어요.
- 아기새의 몸을 크게 만들어 보물이 있는 곳으로 이동해요.

12단계
MISSION

공을 이용해 벽돌을 깬 후 보물상자를 획득한다.

- 보물을 발견했지만, 보물 상자 앞에 벽돌이 가로 막고 있어요. 벽돌을 깨서 보물상자에 가까이 가봅니다.

11 보물이 있는 곳을 찾아라.

첫 번째 미션 원숭이의 공격을 피해 밧줄을 타고 섬 전체가 내려다보이는 나무 위로 올라가 보세요.

● **완성파일 :** 11강1미션.ent

미션 성공 화면

배에서 구했던 밧줄을 이용해 섬 전체를 내려다볼 수 있어요. 그런데, 나무 위로 올라가기 위해서는 원숭이들이 던지는 바나나 껍질을 잘 피해야 해요.

핵심 블록 힌트

블록	블록설명
10 번 반복하기	[블록]탭-[흐름]에 있는 블록, 해당 블록 안에 있는 실행블록들을 정해놓은 횟수만큼 반복합니다.
참 이 될 때까지 반복하기	[블록]탭-[흐름]에 있는 블록, 조건식의 내용이 참이 될 때까지 또는 참인 동안 반복합니다.
2 초 동안 x: 10 y: 10 위치로 이동하기	[블록]탭-[움직임]에 있는 블록, x좌표와 y좌표의 위치로 정해진 초 동안 이동하도록 합니다.

장면 & 오브젝트목록 보기

설계순서 생각해 보기

엔트리 봇 삭제 후 [오브젝트 추가하기]–[배경]에서 '숲속(3)', [사람]에서 '만세하는 사람(1)', [동물]에서 '원숭이', [음식]에서 '바나나껍질', [물건]에서 '밧줄' 추가 및 크기와 위치조절 → 장면2를 만들어 [오브젝트 추가하기]–[배경]에서 '울창한 숲속', [사람]에서 '만세하는사람(1)', [식물]에서 '야자나무(3)'을 추가 및 크기와 위치 조절 → '껍질수' 변수와 '던지기' 신호 만들기 → '원숭이'의 모양을 20번 반복하여 바꾸며 던지기 신호보내기 → '던지기' 신호를 받은 '바나나껍질'은 '껍질수' 변수의 값이 정해놓은 값이 될 때까지 던져지기 → '원숭이'와 '바나나껍질'을 복제하기 → 위쪽 화살표키를 누르면 '만세하는 사람(1)'이 '밧줄'을 타고 위로 이동 → '만세하는 사람(1)'이 '바나나껍질'에 닿으면 '껍질수' 변수에 1만큼 더하고 '껍질수'가 5가 되면 시작 위치로 이동 → 위쪽 벽에 닿으면 다음 장면으로 이동 → 장면2의 배경모양에 '화산섬_1', '신비로운 숲 속_1' 추가 → 장면2가 시작되면 배경 모양이 바뀌고 '만세하는 사람(1)'이 이야기 하기

설계 순서대로 실행하기

순서를 적어 봤다면 설계 순서대로 실제 코딩을 해보도록 하겠습니다.

1 엔트리 봇 삭제 후 오브젝트를 추가하고 크기 및 위치 조절하기

01 엔트리 봇은 사용하지 않을 것이므로 삭제하고 [오브젝트 추가하기]–[배경]에서 '숲속(3)', [사람]에서 '만세하는 사람(1)', [동물]에서 '원숭이', [음식]에서 '바나나껍질', [물건]에서 '밧줄'을 선택하고 [적용하기]를 눌러주세요.

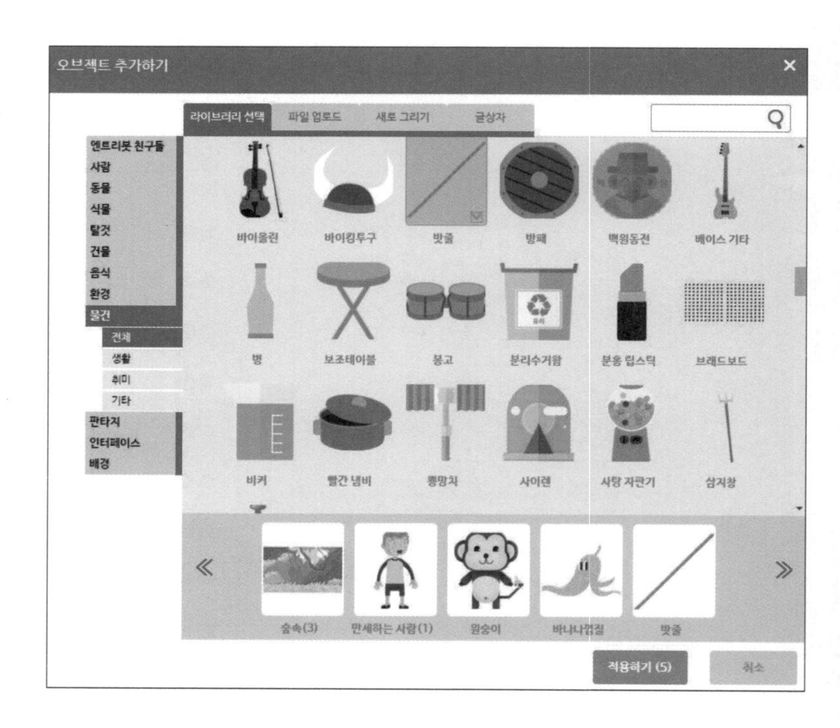

02 '만세하는 사람(1)'의 크기는 50, '원숭이'는 30, '바나나껍질'은 20 정도로 하고 화면에 '밧줄'과 함께 위치를 정해 주세요. [오브젝트 목록]에서 '밧줄'을 '만세하는 사람(1)'보다 위에 있도록 설정하여 '만세하는 사람(1)'이 밧줄 뒤로 가게해 주세요.

2 장면2를 만들어 오브젝트 추가 및 크기와 위치 조절하기

01 '장면1'의 설정이 끝났으면 '장면1' 옆에 있는 ⊕ 모양 단추를 눌러 '장면2'를 만들어 주세요.

02 '장면2'에서 사용할 오브젝트는 모두 새롭게 추가해야 하므로 [오브젝트 추가하기]-[배경]에서 '울창한 숲속', [사람]에서 '만세하는 사람(1)', [식물]에서 '야자나무(3)'을 선택한 후 [적용하기] 버튼을 클릭합니다.

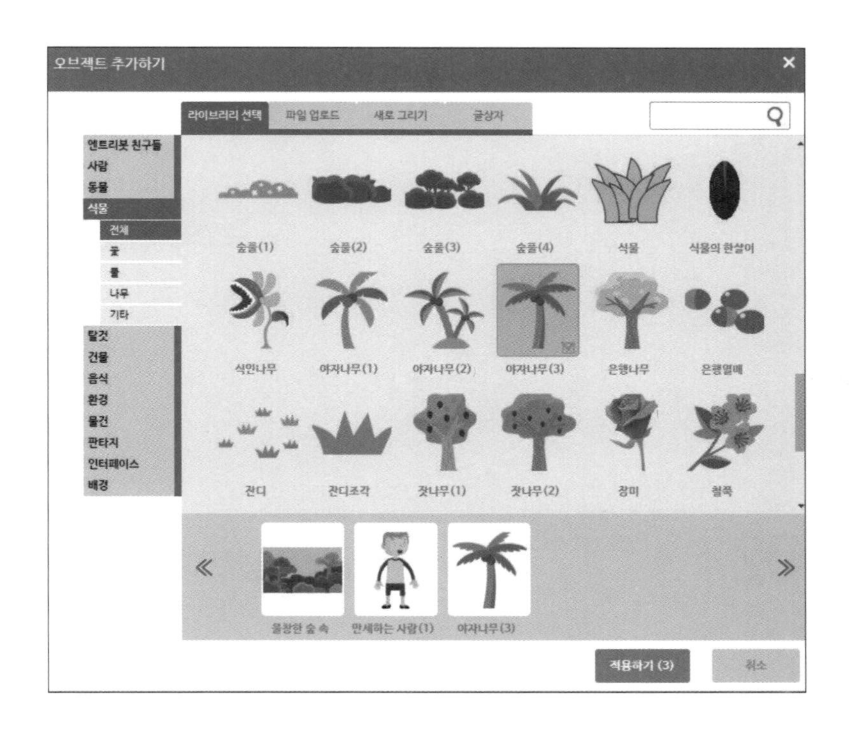

03 '만세하는 사람(1)'의 크기는 50, '야자나무(3)'의 크기는 화면의 위아래에 꽉 차게 크기를 조절하고 위치는 〈장면 & 오브젝트목록 보기〉의 장면2와 같이 조절해 주세요.

3 '껍질수' 변수 선언과 '던지기' 신호 만들기

01 다시 '장면1'로 돌아와서 '만세하는 사람(1)'이 맞은 '바나나껍질'의 숫자를 세어보기 위해, [속성]탭–[변수]–[+변수 추가]를 클릭하여 입력란에 변수명을 '껍질수'로 입력하고 확인을 클릭합니다.

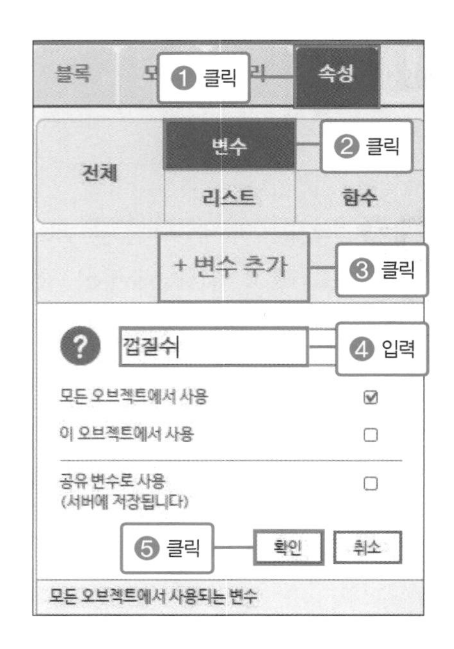

02 '껍질수' 변수를 화면에 보이도록 설정하려면 화면의 변수 보이기에 체크해 주세요.

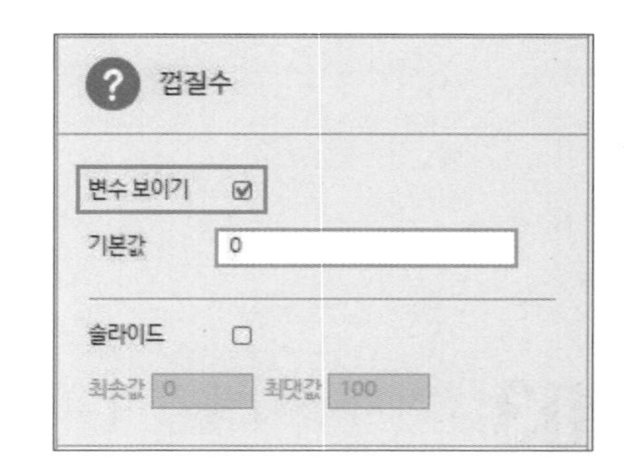

03 '바나나껍질'에 '던지기' 신호를 보내기 위해 [속성]탭–[신호]–[+신호 추가]를 클릭하고 입력란에 '던지기'로 신호이름을 입력한 후 ✎을 클릭해 주세요.

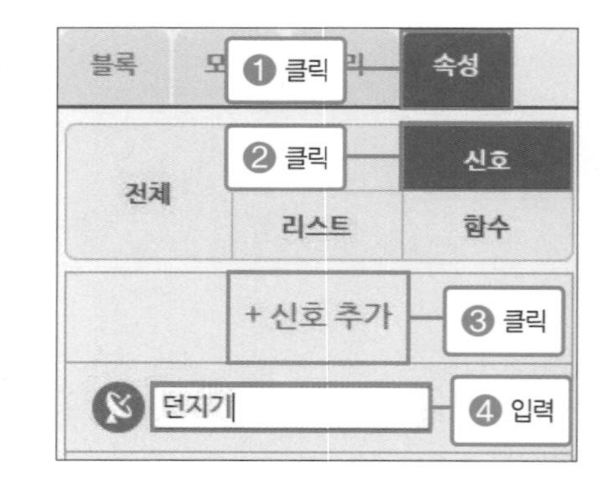

4 '원숭이'가 '바나나껍질'을 던지도록 설정하기

01 프로그램이 실행되면 '원숭이'가 '바나나껍질'을 던지는 것처럼 만들어 주기 위해 '원숭이'를 선택하고, [블록]탭-[시작]에 있는 시작하기 버튼을 클릭했을 때 블록을 삽입해 주세요. 그리고 [블록]탭-[흐름]에 있는 '10번 반복하기' 블록을 연결하고 10을 20으로 변경해 주세요.

02 '원숭이'가 '바나나껍질'을 던지는 것처럼 보이기 위해 [모양]탭을 클릭하여 정면을 바라보고 있는 '원숭이_1'에서 마우스오른쪽 단추를 눌러 [삭제]를 클릭해 줍니다.

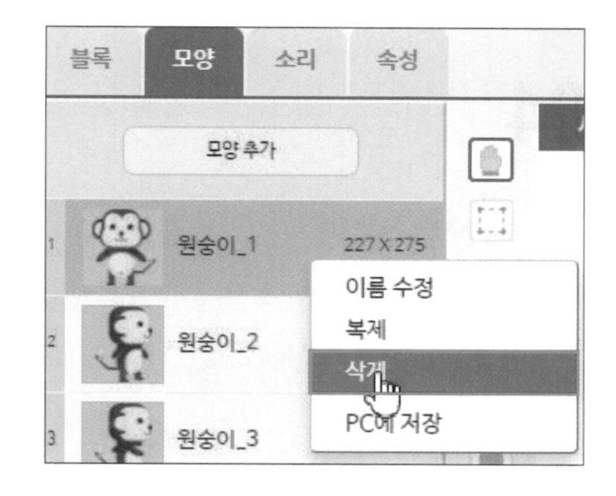

03 모양을 '원숭이_3' 모양으로 바꾸며 던지기 신호를 보내기 위해 [블록]탭-[생김새]에 있는 다음 모양으로 바꾸기 블록을 '20번 반복하기' 블록 안에 삽입한 후 [블록]탭-[시작]에 있는 던지기 신호 보내기 블록을 삽입해 주세요. 그리고 '바나나껍질'이 던져지는 시간을 기다리기 위해 [블록]탭-[흐름]에 있는 2 초 기다리기 블록을 삽입하여 2초를 1초로 변경해 주세요.

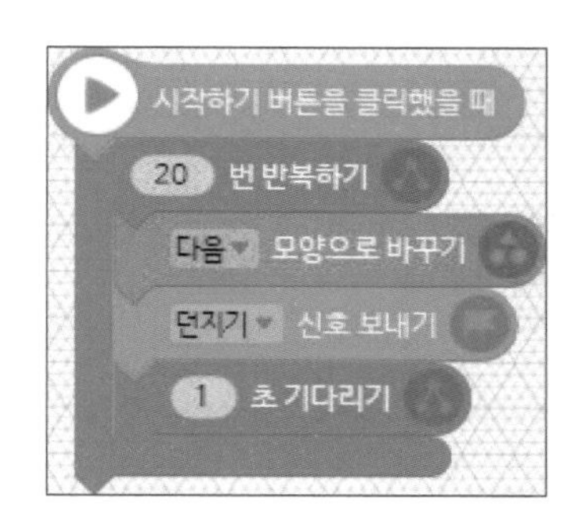

원리 이해하기

'원숭이'가 실제로 '바나나껍질'을 던지는 것이 아니라 던지는 것처럼 보이도록 설정하는 것이에요. 프로그램이 시작되었을 때 모양을 '원숭이_2' 모양에서 '원숭이_3' 모양으로 바꿔 '원숭이'가 움직이도록 한 후 '바나나껍질'에 신호를 보내 정해진 위치로 이동하도록 하는 원리입니다.

04 이번에는 '던지기' 신호를 받은 '바나나껍질'이 정해진 위치로 이동할 수 있도록 하기 위해 '바나나껍질'을 선택한 후 [블록]탭-[시작]에 있는 던지기 신호를 받았을 때 블록을 삽입하고 [블록]탭-[움직임]에 있는 x: 0 y: 0 위치로 이동하기 블록을 연결해 x값을 -206으로 y좌표값을 86으로 설정해 '바나나껍질'의 첫 시작 위치값을 넣어 주세요. '원숭이'의 손위치 정도의 좌표값이에요. 그리고 [블록]탭-[생김새]에 있는 모양 보이기 블록을 연결해 주세요.

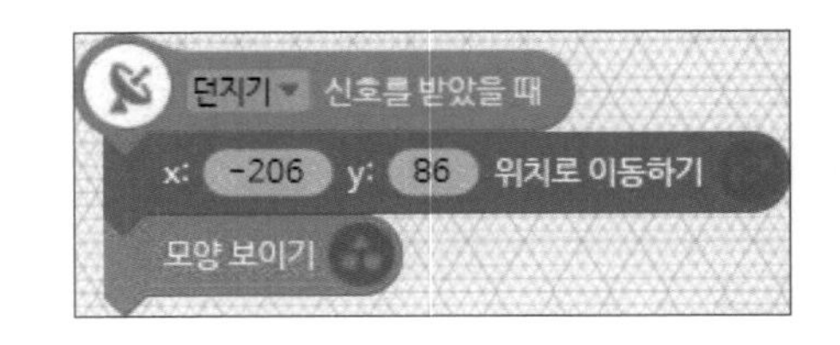

05 이번에는 날아가도록 설정하기 위해 [블록]탭-[움직임]에 있는 2 초 동안 x: 10 y: 10 위치로 이동하기 블록을 연결해 주세요. 2초를 1초, x좌표값은 240, y좌표값은 [블록]탭-[계산]에 있는 0 부터 10 사이의 무작위 수 블록을 삽입하여 140부터 -145까지로 입력합니다. 그리고 [블록]탭-[생김새]에 있는 모양 숨기기 블록을 연결하고 [블록]탭-[흐름]에 있는 2 초 기다리기 블록을 연결하여 2초를 0.5초로 변경해 주세요.

```
던지기 신호를 받았을 때
x: -206 y: 86 위치로 이동하기
모양 보이기
1 초 동안 x: 240 y: 140 부터 -145 사이의 무작위 수 위치로 이동하기
모양 숨기기
0.5 초 기다리기
```

06 '바나나껍질'에 설정해 놓은 블록들은 '껍질수' 변수의 값이 10이 될 때까지만 반복하도록 하기 위해 [블록]탭-[흐름]에 있는 '참이 될 때까지 반복하기' 조건 블록 안에 삽입해 주세요.

07 [블록]탭-[판단]에 있는 10 = 10 블록을 참 부분에 삽입하고 앞에 있는 10 부분에 [블록]탭-[자료]에 있는 껍질수 값 블록을 삽입하여 조건식을 완성해 주세요.

원리 이해하기

'던지기' 신호를 받으면 처음에 '바나나껍질'의 위치를 잡아주고 모양을 보인 후, 1초 동안 정해진 위치로 이동을 하고, 모양을 숨깁니다. 그리고 0.5초를 기다린 후 '던지기'신호를 다시 받으면, '바나나껍질'의 시작위치에서 모양이 보여지는 것을 반복하는데, '껍질수' 변수 값이 10이 될 때 까지 반복하도록 설정을 했습니다.

08 설정해 놓은 '원숭이'와 '바나나껍질'이 많으면 더 재미있으므로, '원숭이'에서 마우스 오른쪽 단추를 클릭해 [복제]해 줍니다.

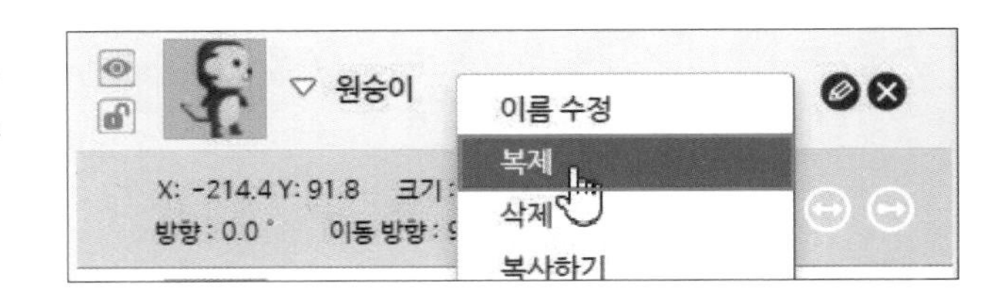

09 '바나나껍질'도 [복제]해 주세요. 그리고, '바나나껍질1'을 클릭하여 '원숭이1'의 손이 있는 곳으로 옮기고, '바나나껍질1'의 좌표값을 시작위치를 잡아주는 블록에 넣어 주세요. 그리고, '껍질수' 값도 10이 아니라, 원하는 숫자 만큼으로 바꿔 주면 더 재미있습니다.

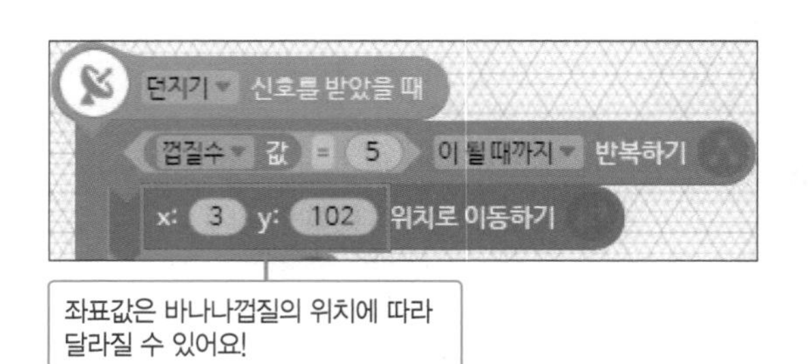

5 '만세하는 사람(1)'이 '밧줄'을 타고 올라가도록 하고 '바나나껍질'에 닿았을 경우 설정하기

01 위쪽 화살표 키를 눌렀을 때 '만세하는 사람(1)'이 위로 이동하도록 하기 위해 '만세하는 사람(1)'에 [블록]탭–[시작]에 있는 [q 키를 눌렀을 때] 블록을 삽입하고 q키를 '위쪽 화살표' 키로 변경한 후 [블록]탭–[움직임]에 있는 [y 좌표를 10 만큼 바꾸기] 블록을 연결하여 10을 5로 바꿔주세요. 그리고 [블록]탭–[생김새]에 있는 [다음 모양으로 바꾸기] 블록을 연결하여 '위쪽 화살표' 키를 누를 때마다 위로 올라가며 모양을 바꿔주도록 합니다.

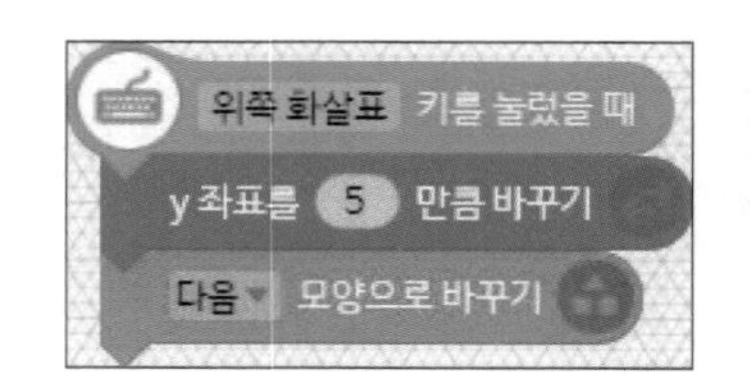

02 이번에는 '만세하는 사람(1)'이 '바나나껍질'에 닿았는지 확인해야 하므로 [블록]탭–[시작]에 있는 [시작하기 버튼을 클릭했을 때] 블록을 삽입하고 [블록]탭–[흐름]에 있는 '계속 반복하기' 블록을 연결해 주세요. 그리고 '계속 반복하기' 블록 안에 '만일 참이라면' 블록을 삽입해 주세요.

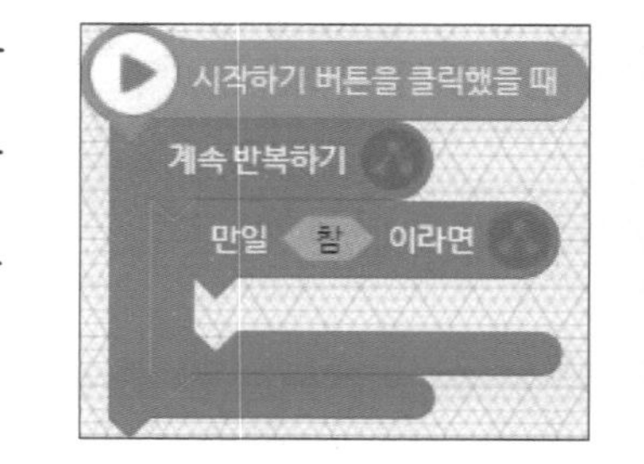

03 조건식을 만들기 위해 [참] 부분에 [블록]탭–[판단]에 있는 [마우스포인터 에 닿았는가?] 블록을 삽입해 주세요. 그리고 마우스포인터를 '바나나껍질'로 변경하고, 조건식이 참일 경우 '껍질수' 변수에 1을 더해 주도록 [블록]탭–[자료]에 있는 [껍질수 에 10 만큼 더하기] 블록을 삽입해 10을 1로 바꿔주세요.

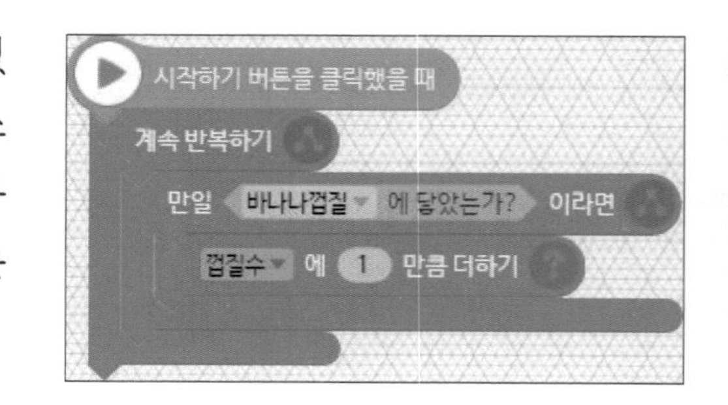

04 '껍질수' 변수의 값이 5와 같으면 이라는 조건을 주기 위해 [블록]탭-[흐름]에 있는 '만일 참이라면' 블록을 다시 삽입하고 참 부분에 [블록]탭-[판단]에 있는 10 = 10 블록을 삽입하여 앞쪽 10 부분에 [블록]탭-[자료]에 있는 껍질수 값 블록을 삽입해 주세요. 그리고 뒤의 10을 5로 바꿔주세요.

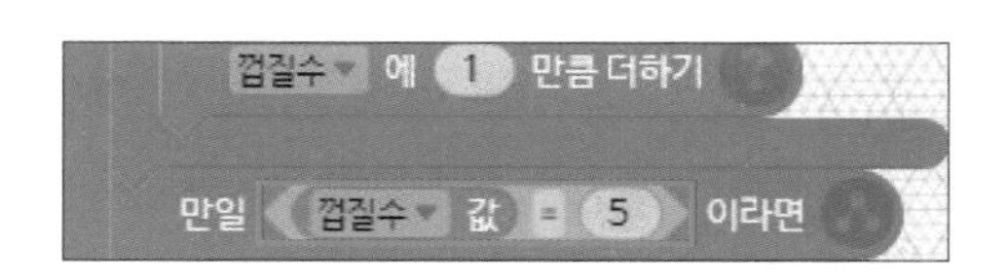

05 조건식이 맞을 경우 '밧줄'에서 미끄러져 시작 위치로 이동하도록 [블록]탭-[움직임]에 있는 2 초 동안 x: 10 y: 10 만큼 움직이기 블록을 삽입하고 2초를 0.5초, x좌표값을 184, y좌표값을 -99로 변경해 주세요. 그리고 [블록]탭-[자료]에 있는 껍질수 를 10 로 정하기 블록을 삽입하여 10을 0으로 바꿔 다시 시작할 수 있도록 해 주세요.

06 이제는 다시 [블록]탭-[흐름]에 있는 '만일 참이라면' 블록을 삽입하고 '만세하는 사람(1)'이 위쪽 벽에 닿았는지 확인하기 위해 참 부분에 [블록]탭-[판단]에 있는 마우스포인터 에 닿았는가? 블록을 삽입하고 '마우스포인터'를 '위쪽벽'으로 바꿔주세요. 그리고 [블록]탭-[시작]에 있는 다음 장면 시작하기 블록을 삽입해 '만세하는 사람(1)'이 위쪽 벽에 닿으면 장면2가 시작되도록 합니다.

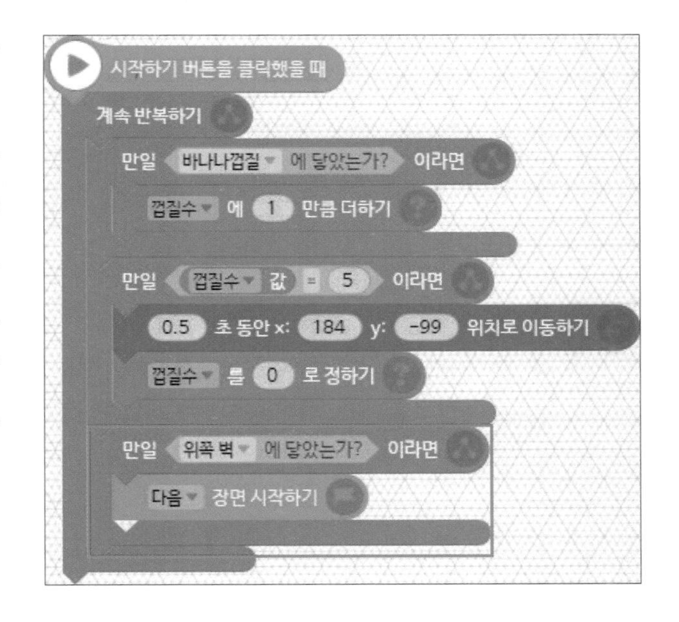

6 '장면2'의 배경모양과 '만세하는 사람(1)' 설정하기

01 장면2가 시작되면 '만세하는 사람(1)'이 엔트리 랜드를 둘러보는 것처럼 보이도록 배경을 추가해 줄 거에요. 먼저 추가해 놓은 배경인 '울창한 숲 속'을 선택하고 [모양]탭–[모양 추가]를 눌러 [배경]에서 '신비로운 숲속_1'과 '화산섬_1'을 선택하고 [적용하기]를 클릭해 주세요.

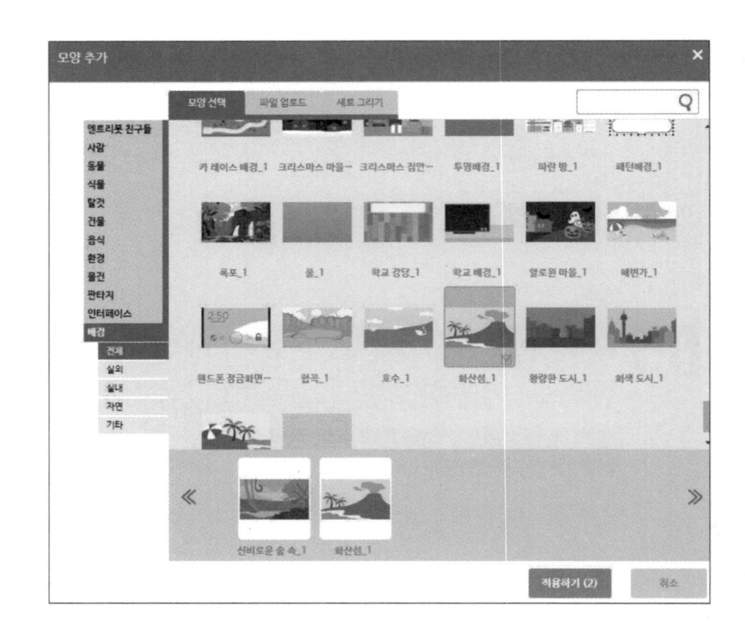

02 '울창한 숲속'을 선택하고 [블록]탭–[시작]에 있는 [장면이 시작되었을때] 블록을 삽입한 후 [블록]탭–[흐름]에 있는 [2 초 기다리기] 블록을 연결하여 2초를 1초로 바꿔주세요. 그리고 [블록]탭–[생김새]에 있는 [대상없음 모양으로 바꾸기] 블록을 연결하고 목록 단추를 클릭해 '대상없음'을 '신비로운 숲속_1'로 바꿔주세요.

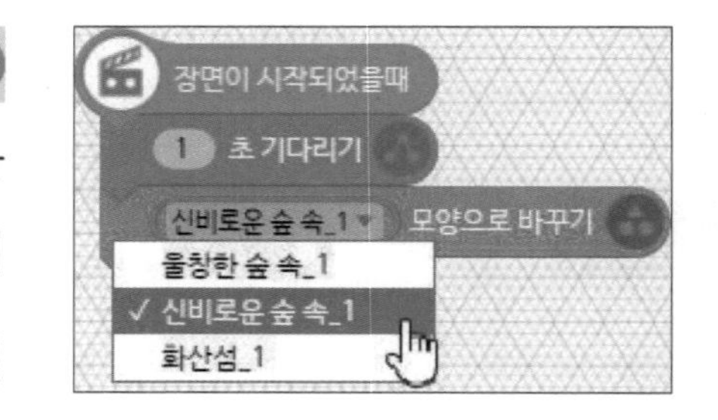

03 앞에서 만들어 놓은 1초 기다리기'블록에서 마우스 오른쪽 단추를 눌러 [코드 복사 & 붙여넣기]하여 연결한 후 '신비로운 숲속_1'을 '화산섬_1'로 바꿔주세요.

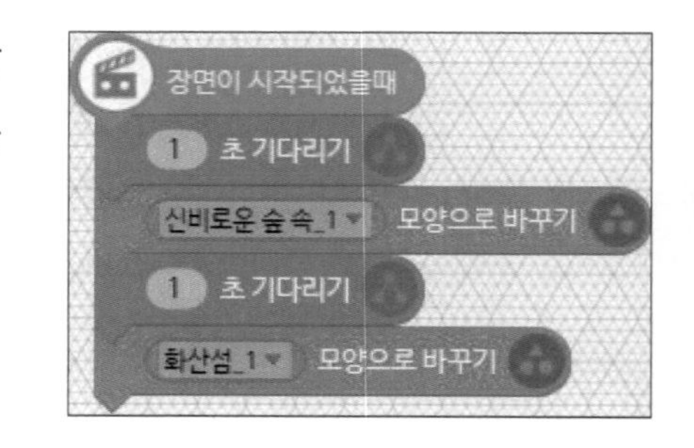

04 '장면2'의 '만세하는 사람(1)'을 선택하여 [블록]탭–[시작]에 있는 [장면이 시작되었을때] 블록을 삽입하고 [블록]탭–[흐름]에 있는 [2 초 기다리기] 블록을 연결하여 배경이 바뀌는 시간 동안 기다리도록 해 주세요. 그리고 [블록]탭–[생김새]에 있는 [안녕! 을(를) 4 초 동안 말하기] 블록을 연결하여 "안녕!"을 "화산을 발견했어! 그 옆이 보물이 있는 곳이야."로 바꾸고 4초를 2초로 바꿔주세요.

장면이 시작되었을때
2 초 기다리기
화산을 발견했어! 그 옆이 보물이 있... 을(를) 2 초 동안 말하기

아기새의 몸을 크게 만들어 보물이 있는 곳으로 이동해 보세요.

● **완성파일 :** 11강2미션.ent

미션 성공 화면

모험을 함께 해온 '아기새'를 타고 보물이 있는 곳으로 이동해 보세요.

핵심 블록 힌트

블록	블록설명
크기를 (10) 만큼 바꾸기	[블록]탭-[생김새]에 있는 블록, 오브젝트의 크기를 원하는 크기로 바꿀 수 있는 블록입니다.
마법의 약▼ 위치로 이동하기	[블록]탭-[움직임]안에 있는 블록, 원하는 오브젝트의 위치로 이동하도록 하는 블록입니다.

장면 & 오브젝트목록 보기

오브젝트 추가하기
시작하기
오브젝트
도움말
마법의 약
독수리(2)
만세하는 사람(1)
걷고있는 사람(1)
정글

설계순서 생각해 보기

엔트리 봇을 삭제 후 [오브젝트 추가하기]-[배경]에서 '정글', [사람]에서 '걷고있는 사람(1)', '만세하는 사람(1)', [동물]에서 '독수리(2)', [판타지]에서 '마법의 약' 추가 및 크기와 위치 조절 → '크기변경', '타기', '완료' 신호 만들기 → '걷고있는 사람(1)'의 메시지 표시 → '마법의 약'은 기다리기 후 '독수리(2)' 위치로 이동 후 모양을 숨기기 → '크기변경' 신호보내기 → '독수리(2)'는 실행 시 10번 반복하여 모양 변경 후 '크기변경' 신호에 맞춰 크기 변경하고 '타기'신호 보내기 → '걷고있는 사람(1)'과 '만세하는 사람(1)'이 '타기' 신호를 받았을 때 '독수리(2)'로 이동 및 '독수리(2)'를 따라 이동 → '독수리(2)'는 '완료' 신호 시 이동하기

설계 순서대로 실행하기

순서를 적어 봤다면 설계 순서대로 실제 코딩을 해 보도록 하겠습니다.

1 엔트리 봇을 삭제하고 오브젝트 추가 및 크기와 위치 조절하기

01 엔트리 봇을 삭제 후 [오브젝트 추가하기]–[배경]에서 '정글', [사람]에서 '걷고있는 사람(1)', '만세하는 사람(1)', [동물]에서 '독수리(2)', [판타지]에서 '마법의 약'을 선택하여 [적용하기] 버튼을 클릭해 주세요.

02 '걷고있는 사람(1)'과 '만세하는 사람(1)'의 크기는 50, '독수리(2)'의 크기는 30, '마법의 약'의 크기는 20 정도로 한 후 〈장면 & 오브젝트목록 보기〉와 같이 위치를 조절해 주세요.

2 '크기변경', '타기', '완료' 신호 만들기

01 '독수리(2)'의 크기를 변경하기 위한 신호를 만들기 위해 [속성]탭–[신호]–[+신호 추가]를 클릭하고 입력란에 '크기 변경'을 입력하세요. 그리고 ✎을 클릭해 신호를 완성해 주세요. 같은 방법으로 '타기', '완료' 신호를 만들어 주세요.

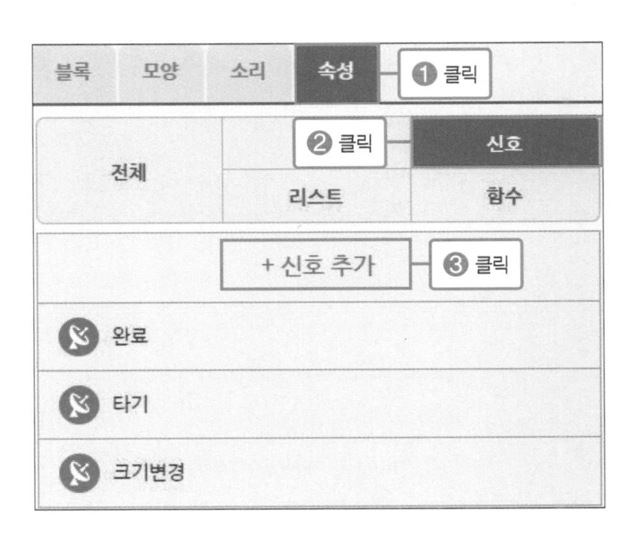

3 '걷고있는 사람(1)'의 메시지가 보이고 '마법의 약'을 '독수리(2)'로 보내기

01 '걷고있는 사람(1)'이 시작과 함께 메시지를 표시할 수 있도록 [블록]탭-[시작]에 있는 [시작하기 버튼을 클릭했을 때] 블록을 삽입하고 [블록]탭-[생김새]에 있는 [안녕! 을(를) 4 초 동안 말하기] 블록을 삽입해 주세요. 그리고 "안녕!"을 "아기새야! 마법의 물약을 먹고 커져서 우리를 보물이 있는 곳으로 데려다 주렴~!" 으로 바꾸고 4초를 3초로 변경해 주세요.

시작하기 버튼을 클릭했을 때
아기새야! 마법의 물약을 먹고 커져서... 을(를) 3 초 동안 말하기

02 '마법의 약'을 선택하여 [블록]탭-[시작]에 있는 [시작하기 버튼을 클릭했을 때] 블록을 삽입하고 [블록]탭-[흐름]에 있는 [2 초 기다리기] 블록을 연결해 주세요. 그리고 2초를 3초로 바꿔 '걷고있는 사람(1)'이 말하는 3초 동안 기다리게 해 주세요.

03 [블록]탭-[움직임]에 있는 [2 초 동안 x: 10 y: 10 위치로 이동하기] 블록을 연결하여 2초를 1초로 바꾸고 x좌표값은 -52, y좌표값은 -44 정도로 하여 '독수리(2)'가 있는 곳 까지 이동하도록 합니다. 그리고 다시 [블록]탭-[흐름]에 있는 [2 초 기다리기] 블록을 연결해 2초를 1초로 바꿔 약간의 시간 간격을 둔 후 [블록]탭-[생김새]에 있는 [모양 숨기기] 블록을 연결해 주세요.

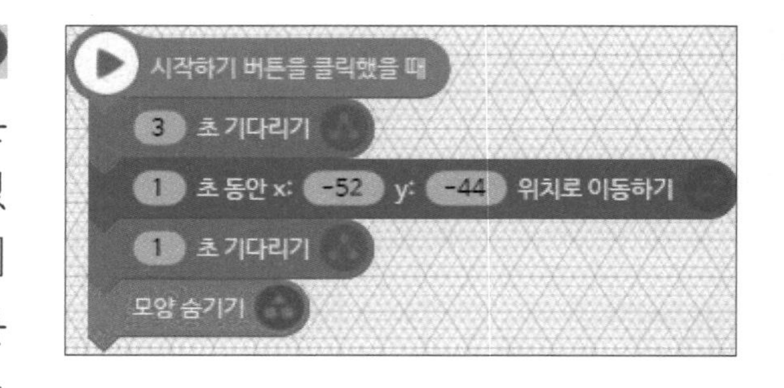

04 '마법의 약'이 '독수리(2)'에 전해졌으니 크기를 변경할 수 있도록 [블록]탭-[시작]에 있는 [크기변경 신호 보내기] 블록을 연결해 주세요.

시작하기 버튼을 클릭했을 때
3 초 기다리기
1 초 동안 x: -52 y: -44 위치로 이동하기
1 초 기다리기
모양 숨기기
크기변경 신호 보내기

4 '독수리(2)'는 날고 있다가 신호를 받으면 크기를 변경하기

01 '독수리(2)'를 시작과 함께 나는 것처럼 보이도록 하기 위해 [블록]탭-[시작]에 있는 시작하기 버튼을 클릭했을 때 블록을 삽입하고 '마법의 약'이 이동되기 전까지 날고 있는 모양으로 만들기 위해 [블록]탭-[흐름]에 있는 '10번 반복하기' 블록을 연결해 주세요.

02 '10번 반복하기' 블록에 [블록]탭-[생김새]에 있는 다음 모양으로 바꾸기 블록을 삽입하고 [블록]탭-[흐름]에 있는 2 초 기다리기 블록을 연결해 2초를 0.5초로 바꿔 '독수리(2)'가 날고 있는 것처럼 만들어 줍니다.

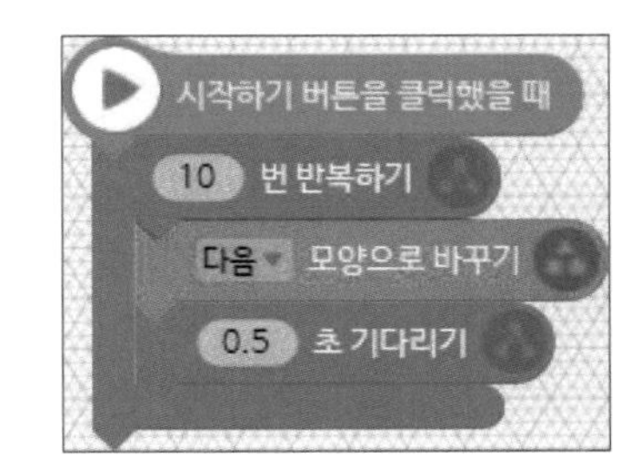

03 이제는 '크기변경' 신호를 받았을 때를 설정하기 위해 [블록]탭-[시작]에 있는 크기변경 신호를 받았을 때 블록을 삽입하고 [블록]탭-[생김새]에 있는 크기를 10 만큼 바꾸기 블록을 연결해 10을 120으로 바꿔주세요. 그리고 크기가 변경되면 '만세하는 사람(1)'과 '걷고있는 사람(1)'이 탈 수 있도록 [블록]탭-[시작]에 있는 크기변경 신호 보내기 블록을 연결 후 목록단추를 눌러 '타기'로 바꿔주세요.

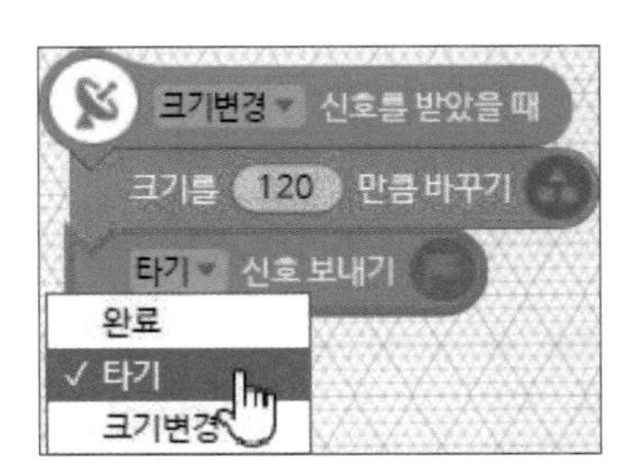

5 '걷고있는 사람(1)'과 '만세하는 사람(1)'의 '타기' 신호를 받았을 때 설정하기

01 '걷고있는 사람(1)'을 선택하여 [블록]탭-[시작]에 있는 크기변경 신호를 받았을 때 블록을 삽입하고 목록단추를 클릭해 신호를 '타기'로 변경해 주세요. 그리고 [블록]탭-[움직임]에 있는 2 초 동안 x: 10 y: 10 위치로 이동하기 블록을 연결하여 2초를 1초로 바꾸고 x좌표값은 -50, y좌표값은 -30 정도로 하여 '독수리(2)'가 있는 곳까지 이동하도록 해 주세요. 좌표값은 적당히 조절해 주세요.

02 '독수리(2)'가 있는 곳에 왔으면 신호를 보내기 위해 [블록]탭-[시작]에 있는 크기변경 신호 보내기 블록을 삽입하고 목록단추를 클릭해 신호를 '완료'로 변경해 주세요. 그리고 '독수리(2)'가 날아가면 같이 이동해야 하므로 [블록]탭-[흐름]에 있는 '계속 반복하기' 블록을 연결하고 [블록]탭-[움직임]에 있는 마법의 약 위치로 이동하기 블록을 삽입한 후 '마법의 약'을 '독수리(2)'로 변경해 주세요.

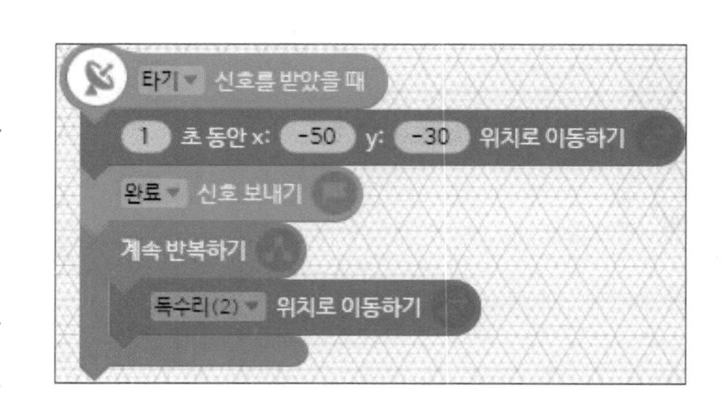

03 '만세하는 사람(1)'도 '걷고있는 사람(1)'과 거의 똑같기 때문에 '걷고있는 사람(1)'의 '타기' 신호블록에서 마우스 오른쪽 단추를 눌러 [코드 복사]를 클릭합니다.

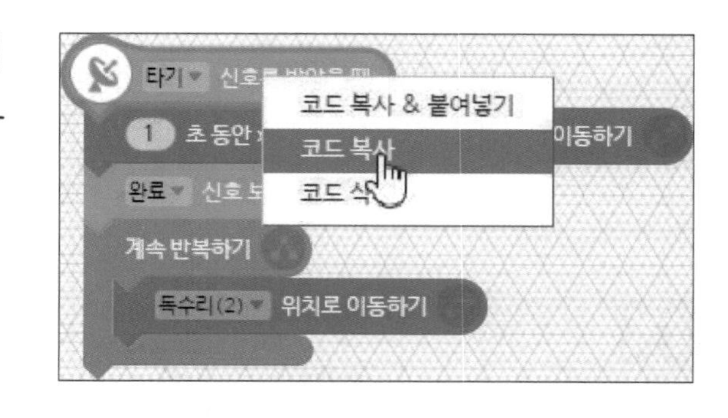

04 '만세하는 사람(1)'을 선택하여 [코딩창]에 [붙여넣기]한 후 x좌표값을 -65로 바꿔 '걷고있는 사람(1)'과 나란히 있는 것처럼 보이도록 해 주세요.

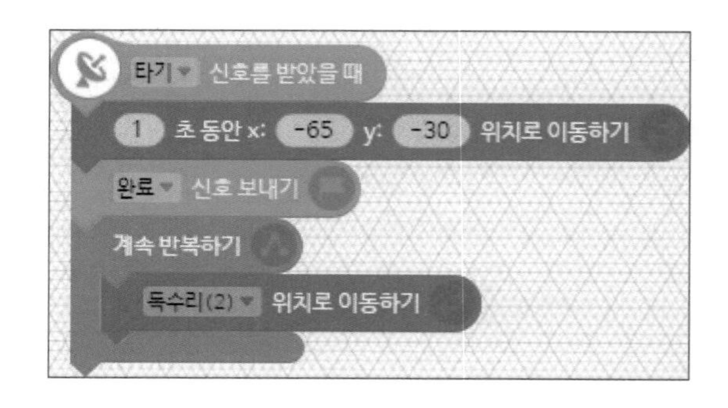

05 이제 '독수리(2)'를 선택하고 [블록]탭-[시작]에 있는 크기변경 신호를 받았을 때 블록을 삽입하고 목록단추를 클릭해 '크기변경'을 '완료'로 바꿔주세요. 그리고 [블록]탭-[흐름]에 있는 '계속 반복하기' 블록을 연결한 후 [블록]탭-[움직임]에 있는 이동 방향으로 10 만큼 움직이기 블록을 삽입해 앞으로 날아가서 화면에서 사라지도록 해 주세요.

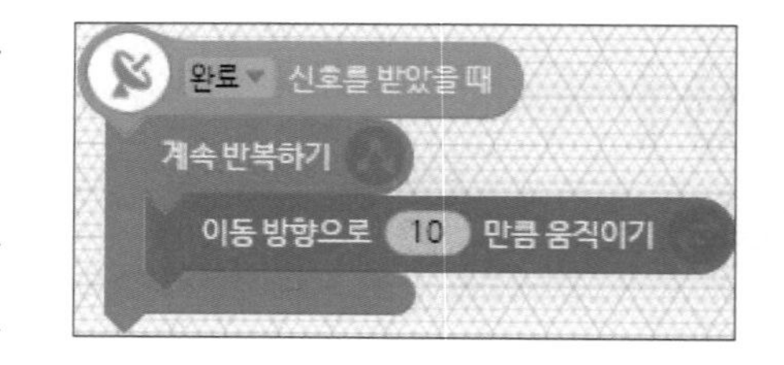

원숭이뿐 아니라 다른 동물들의 공격도 피해 밧줄을 타고 올라가 보세요.

원숭이뿐 아니라 다른 동물들의 공격을 피해 배에서 구했던 밧줄을 타고 올라가 섬 전체를 내려다볼 수 있어요.

장면 & 오브젝트목록 보기

설계순서 생각해 보기

순서대로 실행하기 생각 적어보기

• 추가해야 할 오브젝트와 그 오브젝트의 속성을 어떻게 변경해야 할까요?

생각 적기

• 실제 움직일 오브젝트는 무엇이며, 어떻게 움직여야 하나요?

생각 적기

• 오브젝트를 움직이기 위해 어떤 블록을 사용해야 하나요?

생각 적기

• 실행이 잘 됐나요? 실행이 잘못되었다면 설계순서를 확인하여 어디에서 오류인지 수정해보세요. 어떤 부분을 수정했나요?

생각 적기

• 수정해서 더 좋은 프로그램이 되었나요? 다른 블록을 더 사용할 수는 없을까요? 사용할 수 있으면 직접 블록을 추가하고, 잘하지 못할 경우는 생각한 것을 적어봅니다.

생각 적기

12 보물을 발견하다.

첫 번째 미션 벽돌을 깨면 보물을 획득할 수 있어요.

● **실습예제파일** : 벽돌한장.png, 받침.png ● **완성파일** : 12강1미션.ent

미션 성공 화면

화면에 보이는 벽돌을 깨면 보물상자를 획득할 수 있어요. 주어진 공의 방향을 잘 조절해 벽돌을 깨 봅시다.

핵심 블록 힌트

블록	블록설명
화면 끝에 닿으면 튕기기	[블록]탭-[움직임]에 있는 블록, 화면의 위, 아래, 왼쪽, 오른쪽 벽에 닿으면 튕기도록 할 때 사용하는 블록입니다.
방향키조작	[블록]탭-[함수]안에 있는 블록, 특정 블록을 함수로 미리 만들어 사용할 수 있습니다.
방향을 90° (으)로 정하기	[블록]탭-[움직임]에 있는 블록, 오브젝트의 방향을 정할 때 사용하는 블록입니다.

장면 & 오브젝트목록 보기

설계순서 생각해 보기

엔트리봇을 삭제 후 [오브젝트 추가하기]–[배경]에서 '흙', [인터페이스]에서 '동그란 버튼', [판타지]에서 '상자', 를 추가, [오브젝트 추가하기]–[파일업로드]탭–[파일추가]에서 '받침', '벽돌한장'을 추가 → '성공'신호, '벽돌수'변수 추가 → '벽돌한장'이 한 줄에 가득 차도록 복제 및 '동그란 버튼'에 닿으면 '벽돌수' 변수값 조절 → 설정해 놓은 '벽돌한장' 오브젝트 복제 → '동그란 버튼'을 선택 후, 방향 조절 및 이동하기 → '받침'에 닿았을 때 '동그란 버튼'의 튕기기 및 방향조절, 아래쪽 벽에 닿았을 때와, 성공했을 때 설정 → 성공신호에 따라 '상자' 설정 → '받침'의 시작 위치를 정하고, 방향키에 따른 움직임을 함수로 선언 → 양쪽벽에 닿았을 때 설정

설계 순서대로 실행하기

순서를 적어 봤다면 설계 순서대로 실제 코딩을 해보도록 하겠습니다.

1 엔트리봇을 삭제 후 오브젝트를 추가하고 크기와 위치 조절하기

01 '엔트리 봇'은 사용하지 않으니 삭제하고, [오브젝트 추가하기]-[배경]에서 '흙', [판타지]에서 '상자', [인터페이스]에서 '동그란 버튼'을 선택 후 [적용하기]를 눌러 주세요. 다시 [오브젝트 추가하기]-[파일업로드]탭-[파일추가]를 클릭하여 벽돌한장.png, 받침.png, 파일을 추가해 주세요. 화면에 보이는 그림 파일을 하나씩 선택하여 체크표시가 되도록 한 후 하단에 있는 [원본이미지 그대로 적용하기]에 체크한 후 [적용하기]를 눌러주세요.

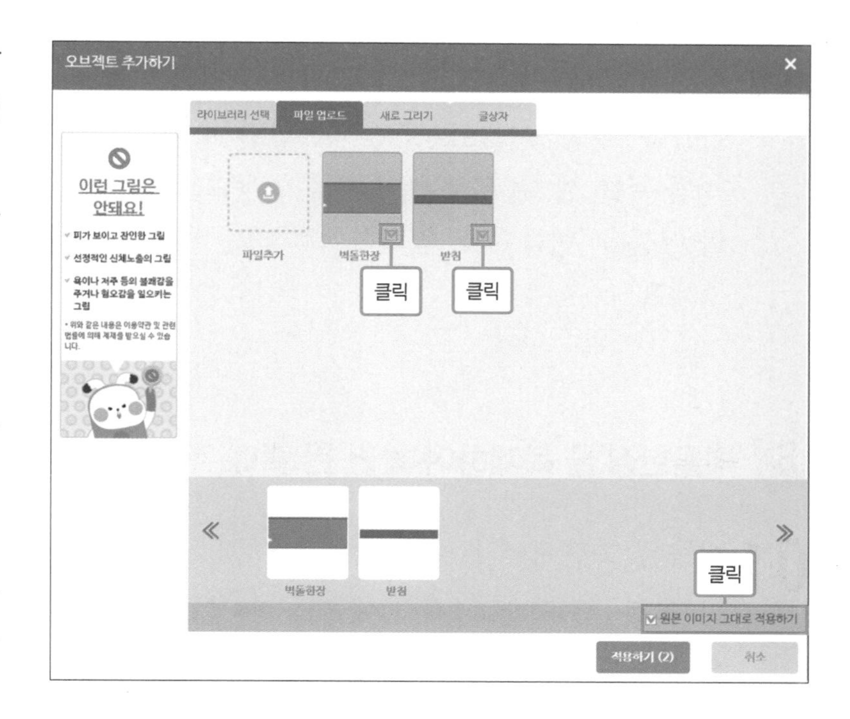

02 '받침'과 '동그란 버튼'은 적당한 크기로 조절하고, '동그란 버튼'은 '받침'의 위에 위치하게 하여, 화면의 적당한 위치로 조절 해 주세요. 그리고 '동그란 버튼'은 [오브젝트 속성]창에서 '공'으로 이름을 변경해 주세요.

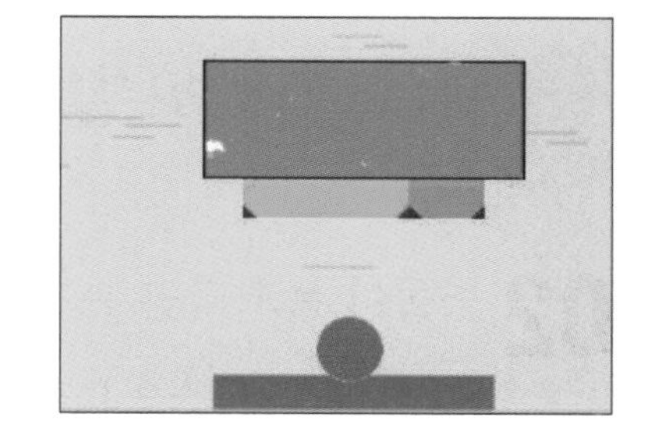

03 '벽돌한장'은 왼쪽 가장자리에 위치하게 하고 크기는 50정도로, '상자'는 크기를 150~200 사이로 설정한 후 화면 가운데 맨 위에 그림과 같이 위치시켜주세요.

04 화면에서 '상자'는 숨겼다가 신호를 받으면 나타나도록 해야 하니 [오브젝트 목록]의 '상자'의 눈 부분을 눌러 눈을 감은 상태로 만들어 숨겨주세요.

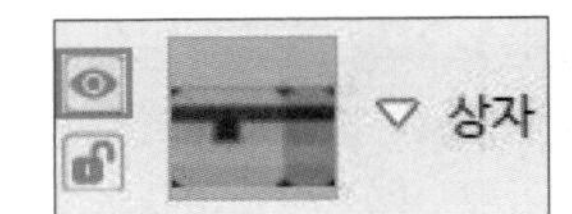

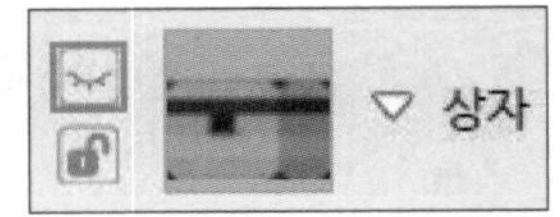

2 '성공' 신호와 '벽돌수' 변수를 추가하기

01 성공했을 때 '상자'에게 보낼 신호를 만들기 위해, [속성]탭-[신호]-[+신호추가]를 눌러 신호 이름을 '성공' 이라고 입력하고 연필 모양을 눌러 신호를 완성해 주세요. 그리고, '공'에 맞은 '벽돌수'를 셀 수 있도록 변수를 만들기 위해 [속성]탭-[변수]-[+변수 추가]를 클릭하고, 변수의 이름을 '벽돌수'로 입력하여 [확인] 버튼을 눌러주세요. '벽돌수' 변수 보이기는 체크해제 해 주세요.

3 '벽돌한장'을 복제하여 화면 한 줄에 채우고 설정한 '벽돌한장'을 복제하기

01 벽돌은 화면에서 보이지 않다가 [시작하기]를 누르면 나오도록 하기 위해 [블록]탭- [시작]에 있는 [시작하기 버튼을 클릭했을 때] 블록을 [코딩창]에 삽입하고 [블록]탭-[생김새]에 있는 [모양 보이기] 블록을 연결해 주세요. 그리고 '벽돌한장'을 복제하기 위해 [블록]탭-[흐름]에 있는 '10번 반복하기' 블록을 연결하여 10을 7로 변경하고 다시 [블록]탭-[흐름]에 있는 [자신 의 복제본 만들기] 블록을 삽입해 주세요.

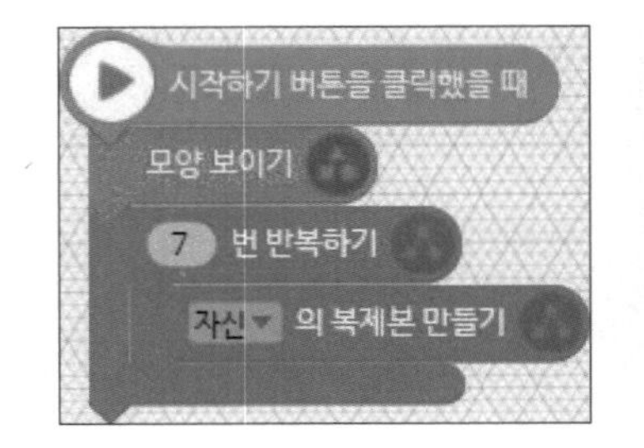

02 벽돌이 복제되면 복제본과 '벽돌한장' 오브젝트가 겹쳐 있기 때문에 [블록]탭-[움직임]에 있는 [x 좌표를 10 만큼 바꾸기] 블록을 삽입하고 x좌표 값을 70정도로 변경해 주세요.

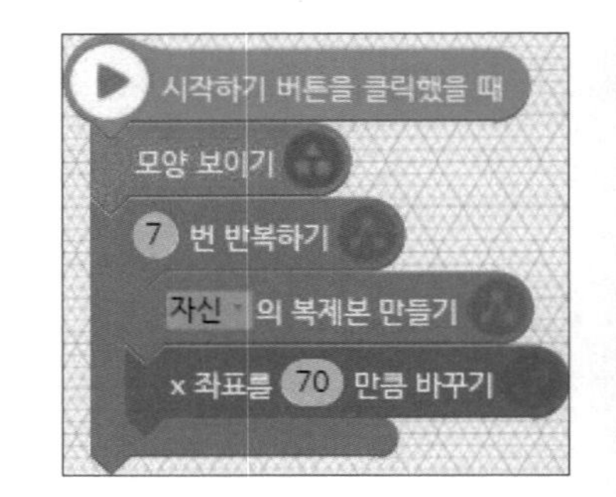

원리 이해하기

벽돌이 복제되면 '벽돌한장' 오브젝트와 겹쳐 있으므로 복제 후 x좌표를 이동하여 자신('벽돌한장')의 위치를 옮겨주도록 합니다. 7번 반복하면 화면 한 줄에 벽돌이 가득 차게 됩니다.

03 이제는 복제본이 생성된 후 실행할 블록을 설정하기 위해 [블록]탭-[흐름]에 있는 '복제본이 처음 생성되었을때' 블록을 삽입해 주세요. 그리고 만약 공에 닿으면 반복하여 모양을 숨기기 위해 [블록]탭-[흐름]에 있는 '계속 반복하기' 블록을 연결하고 다시 [블록]탭-[흐름]에 있는 '만일 참이라면' 조건 블록을 삽입해 주세요.

04 조건식을 만들기 위해 [블록]탭-[판단]에 있는 '마우스포인터 에 닿았는가?' 블록을 '참' 부분에 삽입하고 '마우스포인터'를 '공'으로 바꿔주세요.

05 만약 농구공이 복제본에 닿으면 모양을 숨기기 위해 [블록]탭-[생김새]에 있는 '모양 숨기기' 블록을 삽입하고 '벽돌수' 변수에 1을 더해주기 위해 [블록]탭-[자료]에 있는 '벽돌수 에 10 만큼 더하기' 블록을 연결한 후 10을 1로 바꿔주세요.

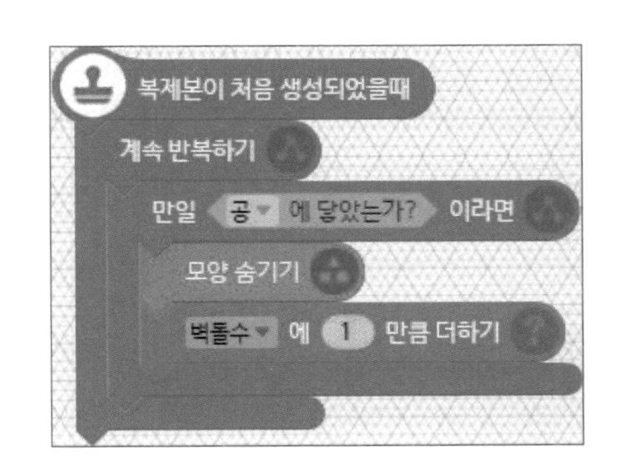

06 화면에 벽돌이 많으면 더 재미있어요. [오브젝트 목록]의 '벽돌한장' 오브젝트에서 마우스 오른쪽 단추를 클릭하고 [복제]를 눌러 주세요.

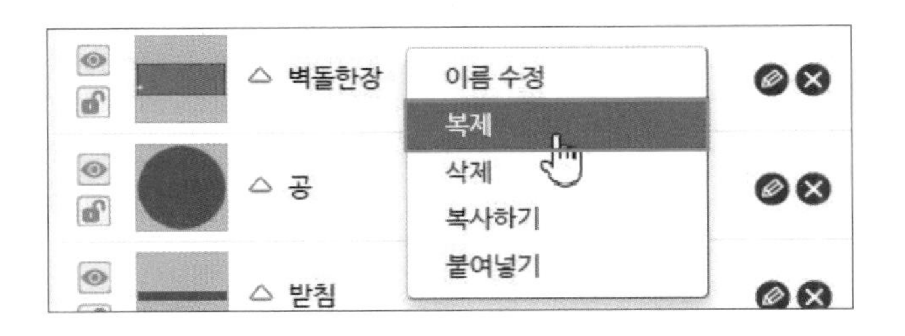

07 복제된 '벽돌한장1'의 위치를 '벽돌한장' 아래로 옮겨주세요. 그리고 다시 한 번 복제하여 복제된 '벽돌한장2'는 '벽돌한장1'의 바로 아래에 놓아 주세요.

화면에 있는 오브젝트들을 이동할 때, 마우스를 이용하여 이동하면 조금씩 이동하는 것이 힘들어요. 그럴 때 키보드의 Shift+방향키를 이용하면 더 조금씩 움직이는 것이 가능해집니다.

08 [시작하기]버튼을 누르기 전까지 벽돌들이 화면에서 보이지 않도록 하기 위해 [오브젝트 목록]의 '벽돌한장, 벽돌한장1, 벽돌한장2'의 눈을 클릭해 감은 모양으로 바꿔주세요.

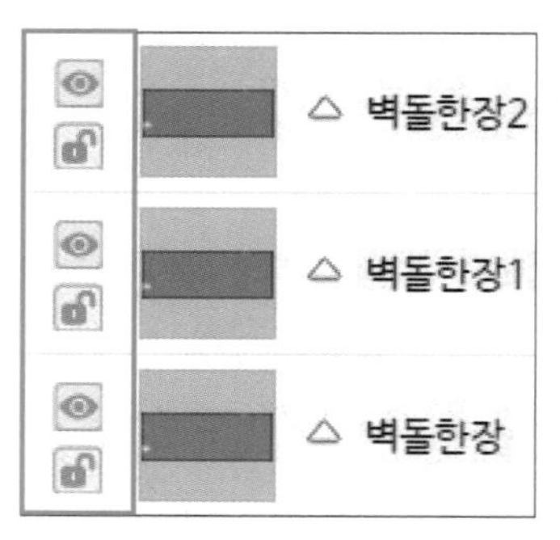

원리 이해하기

엔트리에서는 오브젝트의 모양을 화면에서 나오지 않도록 할 수 있는 블록이 있습니다. [블록]탭-[생김새]에 있는 모양 숨기기 블록으로 이 블록은 [시작하기]를 눌러 화면이 실행되면 화면에서 모양을 숨겨줍니다. 그런데 화면이 실행되기 전부터 화면에서 오브젝트를 숨겨 놓을 수 있는 방법이 있어요. [오브젝트 속성]에 있는 모양을 한번 누르면 모양으로 바뀌면서 화면에서는 숨겨지게 됩니다.

4 공의 이동방향과 움직임 조절하기

01 [오브젝트 목록]에 추가해 놓은 '공'의 이동방향은 90도(오른쪽)로 설정되어 있어요. 그래서 위쪽으로 이동할 수 있도록 이동방향을 0도로 변경해 주세요.

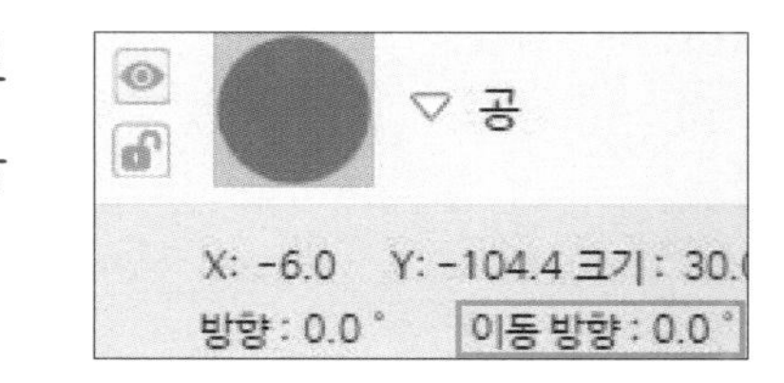

02 [시작하기]버튼을 누르면 '공'이 반복하여 이동방향으로 움직일 수 있도록 [블록]탭-[시작]에 있는 [시작하기 버튼을 클릭했을 때] 블록을 삽입하고 [블록]탭-[흐름]에 있는 '계속 반복하기' 블록을 연결해 주세요. 그리고 [블록]탭-[움직임]에 있는 [이동 방향으로 10 만큼 움직이기] 블록을 삽입하고 10을 5로 변경해 속도를 조절한 후 [블록]탭-[움직임]에 있는 [화면 끝에 닿으면 튕기기] 블록을 연결하여 화면 끝에서 사라지지 않고 튕겨 내려올 수 있도록 해 주세요

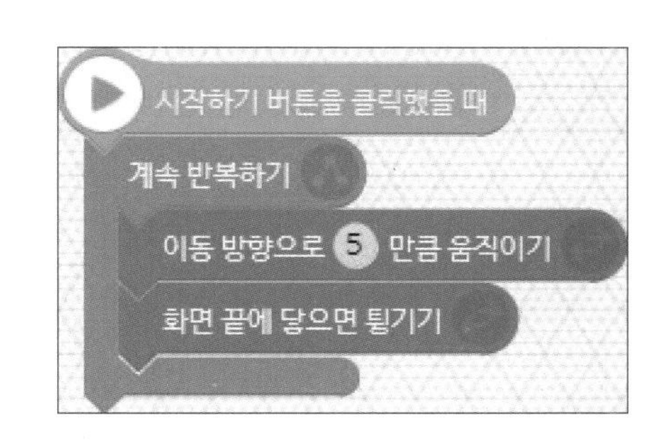

03 '공'이 '받침'에 닿았을 때 방향을 바꿔주기 위해 [블록]탭-[흐름]에 있는 '만일 참이라면' 조건블록을 '계속 반복하기' 블록 안에 삽입하고 [블록]탭-[판단]에 있는 [마우스포인터 에 닿았는가?] 블록을 [참] 부분에 삽입하고 마우스포인터를 '받침'으로 바꿔주세요.

04 조건식이 참일 때 방향을 바꾸기 위해 [블록]탭-[움직임]에 있는 [방향을 90° (으)로 정하기] 블록을 삽입하고 방향이 위쪽으로 향할 수 있도록 [블록]탭-[계산]에 있는 [10 + 10] 블록을 [90°] 부분에 삽입해 주세요.

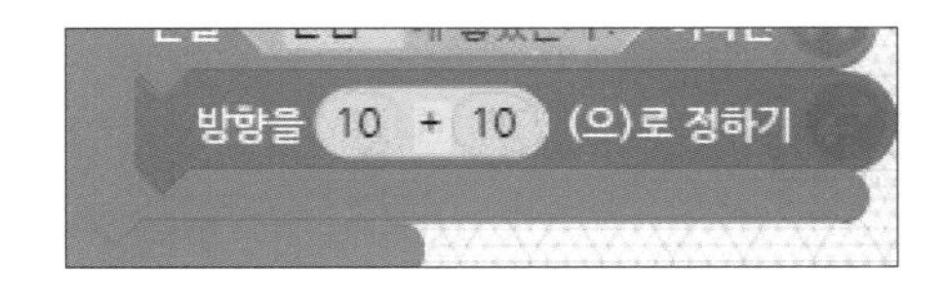

05 앞쪽 [10]에는 300을 넣어 공의 각도가 위쪽으로 비스듬하게 향하도록 해주고 뒤쪽 [10] 부분에는 [블록]탭-[계산]에 있는 [0 부터 10 사이의 무작위 수] 블록을 삽입해 주세요. 그리고 0부터 120도로 변경해 주세요.

원리 이해하기

'공'의 방향을 300+0부터 120 사이의 무작위로 정하는 이유는 '받침'에 닿아도 '공'이 위쪽으로 이동하도록 하기 위해서입니다. '공'의 기본 방향은 0도로(위쪽)을 향하도록 설정해 놓았습니다. 그래서 방향을 300도로 정하면 왼쪽으로 약간 비스듬한 상태가 됩니다.

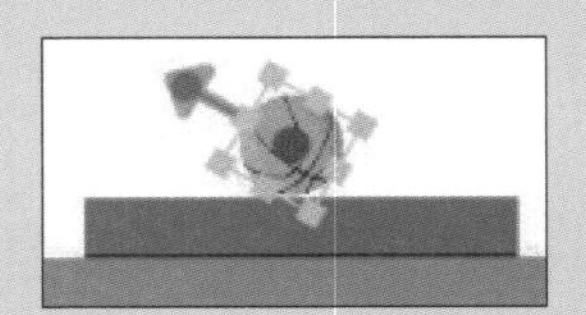
방향이 300도 일 때

이때 0부터 120 사이의 무작위 수를 더해주도록 설정해 놓고 가장 큰 값인 120도를 더해도 300도+120도=420도 즉, 60도가 되어 오른쪽으로 비스듬한 상태가 됩니다.

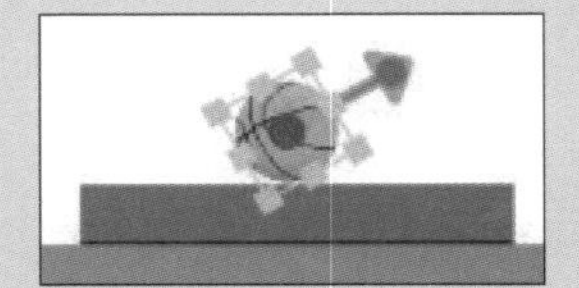
300도 + 120도 = 420도
(60도와 같음)

300도에 0부터 120까지의 무작위 수를 더해서 나온 각도로 이동하더라도 '공'의 방향은 그림과 같이 화살표와 화살표의 사이에서만 이동할 수 있게 됩니다.

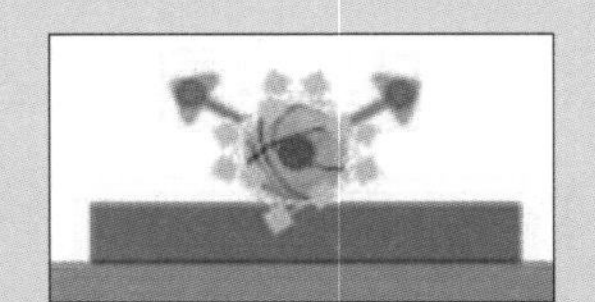

06 '공'이 아래쪽 벽에 닿으면 모든 실행을 멈추기 위해 [블록]탭-[흐름]에 있는 '만일 참이라면' 조건블록을 삽입해 주세요. 그리고 아래쪽 벽에 닿았는지 확인하기 위해 [블록]탭-[판단]에 있는 마우스포인터 에 닿았는가? 블록을 참 부분에 삽입하고 '마우스포인터'를 '아래쪽 벽'으로 바꿔주세요.

07 조건식이 참일 때 실행할 블록을 삽입하기 위해 [블록]탭-[흐름]에 있는 모든 코드 멈추기 블록을 조건블록 안에 삽입해 주세요.

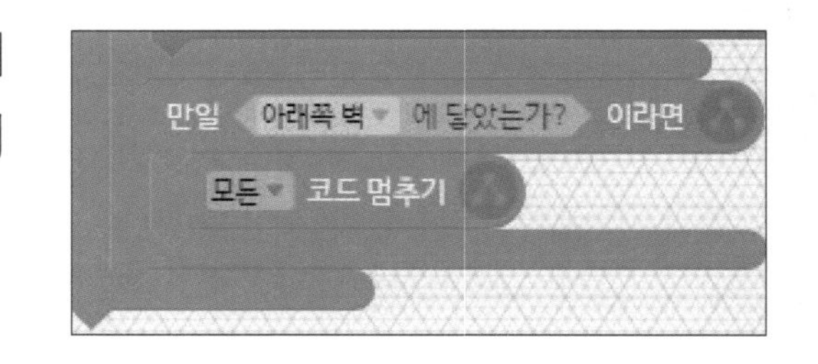

08 만약 '벽돌수' 변수의 값이 21개(7개씩 복제된 3개의 '벽돌한장')이면 성공신호를 보내기 위해 [블록]탭-[흐름]에 있는 '만일 참이라면' 조건블록을 다시 삽입하고 [블록]탭-[판단]에 있는 10 = 10 블록을 참 부분에 삽입해 주세요. 그리고 앞쪽 10 부분에 [블록]탭-[자료]에 있는 벽돌수 값 블록을 삽입하고 뒤쪽 10 부분을 21로 바꿔 조건식을 완성해 주세요.

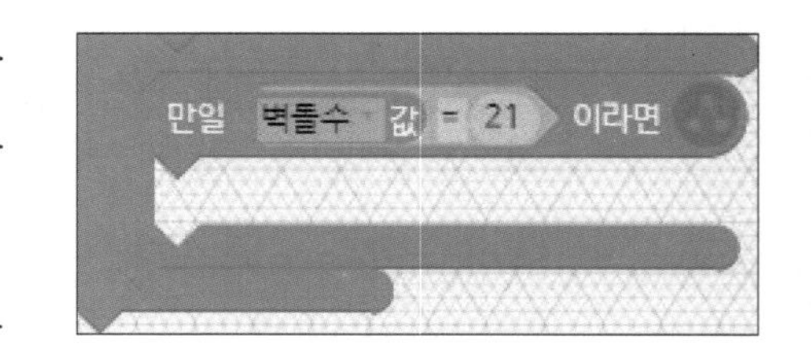

09 조건식이 참일 경우 '성공' 신호를 보내기 위해 [블록]탭-[시작]에 있는 성공 신호 보내기 블록을 삽입하고 신호를 보낸 후 코드가 멈추도록 하기 위해 모든 코드 멈추기 블록을 연결해 주세요. 그리고 목록을 눌러 '이' 코드로 바꿔 '성공'신호를 보내고 나면 더 이상 '공'이 움직이지 않도록 합니다.

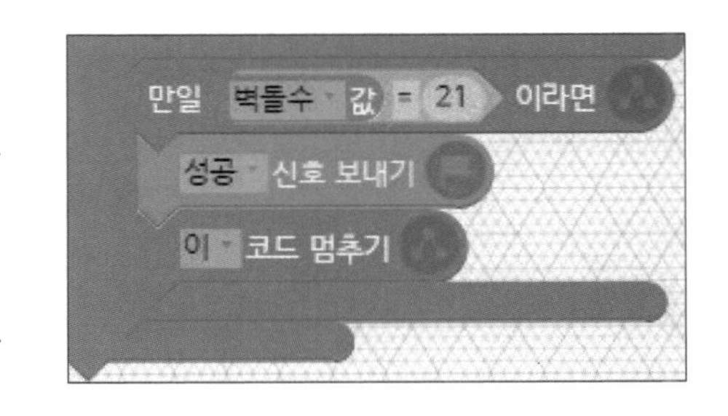

5 '성공' 신호에 따라 상자 설정하기

01 '상자'는 신호를 받아 화면에 나타난 후 열린 모양으로 변경하기 위해, [모양]탭을 눌러 모양 중 '상자_2'를 삭제해 주세요.

02 모든 벽돌을 깨면 '상자'가 내려오도록 하기 위해 '상자'를 선택하고 [블록]탭-[시작]에 있는 성공 신호를 받았을 때 블록을 삽입합니다. [블록]탭-[흐름]에 있는 2 초 기다리기 블록을 연결하여 2초를 0.5초로 바꿔 약간의 시간 여유를 두고 실행하도록 해 주세요.

03 [블록]탭-[생김새]에 있는 모양 보이기 블록을 연결하여 화면에 나타나도록 한 뒤 [블록]탭-[움직임]에 있는 2 초 동안 x: 10 y: 10 위치로 이동하기 블록을 연결하여 x좌표값은 0, y좌표값은 −105 위치로 이동하도록 해 주세요.

04 [블록]탭-[생김새]에 있는 다음 모양으로 바꾸기 블록을 연결해 '상자'가 다 내려오면 열린 모양으로 바꿔 주고 [블록]탭-[흐름]에 있는 모든 코드 멈추기 블록을 연결하여 코드를 멈춰줍니다.

6 '받침'이 왼쪽과 오른쪽 방향키에 따라 움직이도록 함수로 만들고 화면에서 벗어나지 않도록 설정하기

01 '받침'을 선택하고 [블록]탭-[시작]에 있는 [시작하기 버튼을 클릭했을 때] 블록을 삽입해 주세요. 그리고 처음 위치를 설정해 주기 위해 [블록]탭-[움직임]에 있는 [x: 10 위치로 이동하기] 블록을 연결하고 x좌표의 값을 0으로 해 주세요. 위치를 정했으면 오른쪽과 왼쪽 방향키에 따라 움직이도록 함수를 만들어보도록 할 거예요.

02 함수를 만들기 위해 [속성]탭-[함수]-[+함수추가]를 누르거나 [블록]탭-[함수]-[함수만들기]를 눌러주세요. 화면에 [함수 정의하기 함수] 블록이 나타나게 돼요. 이때 함수의 이름을 정해 주기 위해 오른쪽 [이름] 블록을 [함수 정의하기 이름] 블록에 삽입해 주세요. 그리고 [이름] 블록을 클릭해 '방향키조작'으로 입력해 주세요.

03 그리고 이 함수가 해야 하는 실행 블록들을 연결해 주면 됩니다. 먼저 오른쪽 방향키가 눌러져 있는지 확인하기 위해 [블록]탭-[흐름]에 있는 '만일 참이라면' 블록을 연결하고 [블록]탭-[판단]에 있는 [q 키가 눌러져 있는가?] 블록을 [참]부분에 삽입한 후 q를 '오른쪽 화살표'로 변경해 주세요.

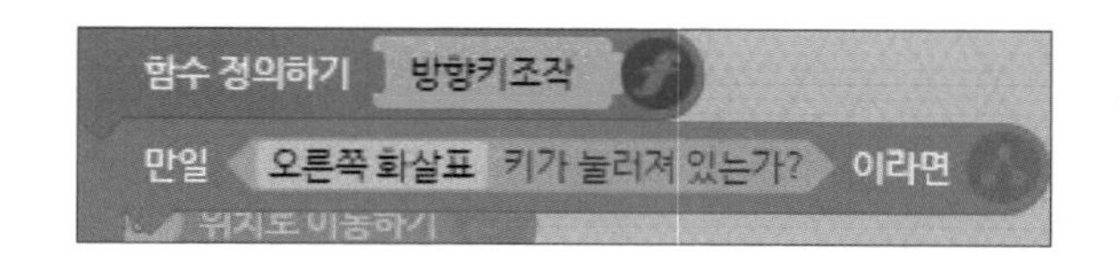

04 조건식이 참일 경우 실행할 [블록]탭-[움직임]에 있는 [x 좌표를 10 만큼 바꾸기] 블록을 삽입해 주세요. 그리고 오른쪽 화살표 조건블록을 [코드 복사 & 붙여넣기]하여 '오른쪽 화살표'를 '왼쪽 화살표'로 그리고 x좌표 값을 -10으로 바꿔주세요.

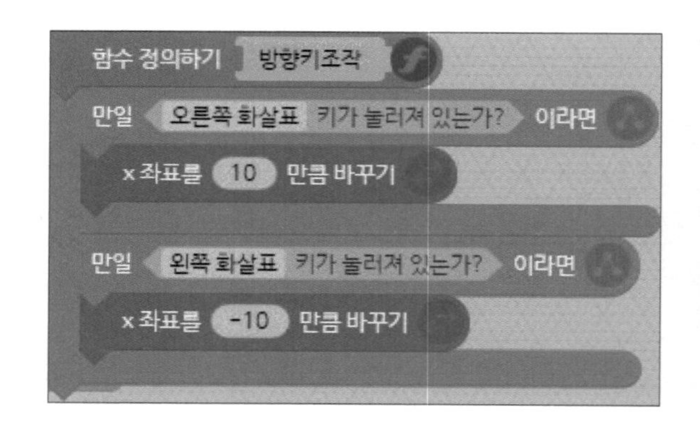

원리 이해하기

키보드의 방향키를 이용하여 움직이기 위해서 [블록]탭–[시작]에 있는 [q 키를 눌렀을 때] 블록을 이용하여 할 수도 있지만 이 블록은 특정키를 눌렀을 때 바로 효과가 나타나는 것이어서 화면에서 움직임이 딱딱 끊겨서 실행되는 느낌이 들지요. 방향키를 꾹 누른 상태로 사용할 것이므로 [블록]탭–[판단]에 있는 [q 키가 눌러져 있는가?] 블록을 이용하면 움직임도 부드럽고 더 효과적입니다.

05 그리고 화면 아래에 있는 [확인] 버튼을 클릭하면 '방향키조작' 함수가 선언된 것이에요. '받침'에 [블록]탭–[흐름]에 있는 '계속 반복하기' 블록을 연결하고 [블록]탭–[함수]에 있는 [방향키조작] 블록을 삽입해 주세요.

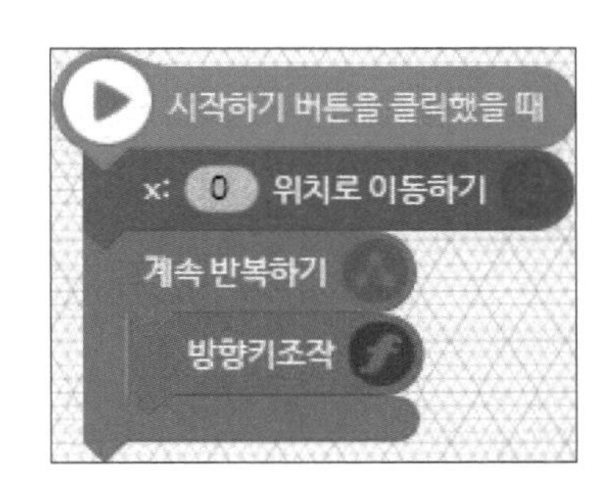

원리 이해하기

엔트리에서 함수는 앞에서처럼 자주 사용하고 복잡한 블록을 함수로 선언할 수 있어요. 함수 이름을 넣고 일반적으로 코딩하듯 블록을 쌓으면 돼요. 이렇게 만들어진 함수는 하나의 블록처럼 다른 블록들 사이에 삽입하거나 연결하여 사용할 수 있어요.

7 배경이 계속해서 이동하도록 하기

01 화면이 계속해서 움직이는 것처럼 보이기 위해 배경을 움직여 주도록 합니다. 이미 6강에서 해 본 적이 있던 것인데요. 먼저 배경인 '흙'을 선택하고 [블록]탭–[시작]에 있는 [시작하기 버튼을 클릭했을 때] 블록을 삽입하고 [블록]탭–[흐름]에 있는 '계속 반복하기'를 연결하여 주세요.

02 화면이 아래로 내려가는 것처럼 보이도록 하기 위해 '계속 반복하기' 블록 안에 [블록]탭–[움직임]에 있는 [y 좌표를 10 만큼 바꾸기] 블록을 삽입해 10을 –5로 변경해 주세요. 이 경우 배경이 아래쪽으로 한 번만 이동하고 배경이 없는 상태가 되므로 배경이 다시 나오도록 설정해야 해요. [블록]탭–[흐름]에 있는 '만일 참 이라면' 조건 블록을 삽입해 주세요.

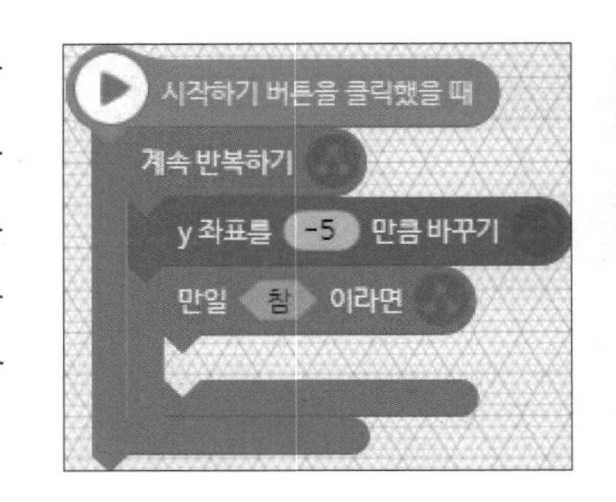

03 이제는 [블록]탭–[판단]에 있는 [10 = 10] 블록을 조건블록의 '참' 부분에 삽입해 주세요. [블록]탭–[계산]에 있는 [받침 의 x 좌푯값] 블록을 앞쪽 [10] 부분에 삽입해 주세요. 그리고 뒤에 [10] 부분을 –260으로 해 주세요. 이제는 [블록]탭–[움직임]에 있는 [y: 10 위치로 이동하기] 블록을 삽입하여 값을 260으로 변경합니다.

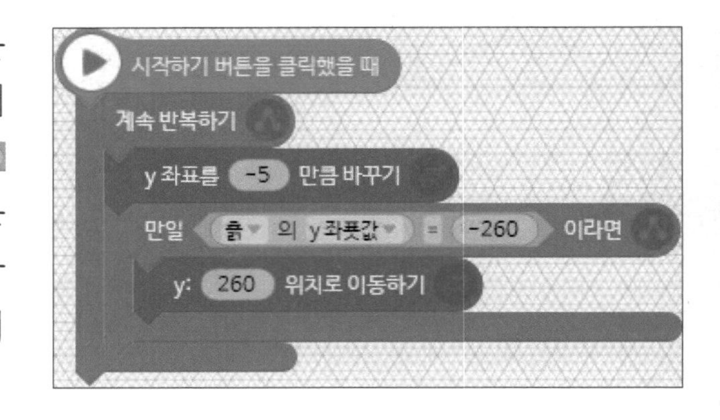

04 실행을 시켜 보면 중간에 하얗게 비어 있는 부분이 생기게 되므로 [오브젝트 목록]의 '흙'에서 마우스 오른쪽 단추를 눌러 [복제]하여 줍니다. 복제된 '흙1'을 [오브젝트 목록]의 제일 밑으로 이동해 주세요.

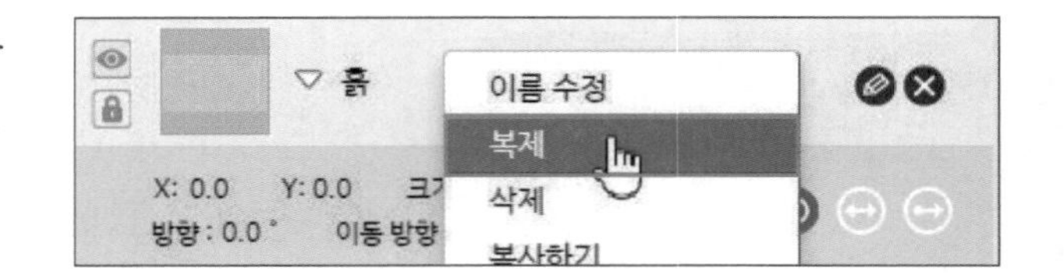

05 복제된 '흙1'을 선택하고 블록을 약간만 수정하도록 합니다. [블록]탭–[움직임]에 있는 [y: 10 위치로 이동하기] 블록을 삽입해 주세요. 삽입한 블록의 y : 10을 260으로 변경하여 복제된 '흙1' 배경의 첫 시작 위치를 '흙' 배경 뒤로 해 주세요.

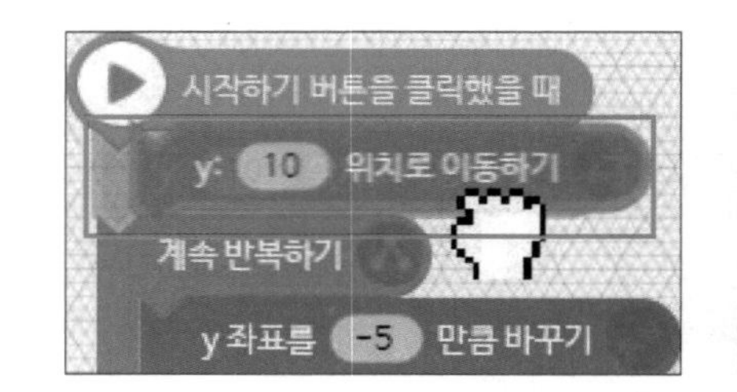

06 이제는 [만일 흙 의 y 좌푯값 = -260] 블록을 [흙1 의 y 좌푯값 = -260] 블록처럼 변경해 주세요.

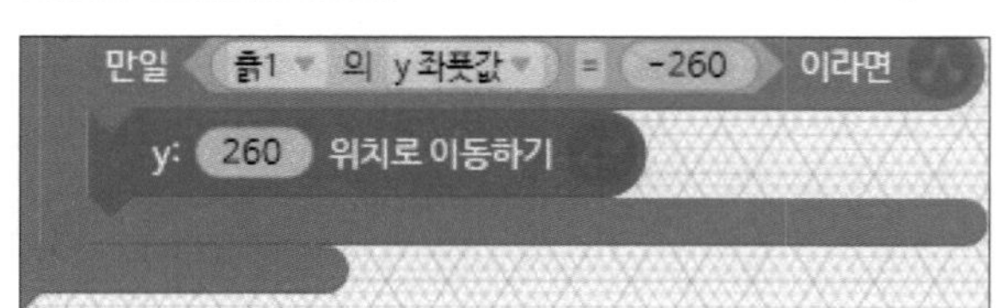

원리 이해하기

배경이 이동하도록 하는 것은 이미 6강 2미션에서 해 본적이 있어요. 자세한 원리는 6강 2미션을 다시한번 참조해 주세요. 6강 2미션과 다른 점은 x좌표값을 활용하여, 배경이 오른쪽에서 왼쪽으로 움직이도록 설정하였던 것을 이번에는 y좌표값을 활용해 위에서 아래로 이동하도록 하는 것입니다.

단계별로 벽돌의 개수와 크기를 조절해 벽돌을 깨주세요.

단계마다 벽돌의 개수나 벽돌의 크기를 조절해 더 재미있는 프로그램을 만들 수 있어요. 단계를 만들어 더 복잡한 게임을 즐겨 보세요.

장면 & 오브젝트목록 보기

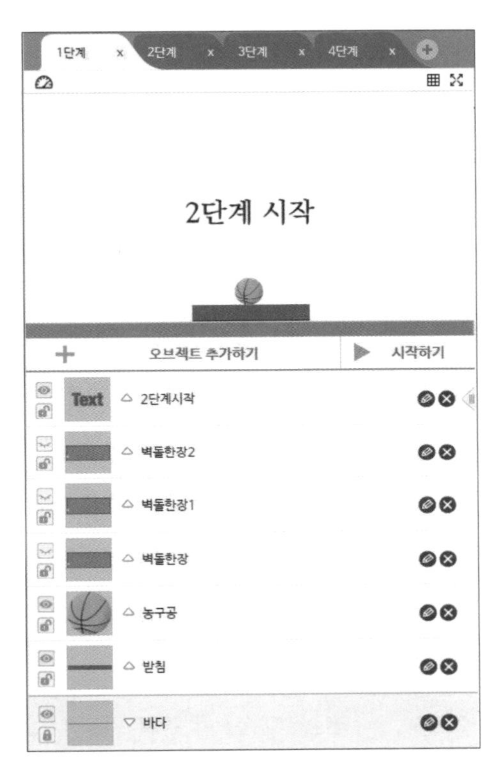

설계순서 생각해 보기

순서대로 실행하기 생각 적어보기

• 추가해야 할 오브젝트와 그 오브젝트의 속성을 어떻게 변경해야 할까요?

생각 적기

• 실제 움직일 오브젝트는 무엇이며 어떻게 움직여야 하나요?

생각 적기

• 오브젝트를 움직이기 위해 어떤 블록을 사용해야 하나요?

생각 적기

• 실행이 잘 됐나요? 실행이 잘못되었다면 설계순서를 확인하여 어디에서 오류인지 수정해보세요. 어떤 부분을 수정했나요?

생각 적기

• 수정해서 더 좋은 프로그램이 되었나요? 다른 블록을 더 사용할 수는 없을까요? 사용할 수 있으면 직접 블록을 추가하고, 잘하지 못할 경우는 생각한 것을 적어봅니다.

생각 적기